In 80 Büchern um die Welt

Nächste Doppelseite: „Chair Car" von Edward Hopper. Öl auf Leinwand, 1965

In 80 Büchern um die Welt

Abenteuerliche Reisen von
Marco Polo, Anna Seghers,
Paulo Coelho, Wolfgang Herrndorf
u. v. a.

Herausgegeben und mit einer Einleitung
von John McMurtrie

Aus dem Englischen von
Andreas Schiffmann und Alan Tepper

wbg Theiss

INHALT

EINLEITUNG *von John McMurtrie* 10

Expeditionen und Reisen 14

HOMER 16
Die Odyssee, ca.725–675 v. Chr.

RUSTICHELLO DA PISA 18
Die Reisen von Marco Polo, ca. 1300

GEOFFREY CHAUCER 24
Die Canterbury-Erzählungen, ca. 1387–1400

THOMAS NASHE 28
Der glücklose Reisende oder Das Leben des Jack Wilton, 1594

MIGUEL DE CERVANTES 30
Don Quijote, 1605/1615

JOHN BUNYAN 35
Die Pilgerreise, 1678

MATSUO BASHO 40
Auf schmalen Pfaden durchs Hinterland, 1702

DANIEL DEFOE 43
Robinson Crusoe, 1719

LAURENCE STERNE 46
Eine empfindsame Reise durch Frankreich und Italien von Mr. Yorick, 1768

MARY SHELLEY 48
Frankenstein, 1818

SIR WALTER SCOTT 53
Das Herz von Midlothian, 1818

STENDHAL 55
Die Kartause von Parma, 1839

NIKOLAI GOGOL 58
Die toten Seelen, 1842

WILLIAM WORDSWORTH 60
Präludium, 1850

HERMAN MELVILLE 63
Moby-Dick, 1851

HARRIET BEECHER STOWE 66
Onkel Toms Hütte, 1852

JULES VERNE 68
Reise um die Erde in 80 Tagen, 1872

MARK TWAIN 71
Die Abenteuer des Huckleberry Finn, 1884

JEROME K JEROME 74
Drei Mann in einem Boot, 1889

H. G. WELLS 76
The Wheels of Chance, 1896

BRAM STOKER 78
Dracula, 1897

Zeitalter des Reisens 84

JOSEPH CONRAD 86
Herz der Finsternis, 1899

PÍO BAROJA 91
Camino de Perfección, 1902

JACK LONDON 94
Ruf der Wildnis, 1903

VIRGINIA WOOLF 96
Die Fahrt hinaus, 1915

KATHERINE MANSFIELD 99
Die Seereise, 1921

JAMES JOYCE 102
Ulysses, 1922

JOSEPH ROTH 106
Die Flucht ohne Ende, 1927

HALLDÓR LAXNESS 108
Der große Weber von Kaschmir, 1927

WILLIAM FAULKNER 111
Als ich im Sterben lag, 1930

ANTAL SZERB 114
Reise im Mondlicht, 1937

JOHN STEINBECK 116
Früchte des Zorns, 1939

ANNA SEGHERS 122
Transit, 1944

PAUL BOWLES 125
Himmel über der Wüste, 1949

VILHELM MOBERG 127
Die Auswanderer, 1949

ALEJO CARPENTIER 130
Die verlorenen Spuren, 1953

Postmoderne. Neue Wege 132

VLADIMIR NABOKOV 134
Lolita, 1955

JACK KEROUAC 136
Unterwegs, 1957

PATRICK WHITE 142
Voss, 1957

BORIS PASTERNAK 144
Doktor Schiwago, 1957

JOHN UPDIKE 146
Hasenherz, 1960

CHARLES PORTIS 148
True Grit, 1968

VENEDIKT EROFEEV 150
Moskau – Petuški. Ein Poem, 1970

J. M. COETZEE 152
Leben und Zeit des Michael K., 1983

LARRY MCMURTRY 154
Weg in die Wildnis, 1985

JEANETTE WINTERSON 157
Verlangen, 1987

PAULO COELHO 160
Der Alchimist, 1988

GAO XINGJIAN 162
Der Berg der Seele, 1990

VIKRAM SETH 164
Eine gute Partie, 1993

SHŪSAKU ENDŌ 168
Wiedergeburt am Ganges, 1993

W. G. SEBALD 170
Die Ringe des Saturn, 1995

ALESSANDRO BARICCO 172
Seide, 1996

ROBERTO BOLAÑO 176
Die wilden Detektive, 1998

BARBARA KINGSOLVER 178
Die Giftholzbibel, 1998

S. *11:*
„Wanderer über dem Nebelmeer" von Caspar David Friedrich. Öl auf Leinwand, 1818.

Reisen in der Gegenwart 180

CÉSAR AIRA 182
Eine Episode im Leben des Reisemalers, 2000

TIM WINTON 186
Der singende Baum, 2001

YANN MARTEL 188
Schiffbruch mit Tiger, 2001

JOSEPH O'CONNOR 190
Die Überfahrt, 2002

AUÐUR AVA ÓLAFSDÓTTIR 194
Ein Schmetterling im November, 2004

CORMAC MCCARTHY 196
Die Straße, 2006

OLGA TOKARCZUK 198
Unrast, 2007

DACIA MARAINI 200
Der Zug in die jüngste Nacht, 2008

JANG EUN-JIN 202
No One Writes Back, 2009

KIM THÚY 205
Ru, 2009

YURI HERRERA 208
Zeichen, die vom Weltende künden, 2009

WOLFGANG HERRNDORF 210
Tschick, 2010

RAHUL BHATTACHARYA 212
The Sly Company of People Who Care, 2011

TOMMY WIERINGA 214
Dies sind die Namen, 2012

RACHEL JOYCE 218
Die unwahrscheinliche Pilgerreise des Harold Fry, 2013

HIRO ARIKAWA 221
Satoru und das Geheimnis des Glücks, 2012

CHIMAMANDA NGOZI ADICHIE 224
Americanah, 2013

WU MING-YI 226
Das gestohlene Fahrrad, 2015

COLSON WHITEHEAD 229
The Underground Railroad, 2016

MOHSIN HAMAD 233
Exit West, 2017

AZAREEN VAN DER VLIET OLOOMI 236
Call Me Zebra, 2018

PETINA GAPPAH 238
Aus der Dunkelheit strahlendes Licht, 2019

VALERIA LUISELLI 240
Archiv der verlorenen Kinder, 2019

AMOR TOWLES 242
Lincoln Highway: Roman, 2021

Tipps zum Weiterlesen, Über die Autorinnen und Autoren, Register und Bildnachweis 244

Einleitung

Von John McMurtrie

Wir können nicht ruhig zu Hause sitzen. Das liegt in unserer Natur. Seit Tausenden von Jahren haben die Menschen wie keine andere Spezies die Welt erkundet. Der Antrieb zu Migration besteht schon so lange – oft durch eine Notwendigkeit angestoßen – dass es uns im Blut liegt. Wir wollen und müssen reisen. Es gibt ein Alleinstellungsmerkmal, das uns von anderen Lebewesen dieses Planeten unterscheidet: Wir sind Geschichtenerzähler, weil uns die Sprache dazu befähigt, Narrative zu konstruieren. Wir lieben es zu erzählen und wir sehnen uns danach. Und somit ziehen uns seit Tausenden von Jahren besonders Berichte an, die unser grundlegendes Verlangen thematisieren, die Fremde und das Fremde zu erkunden.

Die hier vorgestellten Bücher dringen in alle Winkel der Erde vor und reichen vom Mittelalter bis zum heutigen Tag. In 80 Büchern um die Welt ist ein fantastisches Kompendium, das sowohl Leser(innen) ansprechen wird, die selbst gern zu abenteuerlichen Erkundungen aufbrechen, als auch solche, die lieber mit dem Finger auf der Landkarte reisen. Ein solches Werk kann natürlich keine Vollständigkeit beanspruchen, wohl aber einen möglichst weiten Querschnitt anstreben. Für die Auswahl der Werke waren drei Kriterien maßgeblich: Erstens musste es sich um ein literarisches Werk handeln, weshalb Sachbücher zum Thema Reisen nicht berücksichtigt wurden; zweitens sollte jedes Buch eine Reise enthalten, die zu realen und nicht zu imaginären Orten führt – selbst dann, wenn diese Orte nicht explizit erwähnt werden. Aus diesem Grund ist z. B. *The Pilgrim's Progress* enthalten, Dantes *Inferno* hingegen nicht. Das Buch will ein Reisebegleiter in verschiedene Ecken der Welt sein und zugleich eine Art Zeitmaschine mit chronologisch verlaufenden Einträgen. Es präsentiert über 75 Werke der internationalen Belletristik, die bis zur *Odyssee* (um 750 v. Chr.) zurückreichen und mit *Lincoln Highway* (2021) enden.

Mehr als 50 Autoren konnten zur Mitarbeit an diesem Buch gewonnen werden. Jeder Beitrag ist mit hochwertigen Reproduktionen von Gemälden, einschlägigen Landkarten oder Fotos illustriert. Das

Zwei Wege trennten sich im Wald, und ich -
ich nahm den Weg, der kaum begangen war,
das hat den ganzen Unterschied gemacht.

Robert Frost, The Road not taken (übers. v. Lars Vollert)

Buch reflektiert die jeweiligen Epochen, doch viele Schilderungen sind zeitlos. Im späten 17. Jahrhundert entschied sich Matsuo Bashō so wie viele Erfahrungssuchende, das bekannte Leben hinter sich zu lassen und dem Drang nachzugeben, die Natur zu erkunden. „Der Frühlingsnebel zog über den Himmel und trotz [meines Befindens] erfüllte die Sehnsucht mein Herz, die Shirawaka-Barriere zu überqueren.“ Bashō legte eine Strecke von 2415 Kilometern zurück und machte sie mit dem Buch *Auf schmalen Pfaden durchs Hinterland* unsterblich.

Zahlreiche Suchende bevölkern die Seiten dieses Buches – Freigeister, die sich mit Fremden zusammentun, um neue Erfahrungen zu genießen. Zu ihnen gehört Laurence Sternes Yorick, der englische Geistliche in *Eine empfindsame Reise durch Frankreich und Italien von Mr. Yorick*. Obwohl Priester, scheint der gute Mann manchmal so lüstern zu sein wie ein Rüpel aus dem Pub auf der Jagd nach Röcken. In anderen Geschichten sind die Helden eher unschuldig wie die mit weiten Augen durch die Welt ziehenden Protagonisten in Mark Twains gefeiertem Klassiker *Die Abenteuer des Huckleberry Finn*. Doch als sie den Mississippi hinabtreiben und sich der Strom immer mehr verbreitert, erweitert sich auch Hucks und Jims Wahrnehmungsvermögen. Ihre Unschuld verblasst, als Twain das Böse der Sklaverei darstellt. Aber nicht alle Romane haben solch dunkle Untertöne. Jules Vernes weltweiter Bestseller *Reise um die Erde in 80 Tagen* steht für eine schnelle und abenteuerliche Reise, bei der nicht die Psychologie der Charaktere im Vordergrund steht, sondern der Gewinn einer Wette. Joseph Conrads klaustrophobes und unheimliches *Herz der Finsternis* führt den Leser in die Dschungel von Zentralafrika, um dort psychologisch „dorniges“ Terrain zu ergründen.

Die vorgestellten Bücher zeigen eine Vielzahl von Handlungsorten. Der Leser findet sich in heißen Klimazonen wieder: in Nordafrika in Paul Bowles *Himmel über der Wüste* und dem australischen „Outback“ in Patrick Whites *Voss*. Im Kontrast dazu stehen eisige Gefilde: Island in Halldor Laxness’ *Der große Weber von Kaschmir* und das frostige Russland in Boris Pasternaks *Doktor Schiwago*. Nicht alle Erzählungen spielen auf trockenem Boden, denn ohne Herman Melvilles maritimes Meisterwerk *Moby-Dick* wäre solch eine Textsammlung unvollständig, nicht zu vergessen Joseph

O'Connors Historienroman *Die Überfahrt*. Im Gegensatz zu mächtigen Schiffen lässt Jerome K. Jerome ein Trio von Freunden – und einen Hund – in einem Ruderboot die Strecke von London nach Oxford überbrücken. In Larry McMurtrys *Weg in die Wildnis* übernehmen Pferde die Beförderung der Menschen. Auch Züge spielen eine große Rolle wie zum Beispiel bei der Durchquerung von Indien in Vikram Seths *Eine gute Partie*. Sogar Fahrräder tauchen auf, zum Beispiel bei H. G. Wells' *The Wheels of Chance* und Wu Ming-Yis *Das gestohlene Fahrrad*. Doch das Auto symbolisiert zweifellos das wichtigste Fortbewegungsmittel auf dem Weg zur Freiheit und nur wenige Romane haben dessen Anziehungskraft so eingefangen wie Jack Kerouacs *Unterwegs*.

Die Welt des Reisens ist natürlich nicht nur den Männern vorbehalten. Frauen mussten jedoch lange gegen Vorurteile kämpfen, die sie von denselben Möglichkeiten ausschlossen, ferne Orte mit eigenen Augen zu sehen und die damit verbundenen Erfahrungen zu machen. Das ist einem radikalen Wandel unterworfen. Nach Autorinnen früherer Generationen, darunter Virginia Woolf *(Die Fahrt hinaus)*, erleben wir nun eine deutliche Zunahme von Schriftstellerinnen. Zu ihren Werken gehören Jeanette Wintersons *Verlangen*, Barbara Kingsolvers *Die Giftholzbibel* und die experimentell angelegte Meditation *Unrast* aus der Feder der Nobelpreisträgerin Olga Tokarczuk.

Darüber hinaus lässt sich eine weitere vielversprechende Entwicklung beobachten: Wir hören mehr globale Stimmen aus Regionen abseits des Westens. Sie sind besonders begrüßenswert, zumal verschiedene Krisen Migration und Entwurzelung verursachen und demzufolge eine intensive Auseinandersetzung provozieren. In der Tradition empathischer Werke, die Flucht und Entbehrungen beschreiben – wie zum Beispiel John Steinbecks *Früchte des Zorns* – stehen die Romane neuer Autoren wie Kim Thúys *Ru* und Veleria Luisellis *Archiv der verlorenen Kinder*.

Die Welt wird kleiner, wir sind direkter miteinander verbunden und auf eine Weise in der Lage, unseren Planeten zu erforschen, wie es sich unsere Vorfahren niemals hätten erträumen können. Dennoch erkennen wir überall Trenngräben und Spaltungen. Andere Hautfarben werden argwöhnisch betrachtet und Unwahrheiten propagiert. Das Reisen ist eine Möglichkeit, diesen Strömungen entgegenzuwirken – die Lektüre der Erfahrungen anderer Menschen in ihnen unbekannten Ländern und Zeitumständen ist es ebenfalls. Dort draußen wartet eine Welt darauf, entdeckt zu werden. Wenn wir uns von unserer Neugier führen lassen und uns mit dem Neuen unvoreingenommen auseinandersetzen, werden wir vielleicht eine innere Reise unternehmen, die uns alle zum Besseren wandelt.

Und nun wird es Zeit, sich anzuschnallen und die Entdeckungsfahrt zu genießen!

BIS 1897

1 Expeditionen und Reisen

Die frühen Reisenden wurden angetrieben von der Suche nach spiritueller Erfüllung und neuen Erkenntnissen, von Forscherdrang und Abenteuerlust.

Ansicht des Hafens von Neapel. Von Pieter Bruegel d. Ä., Öl auf Holz, ca. 1563.

HOMER

DIE ODYSSEE
(ca. 725–675 v. Chr.)

Homers Gedichtsepos beschreibt Odysseus' lange und gefährliche Heimkehr von Troja, bei der er von Ungeheuern und Feinden aus unbekannten Gefilden verfolgt wird.

Homer, alten griechischen Quellen nach „der Dichter", hat das Epos vermutlich zur Zeit der Wende vom 8. zum 7. Jahrhundert v. Chr. aufgezeichnet. Es ist daher ca. 2700 Jahre alt.

James Joyce sah in Ulysses/Odysseus den ausgeformtesten Charakter der westlichen Literatur. Leopold Blooms Irrwege in *Ulysses* basieren auf denen von Odysseus.

Odysseus' Reisestationen haben bereits viele Gelehrte zur Suche nach tatsächlichen Lokalitäten veranlasst. Die Filmfassung mit Kirk Douglas (1954) warb mit dem Slogan „Gefilmt entlang der tatsächlichen Reisestrecke vor 3000 Jahren".

Trotz aller fantastischen Ungeheuer und Handlungsorte beginnt Homer die Odyssee in der allzu menschlichen Welt von Sandalen, Krügen voller verlockendem Wein und nasser Paddel. (Homer hatte laut Ezra Pound angeblich ein Ohr für die „Meeres-Sehnsucht".) Die Reise beginnt damit, dass Odysseus die Segel vor Troja setzt und sich mit Raubgut auf den Weg in die Heimat nach Ithaka macht. Doch das reicht ihm nicht, denn er greift die Stadt Ismarus an, ganz in der Nähe Trojas.

Im Laufe seiner Reise landet Odysseus auf der Insel des einäugigen Zyklopen Polyphem. Er greift Polyphem an und blendet ihn, woraufhin dieser zu seinem Vater Poseidon betet, dass Odysseus all seine Männer verlieren und in Ithaka nur auf Leid und Beschwernis treffen möge. Die Auswirkungen des Gebets verwirklichen sich in der Handlung der Odyssee, denn sie berichtet von Stürmen, Verlockungen und anderen Gefahren. Odysseus muss zwischen dem Felsen der sechsköpfigen Skylla und dem tödlichen Strudel von Charybdis hindurchsteuern (beschrieben in Buch 12). Die Odyssee verdeutlicht gleichzeitig die hellenische Dominanz in Lybien, Südfrankreich, entlang dem Schwarzen Meer und der südlichen Küste Italiens und Sizilien, ein Gebiet, das später als „Magna Graecia" (Großes Griechenland) bezeichnet wurde.

Zu Homer liegen nur wenig konkrete Informationen vor, doch sein Einfluss auf die alte griechische Kultur ist von zentraler Bedeutung. Die Odyssee zählt zu den Schlüsselwerken der Antike. In einer kunstvoll ausgearbeiteten und poetischen Sprache berichtet das Gedicht von einer heroischen Unternehmung und dem Erreichen seines Ziels, dem Zuhause. In den 20 Jahren des von Heimweh geprägten Exils und dem Begehren seiner treuen Frau Penelope erleben wir den griechischen Krieger dabei, wie er die schwierigsten menschlichen Prüfungen und die Einsamkeit übersteht. In Homers Text erträgt er den zehnjährigen Krieg in Troja, gefolgt von weiteren zehn Jahren einer Irrfahrt durch das Mittelmeer und die Ägäis – „getrieben, zu gehen weit und fern". Dies könnte zum Teil erklären, warum der hellenische Held auch heute noch miterlebbar wirkt.

Die Odyssee besteht aus 24 Gesängen und war ursprünglich gedacht, gehört statt gelesen zu werden. Die berühmten Eröffnungszeilen weisen

Teil eines römischen Mosaiks, das Homers **Odyssee** illustriert. Es wurde in Tunesien entdeckt und zeigt den Helden, der dem liebreizenden Gesang der Sirenen widersteht.

auf ein episches Langgedicht hin. Mit 12 110 Zeilen im Versmaß Hexameter entfaltet sich der Text zu einer mythologischen statt historischen Geschichte. Männer-fressende Giganten, Hexen und Kreaturen mit dem Kopf einer Hydra verschwören sich, um die Heimreise des Helden zu vereiteln. Homers Beschreibungen der Unterwelt entwickelten sich zur Vorlage aller westlichen Darstellungen der Hölle, besonders in Dantes *Göttlicher Komödie*. Im Hades beschwört Odysseus Geister, darunter einen nicht bestatteten Freund, seine alte Mutter und den blinden Hellseher Teiresias.

Sag mir, Muse, die Taten des viel gewanderten Mannes, welcher so weit geirrt, nach der heiligen Troja Zerstörung …

Die Odyssee ist fundamental eine Geschichte mit dem Thema „nostos", „heimkehrend", von dem auch der Begriff „Nostalgie" abgeleitet ist, also ein dringliches Verlangen, nach Hause zu kommen. Nachdem Odysseus endlich in Ithaka angelangt ist, beginnt der zweite Teil des Epos, in dem er verschiedenste Prüfungen bestehen und zahlreiche Intrigen erfahren muss. Doch jeder der Handlungsorte scheint sich von der tatsächlichen Heimat ein wenig zu unterscheiden. Wird sich Odysseus jemals zur Ruhe setzen und ein friedliches Dasein führen können? Der Leser mag daran zweifeln.

Im Laufe der Jahrhunderte haben viele Übersetzungen dafür gesorgt, dass Homers Gedicht weltweit von Generation zu Generation weitergegeben wurde. Eins ist sicher: Die Odyssee ist kein vom Aussterben bedrohter Text, sondern ein zeitloses Meisterwerk.

EINE REISE DURCH ASIEN AN DEN HOF DES KUBLAI KHAN

RUSTICHELLO DA PISA

DIE REISEN VON MARCO POLO (ca.1300)

Marco Polos Buch verwebt imaginäre Passagen mit einem Reisebericht und reflektiert eine Welt des blühenden Handels, in der reisende Kaufleute und ihr Geld in neu entdeckte Städte strömen.

1298 fand sich Marco Polo in einer Gefängniszelle in Genua wieder. Dort begegnete er Rustichello da Pisa, einem Autor von Ritterromanen, der die älteste italienische Artuserzählung niederschrieb, den *Roman de Roi Artus*. Es kam zu einer Zusammenarbeit, aus der *Die Reisen von Marco Polo* hervorging, das bald schon in zahlreiche Sprachen übersetzt und weltweit beliebt wurde.

Zur Beschreibung der Reiserouten von Marco Polo und anderen Kaufleuten bürgerte sich die Bezeichnung „Seidenstraße" ein. Der Begriff wurde aber erst im 19. Jahrhundert geprägt.

Das Buch, das wir als Marco Polos „Reisen" kennen, lässt sich als eine merkwürdige Chimäre beschreiben. Es vereint die Erzählung eines Kaufmanns, der nach Ostasien zog, mit einem packenden – und gelegentlich erfindungsreichen – romantischen Erzählstrang, der zahlreiche Generationen vereinnahmte. Die Geschichte wurde laut Autor zuerst 1298 in einer italienischen Gefängniszelle in Genua erzählt. Basierend auf den Erlebnissen des Reisenden und Kaufmanns Marco Polo (1254–1324) schrieb dessen Zellengenosse Rustichello da Pisa die Geschichte nieder. Beinahe über Nacht folgten Übersetzungen und verschiedenste Adaptionen in zahlreiche Sprachen – Altfranzösisch, Latein, Deutsch, Portugiesisch und sogar Tschechisch. Der Originaltext gilt als verschollen; die Sprache der frühesten Ausgabe ist ein umgangssprachliches Hybrid aus mittelalterlichem Französisch und Italienisch, was einem großem Lesepublikum den Zugang erleichterte und den Übersetzern großen Spielraum für eigene Interpretationen ließ.

Wenngleich sie den heutigen Lesern unter dem Namen „Reisen" geläufig ist, wurde Marco Polos Erzählung erst ab dem 17. Jahrhundert so betitelt, als sich Reiseliteratur zu einem etablierten Genre entwickelte. Davor kannte man das Buch unter verschiedensten Titeln, abgestimmt auf den jeweiligen Publikumsgeschmack. Die früheste Fassung, geschrieben in Altfranzösisch-Altitalienisch, heißt *Le devisement dou monde* oder *Die Beschreibung der Welt.* Dieser Titel weist auf zwei unterschiedliche Wahrnehmungsweisen der Welt hin: Hier wird die komplexe Diversität der Welt gepriesen und zugleich eine Klassifikation von allem versucht, was es in ihr zu entdecken gibt. Spätere italienische Ausgaben tragen den Titel *Il Milione,* nach heutigem Wissen eine Adaption des Namens der Familie Polos. Eine französische Fassung aus dem Mittelalter heißt *Das Buch der Wunder der Welt* und eine andere Ausgabe *Das Buch des Großen Khan.* Die beeindruckende Vielzahl der Versionen von Marco Polos Buch erstreckt sich bis in die Moderne, da das Werk – nun landläufig als *Die Reisen von Marco Polo* bekannt – in verschiedensten Editionen, sowohl wissenschaftlicher Natur als auch publikumsnah, verlegt wurde. Ausgaben aus den ehemaligen britischen Kolonien Hongkong und Shanghai sind besonders interessant,

Der Herrscher wird in einer mit gehämmertem Gold ausgekleideten und außen mit Löwenhaut bezogenen luxuriösen Holzsänfte von vier Elefanten getragen.

da sie die mittelalterliche Begegnung von Europa mit China im Geiste des Kolonialismus der britischen Außenposten in Ostasien umdeuten und dabei die Symbole des Viktorianismus unterstreichen. Im Laufe des letzten Jahrhunderts wurde Marco Polos Reisebericht durch diverse Medien wiederbelebt, zugeschnitten auf den Geschmack des jeweiligen Publikums. Sie reichen von Filmadaptionen über Kindercomics bis hin zur Pornografie. Somit ist es nur angemessen, wenn ein Buch, das in so vielen Sprachen und Genres erschien und dessen Text eine große Bandbreite unterschiedlicher Handlungsorte aufweist, auch unter zahlreichen Titeln bekannt ist.

Die Geschichte beginnt mit einer Beschreibung der Expedition von Marcos Vater Niccolò und seinem Onkel Maffeo entlang der asiatischen Handlungsrouten (der „Seidenstraße") bis nach China. Nach ihrer Rückkehr nach Italien 1269 machen sie sich zusammen mit Marco erneut auf den Weg. Polos ausgedehnte Reise dauert beinahe drei Jahrzehnte und führt ihn durch den Mittleren Osten und Asien. Der Leser erlebt mit, wie Niccolò, Maffeo und der junge Marco den königlichen Palast des Kublai Khan erreichen, des Herrschers über China und angrenzende Regionen. Marco tritt in den Dienst des Khan, erfährt dabei viel über dortige Gepflogenheiten und die Praxis imperialer Administration und erlernt verschiedene lokale Sprachen. Er bleibt seinem Bericht nach 17 Jahre im Dienst des Großen Khan. Danach präsentiert er eine Übersicht über die Region Sumatra und allgemein Indonesien, darunter Berichte über exotische Wunder wie wilde Elefanten und das „scheue Einhorn". Neben diesen Wundern finden sich für einen Kaufmann nützliche Informationen, zum Beispiel eine Liste von Gewürzen und handelswerten Waren, die es in der Region im Überfluss gibt. Marco Polo vermittelt auch Hinweise zur Navigation wie die Bemerkung über den Polarstern – den Hauptreferenzpunkt für Seeleute in der nördlichen Hemisphäre –, der „hier nicht zu sehen ist". Es erklärt sich von selbst, warum Christoph Kolumbus auf seinen Expeditionen ein Buch von Marco Polos Reisen mit zahlreichen Randnotizen bei sich führte.

Neben Beschreibungen der Regionen Ostasiens dokumentiert Marco auch Teile von Südasien und auf seiner Rückkehr den Mittleren Osten. In Indien begegnet er den frommen Brahmanen, die so wenig Nahrung und Getränke wie möglich zu sich nehmen, um damit ihre Verehrung gegenüber allen Lebewesen und sogar Insekten ausdrücken. Einige Aspekte muten unrealistisch an und stehen in der Tradition alter griechischer Schriften, die mit Beschreibungen der Reisen von Alexander dem Großen in den Osten

caravana es partida del impi
a panar al catayo :

Vorherige Doppelseite:
Eine Illustration aus dem Katalanischen Weltatlas (1375), die Marco Polo und seine Karawane zeigt.

begannen. Andere Passagen enthalten jedoch detaillierte ethnografische Beschreibungen und bieten praktische Hinweise für weitere Forschungen.

Ratschläge für einen Kaufmann und die eher fantastisch-romantischen Abschnitte sind bei der „Dokumentation" der Wasserwege gleichermaßen präsent, die durch das Land des Großen Khan verlaufen. Beidseitig befahrbare Flüsse und Kanäle sind Transportwege für Waren und versorgen die riesige, im Herzen des Königreichs liegende Hauptstadt. Die Stadt „Singui" soll am Fluss „Quian" (Jangtse) liegen, dem angeblich „längsten Fluss der Welt" mit einer Breite von über 15 Kilometern, für dessen Durchfahrt 100 Tage benötigt werden. Er fließt durch 16 Provinzen und an seinen Ufern liegen über 200 Städte, deren „über 200 Flotten den Fluss auf und ab kreuzen". Der durch den Handel auf den Wasserwegen generierte Wohlstand belohnt die Kaufleute der Städte und auch den Großen Khan, der einen Teil der Gewinne einstreicht.

An anderen Stellen des Buches finden wir Beschreibungen von mit Händlern überfüllten Städten und den Waren, die es zu kaufen und zu verkaufen gilt. Tabriz eignet sich optimal für Geschäftsverbindungen, denn „die Stadt liegt so günstig, dass Handelsleute von Indien, Bagdad, Mossul, Kerman und vielen anderen Orten anreisen. Zahlreiche europäische Händler kommen hierhin, um die Waren zu erstehen, die aus exotischen Regionen stammen".

Weiter östlich liegt „Cormos" (Hormus), eine Insel im Zentrum bedeutender See- und Landhandelswege, wo Kaufleute „alle erdenklichen Gewürze, Edelsteine, Perlen, Seide, Stoffe mit eingewebtem Gold, Elefantenstoßzähne und unterschiedlichste Waren feilbieten". Im Fernen Osten erlebt die Hauptstadt „Cambaluc" (das heutige Peking) einen ähnlichen Zustrom von Waren, Kaufleuten und Reisenden. Es ist ein ständiges Kommen und Gehen, so überwältigend, dass „kein Mann sie zählen könnte". Die Händler werden in ihrer Anzahl nur noch von der Vielfalt der Waren übertroffen, die sie zu den Märkten bringen, da man alle erdenklichen „Edelsteine, Perlen und andere wertvolle Waren in diese Stadt befördert".

Doch der Zuwachs an Reichtümern ist in Marco Polos Welt nicht auf Güter allgemein, Gold und Edelsteine beschränkt, denn auch das vom Großen Khan herausgegebene Papiergeld spielt eine große Rolle. Diese Währung wird aus Baumrinde hergestellt und je nach Wert auf diverse Größen zugeschnitten. „Er lässt kleinere mit einem Wert von einem halben ‚Denier Tournois' produzieren und größere, die einem ganzen entsprechen. Wiederum andere sind einen halben ‚Silver Groat' [silbernes 4-Pence-Stück] wert und weitere einen ganzen." Dieser Buchabschnitt erläutert verschiedene Wechselkurse, bei denen das vom Großen Khan herausgegebene Papiergeld dem Äquivalent europäischer Währungen entspricht – Denier, Groat und Bezant. Die Währung wird sorgfältig kontrolliert – mit dem Siegel des Großen Khans auf jeder einzelnen „Banknote" – und in allen Ecken und Winkeln der Länder unter seiner Herrschaft ausgegeben. Der Gebrauch des Papiergelds ist nicht optional, sondern obligatorisch: „Niemand weigert sich, aus Angst vor dem Verlust des Lebens." Die Währung wird allgemein akzeptiert und gegen „Waren, Perlen,

Eine illustrierte Landkarte von Marco Polos Reise durch die östlichen Wüsten. Von Giovan Battista Ramusio, 1540, ergänzt von Francesco Grisellini 1761.

Edelsteine, Gold und Silber eingetauscht. Alles kann damit erworben werden". Das Geld wird nicht nur wegen der gesetzlichen Vorschrift genutzt, denn ein großer Vorteil ist der problemlose Tausch gegen Gold oder Juwelen, was kurz gesagt alle Besitztümer symbolisiert. Es ist eine universelle Währung, zumindest innerhalb des Reichs des Großen Khans.

Das Papiergeld wird nicht nur ausgegeben, sondern auch zurückgenommen. Beschädigte oder abgenutzte „Banknoten" können umgetauscht werden: „Wenn die Währung so lange benutzt wird, dass das Material Risse aufweist oder dünn ist, bringt man es zur Ausgabestelle, wo es gegen frische Exemplare getauscht wird."

Selten tritt jedoch der Fall ein, dass das Papiergeld den Zirkulationskreis verlässt – wenn es Toten auf ihrer letzten Reise mitgegeben wird. In der Provinz Tangut verbrennen die Hinterbliebenen ihre Angehörigen bei einer groß angelegten Zeremonie, mit Beigaben von „Papierstücken" mit den Bildern der Menschen, der Sklaven und des Viehs, die die Besitztümer der Verstorbenen symbolisieren. Möglicherweise waren es aber auch nur Kopien oder Nachahmungen, die aber für einen identischen Wert stehen mussten, damit sie im Jenseits galten. Dieser Geldfluss war eine Einbahnstraße, da es keine Rückkehr gab. Sogar Marco Polos Welt des überschwänglichen Handels stieß auf ihre Grenzen.

GEOFFREY CHAUCER

DIE CANTERBURY-ERZÄHLUNGEN (ca.1387–1400)

Eine Gruppe Pilger unterhält sich mit Geschichten, während sie vom Tabard Inn an der Londoner South Bank nach Canterbury zieht.

Die Canterbury-Erzählungen waren das erste Buch in englischer Sprache, das mit einer kommerziellen Buchdruckpresse hergestellt wurde (von William Caxton 1476).

Allgemein wird angenommen, dass es bei Chaucers Tod 1400 unvollendet war. Nach der Veröffentlichung unter dem Titel *The Canterbury Tales* erfreute es sich schnell großer Beliebtheit. Von dem Buch existieren mehr Manuskriptseiten als von anderen Texten der Epoche.

Chaucer war der erste in der Poet's Corner der Westminster Abbey beigesetzte Schriftsteller.

Die *Canterbury-Erzählungen* sind ein umfangreiches Buch, ambitioniert, komplex und lang. Sie haben sich als immens einflussreich herausgestellt, womit Chaucer beinahe jeden von Shakespeare über John Milton und Charles Dickens bis hin zu den Beatles inspirierte. (Paul McCartney sagte, dass er durch die „schmutzigen" Passagen der Geschichte des Müllers zur Lyrik gekommen sei.) Das Werk formte darüber hinaus die englische Sprache. Da es sich um William Caxtons erstes erfolgreiches Buchdruckprojekt handelte, half der Text bei der Stabilisierung und Ausformung des heutigen Englisch.

Somit wird Chaucer oft als „der erste englische Dichter" bezeichnet und als „Vater der englischen Literatur". Er wurde 1340 während der Herrschaft von König Edward III. geboren und absolvierte eine erfolgreiche Laufbahn im öffentlichen Dienst in unmittelbarer Nähe zu den Höfen von König Edward III. und Richard II. Chaucer arbeitete unter anderem als Zollbeamter in London und unternahm zahlreiche diplomatische Reisen in ganz Europa. Während einer dieser Unternehmungen lernte er die Werke von Petrarca und Boccaccio kennen, von denen er die Techniken der Lyrik erlernte, die ihn so berühmt machten. Chaucer verfasste einige längere und geschickt ausgearbeitete Gedichte, darunter die Traumvision *The Legend Of Good Women* und mit *Troilus and Criseyde* eine epische Liebesgeschichte aus dem Trojanischen Krieg, bevor er in den 1380er-Jahren mit den *Canterbury-Erzählungen* begann.

Am Beginn des Meisterwerks beschreibt er eine Pilgergruppe auf dem Weg von London nach Canterbury, die sich in einem Wettstreit befindet, wer die unterhaltsamste Geschichte erzählt, um die Zeit zu überbrücken.

Im Prolog stellt uns Chaucer 30 unterschiedliche Charaktere vor, die jeweils vier Geschichten vortragen sollen. Das Buch enthält jedoch nur 22 „Tales" und eine Handvoll Fragmente, weshalb angenommen werden kann, dass die *Canterbury Tales* bei Chaucers Tod unvollendet waren. Trotzdem enthält das Werk – ohne die angedachten Erzählungen – 17 000 Zeilen sich überwiegend reimender zehnsilbiger Verse und ein wenig Prosa, die eine große Bandbreite an Themen und Ideen ansprechen.

Die Pilger auf dem Weg nach Canterbury. Das Gemälde wird Gerard Horenbout zugeschrieben und auf ca. 1518–1523 datiert.

Obwohl das Buch epische Ausmaße hat, nimmt sich ein Aspekt der Geschichte eher gering aus: Die tatsächliche Pilgerreise vom Tabard Inn in Southwark bis zur Canterbury Cathedral beträgt weniger als 120 Kilometer.

Natürlich spielte die Distanz eine untergeordnete Rolle. Im Prolog erzählt Chaucer schwärmerisch von den Freuden des Frühlings („Whan that April with his shoures soote the droghte of March hath perced to the roote") („Wenn April mit seinen Schauern so weich, durchdringt des März' Dürr' zum Erdreich"), der in den Menschen das Verlangen nach Pilgereisen erweckt.

Chaucer achtet auf eine geschickte Einführungsszene, indem er im Tabard Inn seine Charaktere aufeinandertreffen lässt, die unter der Leitung des Wirts Harry Bailey „canterburywärts" ziehen.

Danach verzichtet er auf die Reisebeschreibung und berichtet kaum etwas über die Landschaft und die zurückgelegte Strecke. Auch die Ankunft der Pilger wird dem Leser vorenthalten. (Ob dies beabsichtigt war oder sich durch den vorzeitigen Tod des Autors ergab, ist eine schon seit Jahrhunderten geführte Debatte.)

Die intendierte Absicht einer Pilgerreise bezieht sich nicht auf das, was in dieser Welt geschieht, sondern in der nächsten. In diesem Fall wollten die Pilger Vergebung von ihren Sünden erlangen, indem sie ehrfurchtsvoll vor dem heiligen Schrein beteten. Der Besuch von Canterbury war gleichzeitig eine Hommage an die sterblichen Überreste von Thomas Becket (der 1170 in der Kathedrale ermordet worden war). Chaucers Charaktere erhofften sich durch die Pilgerreise einen einfacheren Einzug ins Himmelreich.

Legt man einen größeren Maßstab an, lässt sich das Werk als eine Rundreise durch die klerikalen und weltlichen Strukturen des späten 14. Jahrhunderts interpretieren. Abgesehen von religiösen Charakteren tauchen zahlreiche Figuren aus nahezu allen Lebensbereichen auf, die von Rittern über Ärzte bis zu Schiffseignern reichen. Neben einem Ordensbruder, einem Mönch, zwei Nonnen, einer Priorin und einem Pfarrer treffen wir auf den Ablasshändler und einen Kirchenbüttel – beide Verkäufer falscher Seligkeitsversprechungen und gefälschter religiöser Reliquien. In den Canterbury-Erzählungen finden sich aber auch religiöse Beobachtungen und Glaubensbekenntnisse. Wenn der Autor sich selbst als Chaucer in den Text integriert und unter die Pilger mischt, erklärt er, seine Geschichten „gesegnet vom Leiden Jesu" zu erzählen. Beim Abschied am Ende des Buches schreibt er, dass sein Publikum „unserem Jesus Christus" für den Lesegenuss danken solle. Die letzten Verse sind dem Dank an Jesus gewidmet, der „das Blute seines Herzens" geopfert hat.

Damit soll nicht behauptet werden, dass Chaucers religiöse Einstellung unerschütterlich war. Eine der interessanten Fragen der Canterbury-Erzählungen bezieht sich auf das Urteil, das die Pilger erwarten wird, wenn ihre Seelen ihre letzte Bestimmung erreicht haben, und ob sie die richtigen Schritte unternehmen, um zur Glückseligkeit zu gelangen. Chaucer unterstreicht, dass sie statt einer Leitfigur wie Moses mit einem trunksüchtigen Gastwirt vorliebnehmen müssen. Es besteht ein unendliches Potenzial möglicher Verfehlungen, und es ist niemals klar, ob sie den

William Blakes Kupferstich von Chaucers Pilgern. Er zeigt den Aufbruch zu ihrer Reise, die beim Tabard Inn, Southwark, London beginnt.

richtigen Weg eingeschlagen haben. Zu Chaucers Zeiten hatte Canterbury einen schlechten Ruf. Die Kirche verlangte beinahe schon erpresserische Summen von den Pilgern, die die Gebeine des Erzbischofs Becket sehen wollten, und verkauften ihnen allen nur erdenklichen Unsinn. Auf den lärmenden Pilgereisen wurde so viel gebechert, dass man sie eher mit einem feuchtfröhlichen Herrenausflug vergleichen konnte.

Die Reisenden ignorieren asketische Ideale und die klerikalen Figuren nehmen dementsprechend Bestechungsgeld an. (Der Pfarrer verweigert sich dem, doch die Tatsache, dass er eher ein Hirte statt ein Gewinnsüchtiger ist, wird von Chaucer als etwas höchst Ungewöhnliches dargestellt.) Während die Erzählungen der Reisenden von religiösen Anspielungen durchdrungen sind, geben sie sich selbst obszön, pietätlos und unhöflich. Eine der berühmtesten Zeilen des Gedichts stammt aus der „Geschichte des Müllers". Ein junger Mann namens Nicholas streckt sein Hinterteil aus dem Fenster und „lässt fliegen einen Furz, der einem Donnerschlag gleicht", wonach er mit einem glühenden Eisen einen Schlag auf den „Arsch" erhält.

Chaucer führt uns ständig von hohen Gefilden in die Niederungen und zurück und zeigt dabei Denkhaltungen und Gesellschaft des Mittelalters. Das Buch hat sich zu einer Reise in das Menschsein entwickelt und zeigt dabei das Bessere und das Schlechtere auf, das Richtige und das Falsche, das Fehlgeleitete und das Spitzbübische – und darum stößt es immer noch auf Resonanz.

THOMAS NASHE

Der glücklose Reisende oder Das Leben des Jack Wilton (1594)

In diesem frühen Beispiel eines Prosatexts reist Jack Wilton, Nashes schelmenhafter Protagonist, übereilt aus einem englischen Militärlager in Frankreich durch Europa.

Thomas Nashe (1567–ca. 1601) arbeitete mit verschiedenen Autoren der elisabethanischen Epoche zusammen, verfasste ein Vorwort für eine nicht genehmigte Ausgabe von Philip Sidneys *Astrophel und Stella* und soll mutmaßlich einen Großteil von Shakespeares *Heinrich VI., Teil 1* geschrieben haben.

Der glücklose Reisende oder Das Leben des Jack Wilton, im Original *The Unfortunate Traveller*, gilt als erster pikaresker Roman in englischer Sprache.

Gegen Ende von Thomas Nashes pikareskem Roman findet sich eine Szene, in der sein umherreisender Held Jack Wilton dem aufgebrachten Gezeter eines englischen Adligen im Exil zuhört. In Frankreich erfahre man etwas über „Hinterhältigkeit in Freundschaften und Schlampigkeit bis zur Perfektion“, in Spanien ist die Kleidung bizarr. Und was Italien anbelangt, wo sie sich gerade befinden:

> Von hier bringet man uns die Kunst des Atheismus, die Kunst der Völlerei, die Kunst des Herumhurens und die Kunst der Sodomie. Das einzige Gute, das sie uns anbieten können, um sie nicht vollends zu verdammen, ist, dass sie einen Mann zu einem exzellenten Höfling machen, einem seltsamen Teppich-Helden, der bei genauerer Betrachtung eigentlich ein aufdringlicher Wüstling ist, ein glorreicher Heuchler. Wenn einer der besseren Männer auf ein Zeichen oder ein Merkmal notorischer Niederträchtigkeit bei einem anderen hinweist, weiß er, dass dieser in Italien gewesen sein muss.

Es ist verblüffend, dass England schon vor 400 Jahren seine Probleme mit Europa hatte, obwohl Nashe hier den sich selbst bemitleidenden Auswanderer aufs Korn nimmt und keinen Spanier, Franzosen oder Italiener. Dennoch: Der Ausdruck von Fremdenfeindlichkeit bleibt ein solcher, auch wenn er aus dem Munde eines unangenehmen Charakters kommt. Bis zu dieser Szene waren Jack Wiltons Reisen durch Europa alles andere als friedlich. Der Schlüssel liegt im Titel, denn Wilton ist sicherlich nicht der Vorzeige-Tourist. Zur Stadt Rom bemerkt er: „Dort sind zahlreiche [...] Schreine und den Herrschern gewidmete Statuen, darunter Denkmale der Götzenverehrung, reserviert für die Abscheu. Ich suchte Pontius Pilatus' Haus auf und pisste gegen die Wand.“

Thomas Nashe war einer der ersten, wenn nicht sogar der erste englische Autor, der von seiner Kunst leben konnte. Allerdings lässt sich das kaum als Leben bezeichnen, denn er war kontinuierlich pleite. Doch die von ihm überlieferten Arbeiten sind facettenreich, übermütig und ausgelassen, allgemein einzigartig. Nashe war in der Lage, in jedem Stil zu schreiben, was ihn zu einem exzellenten und überschäumenden Parodisten machte. Das

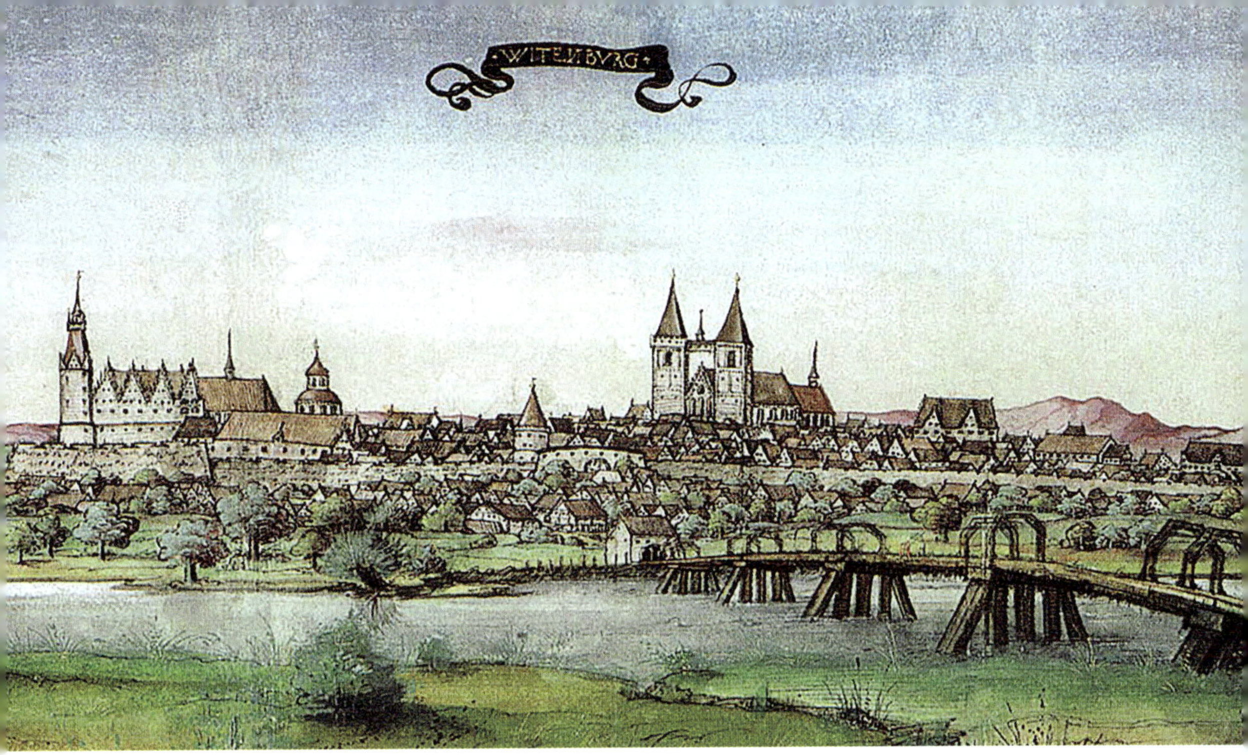

Gemälde von Wittenberg, von Lucas Cranach d. Ä. (1536). Die Stadt an der Elbe, deren Geschichte unauflöslich mit Martin Luther verbunden bleibt, ist eins von Jack Wiltons Reisezielen.

erwies sich damals als ideal, um den Zorn der Autoritäten auf sich zu ziehen, was er auch immer wieder kunstvoll tat.

Der glücklose Reisende lässt sich als Eskapismus, als Flucht vor Nashes heimischen Problemen interpretieren. Die Handlung spielt zur Zeit von Heinrich VIII. ausschließlich in Kontinentaleuropa. Europa wird als Ort von Hinrichtungen, Vergewaltigungen, religiöser Heuchelei und endloser „krummer Dinger" dargestellt. Der Höhepunkt des Texts beschreibt den eingeschlossenen Wilton, der bei einer Anatomievorlesung seziert werden soll. Neben all den Höhen und Tiefen des Buches findet sich ein moralischer Kern, der sich am besten zeigt, als Wilton die bedeutenden Humanisten Erasmus und Thomas Morus in Rotterdam trifft, die an ihren jeweiligen Texten zu Lob der Torheit und Utopia arbeiten. Nashe fasst das zuletzt genannte Werk als eine Reaktion auf folgende Missverhältnisse zusammen:

> Fürstentümer waren nichts anderes als das Ergebnis von Piraterien, an sich gerafft durch Gewalt und Mord und aufrechterhalten durch Intrigen Einzelner und Blutvergießen. In den größten und blühendsten Königreichen gab es keine Gleichheit oder eine gerechte Verteilung zwischen Einzelnen, sondern nur eine manifeste Verschwörung reicher Männer gegen arme Männer.

Obwohl diese Zeilen von Morus inspiriert wurden, ist davon auszugehen, dass dabei Nashes eigene Probleme eine große Rolle gespielt haben.

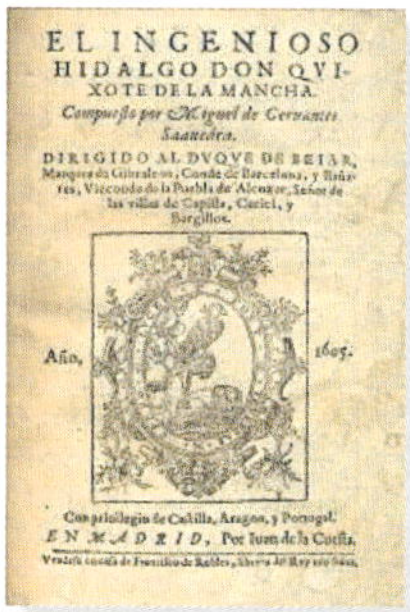

PARODISTISCHE ABENTEUER IN GANZ SPANIEN

MIGUEL DE CERVANTES

DON QUIJOTE

(1605/1615)

Don Quijote *wird oft als der erste moderne Roman bezeichnet. Er ist gleichzeitig eine Abenteuererzählung, eine Parodie des Ritterromans und eine niveauvolle Kritik der zeitgenössischen Literaturkultur.*

Cervantes (1547–1616) verbrachte ein Leben in Armut und Unbekanntheit. 1575 wurde er von Piraten gefangen und verbrachte fünf Jahre als Sklave in Algier. Mit der Niederschrift von *Don Quijote* begann er vermutlich im Gefängnis.

Don Quijote inspirierte zahlreiche Kunstprojekte, darunter ein Ballett des Choreografen Marius Petipa, das Broadway-Musical *Der Mann von La Mancha*, Terry Gilliams Film *The Man Who Killed Don Quixote*, eine Orchesterbearbeitung von Richard Strauss, eine Zeichnung von Pablo Picasso …

Don Quijote erzählt die Abenteuer von Alonso Quijano, einem alternden Mann niederen Adels aus der spanischen Region Kastilien-La Mancha. Es ist eines der am meisten gelesenen und übersetzten Werke der westlichen Literatur und wird häufig als Geburtsstunde des modernen Romans gesehen. Sein ausführlicher Originaltitel lautet *El Ingenioso Hidalgo Don Quijote De La Mancha*. Das Buch spricht Themen an wie das Wesen der politischen Macht, das Spannungsfeld Idealismus/Materialismus und die Beziehung zwischen Fiktion und Realität. Doch zuallererst ist es die Beschreibung einer Reise durch eine heiße und trockene Gegend Spaniens.

Das Werk begann als Parodie auf die höfische Erzählung bzw. den Ritterroman, ein zuvor populäres Genre, das aus der Mode gekommen war. Die wesentlichen Merkmale dieser fantasievollen Erzählungen waren heldenhafte Ritter mit einwandfreien Manieren, die sich auf eine Reise begaben, verwunschene Seen entdeckten, Abenteuer in magischen Burgen erlebten und guten Zauberern begegneten. Quijano hat so viele Bücher gelesen, dass er nicht mehr zwischen Fiktion und Realität unterscheiden kann. Er glaubt, selbst ein „fahrender Ritter" zu sein, nennt sich Don Quijote von la Mancha, legt eine alte Rüstung an und macht sich mit seinem edlen Ross (einem alten Klepper) auf, um seine Ritterschaft für die unvergleichliche Angebetete Dulcinea von Toboso (ein Bauernmädchen) auf die Probe zu stellen.

Don Quijotes in drei Ausritte gegliederte Reise hat kein bestimmtes Ziel. Die episodenhafte Struktur des Romans wird von heldenhaften Taten für Dulcinea bestimmt. Während der ersten Exkursion erreicht der Ritter von trauriger Gestalt ein Kastell (eine örtliche Kaschemme), in der edle Damen leben (Prostituierte), und verlangt, dass der Kastellan (der Wirt) ihn zum Ritter ernennt, was dieser auch pflichtschuldigst macht. Wieder auf dem Weg greift Quijote einen Händler an, der Dulcinea beleidigt hat, wird jedoch verprügelt und nach Hause befördert. Während er das Bett hütet, durchsuchen seine Freunde die Bibliothek nach Büchern, die seinen Wahnsinn begünstigten, und verbrennen sie, eine Anspielung Cervantes auf die Zensur der spanischen Inquisition.

Auf dem zweiten Ausritt begleitet ihn ein nobler Schildknappe (ein Bauerngehilfe) namens Sancho Panza. Nun beginnen weitere Abenteuer:

h. Daumier

Eine Wandrelief aus Keramik von der Plaza de Espana, Sevilla, angefertigt 1928. Es zeigt Don Quijote und Sancho Panza bei der Vorbereitung des Angriffs auf die Windmühlen. Das Zitat lautet: „Ich werde sie in einen erbitterten, ungleichen Kampf stürzen."

Vorherige Seite:
„Don Quijote in den Bergen" (ca. 1850), vom französischen Maler Honoré Daumier.

D REAL

Sie kämpfen gegen Windmühlen, die Quijote für Riesen hält, und später mit einer Schafherde (einer Armee). Er und Sancho werden regelmäßig verprügelt: Von einer Gruppe Galizier, deren Ponys von Quijotes lebhaftem Pferd aus der Ruhe gebracht werden, und von einem Gast in einer anderen Burg (Gasthaus), wo unser Ritter eine Prinzessin (ein Schankmädchen) verteidigt. Er attackiert auch den liebestollen Cardenio, als dieser andeutet, Dulcinea sei untreu. Am Ende des ersten Romans ist Quijote erneut so zerknirscht und verletzt, dass man ihn nach Hause bringen muss.

Der Erfolg zog einen nicht echten zweiten Teil 1614 nach sich, verfasst von einem gewissen Avellaneda. Cervantes zweiter Teil erschien 1615 und ist eine Antwort auf die Kritik allgemein und die betrügerische Arbeit Avellanedas insbesondere. Er zeichnet sich durch eine ausgeklügelte, metafiktionale Komposition aus: Jeder nennenswerte Charakter ist sich seiner Rolle bei Teil 1 ebenso bewusst wie der Existenz von Avellanedas Teil 2. Dadurch wissen bestimmte Figuren von Quijotes befremdlichem Wahnsinn und nutzen dieses Wissen aus, um sich einen Spaß zu machen. Beim dritten Ausritt des Ritters finden sich zwei Schlüsselepisoden. Erstens: Er begegnet einem Herzog und seiner Gemahlin (diesmal sind es „reale" Edelleute), die einige Streiche inszenieren, die Quijotes Glauben bestätigen, Dulcinea sei verzaubert. Zweitens: Ein Kampf auf einem Strand bei Barcelona mit einem jungen Mann aus seinem Dorf, der sich als „Ritter vom silbernen Mond" ausgibt. Don Quijote wurde lange als humoristisches und lustiges Buch aufgefasst, doch in den letzten Jahren haben Kritiker – die sich speziell auf diese beiden Episoden fokussierten – Quijote als tragische Figur und Opfer seines Wahnsinns gedeutet. Ein bekannter Verfechter dieser Interpretation ist Vladimir Nabokov, der *Don Quijote* als „eins der schmerzlichsten und barbarischsten Bücher, die jemals geschrieben wurden", bewertete.

Während sich der erste Teil durch grotesken „Slapstick-Humor" auszeichnet, erkundet der zweite gekonnt das innere Leben der Charaktere. Quijote und Sancho begannen ihre Reise als klar umrissene Figuren: ein großer, dünner Adliger mit hochgestochener Sprache und sein kleiner, dicker Knappe, der nicht lesen und schreiben kann, sind ein urkomisches Duo, das zu einem literarischen Archetypus wurde. Doch Quijote entwickelt sich von einer lächerlichen Figur zu einer Art paradoxem „weisen Narren". Auch Sanchos Charakter wird stärker ausgearbeitet, denn er kann seinen Meister manipulieren und urteilt klug, wenn man ihm die Verantwortung überlässt. Der Schwerpunkt auf der Charakterentwicklung ist einer der Gründe, warum Kritiker Don Quijote als ersten modernen Roman einordnen, doch auch das Bewusstsein der Intertextualität und der teils unzuverlässige Erzähler stellen einen Bruch mit vorhergehender Prosa dar.

Quijotes und Sanchos Ausritte vermitteln dem Leser mannigfaltige Themen: Humor, Philosophie, Politik, Literaturkritik und ein Bild Spaniens. Es ist zugleich eine faszinierende Reise durch das Bewusstsein eines Charakters, dessen „Wahnsinn" den Leser alles hinterfragen lässt, was er bislang über die Trennlinie zwischen Fiktion und Realität wusste.

Eine allegorische Reise von der Stadt der Zerstörung zur Himmlischen Stadt

Pilgrim's Progress
FROM
THIS WORLD,
TO
That which is to come:
Delivered under the Similitude of a
DREAM
Wherein is Discovered,
The manner of his setting out,
His Dangerous Journey; And safe
Arrival at the Desired Countrey.
I have used Similitudes, Hos. 12. 10.
By *John Bunyan.*
Licensed and Entred according to Order.
LONDON,
Printed for *Nath. Ponder* at the *Peacock*

John Bunyan

Die Pilgerreise
(1678)

Diese zweiteilige Traumsequenz, die als eines der wichtigsten Werke theologischer Romanliteratur gilt, folgt dem Pilger Christian auf seinem Weg zur Erlösung: von „dieser Welt" in die, „die kommen wird".

Im November 1660, kurz nach der Inthronisierung von Karl II., machte sich John Bunyan, von Beruf Kesselflicker, auf zu einer Farm in Lower Samsell, Bedfordshire, wo er vor einer Glaubensgemeinschaft Andersdenkender predigte. Als man ihn bei der Ankunft informierte, dass der örtliche Friedensrichter einen Haftbefehl ausgestellt hatte, schlug er jegliches Drängen zur Flucht mit den Worten aus: „Ich werde mich nicht rühren und auch dieser Versammlung nicht entfliehen. Kommt, seid fröhlich, lasst und furchtlos sein, denn unsere Sache ist gut." Bunyan wurde verhaftet, und da er das Predigen nicht aufgeben wollte, verbrachte er die nächsten zwölf Jahre im Gefängnis – ein Opfer der „religiösen Säuberung". Die Pilgerreise, seine großartige Allegorie der Erlösung, wird mit einem durchdringenden Satz eröffnet, der von dieser Verfolgung inspiriert ist:

> Als ich durchwanderte die Wildnis dieser Welt, schimmerte ein Licht an einem Ort, wo da war ein Den. Und ich legte mich zur Ruh'. Während ich schlief, träumte ich einen Traum. Ich träumte und erblickte einen Mann in Lumpen. Er stand an einem Ort, sein Gesicht vom eigenen Haus abgewandt, ein Buch in der Hand und eine große Last auf seinen Schultern.

Im Alter von 16 Jahren, während des Beginns des englischen Bürgerkriegs, verpflichtete sich Bunyan bei der Parlamentsarmee. Nach dem Krieg schloss er sich der puritanischen Kirche an und wurde Prediger.

Nach der Restauration der Monarchie 1660 belegte man Bunyan aufgrund neuer Gesetze mit einem Predigtverbot. Seine Weigerung, den Anordnungen zu folgen, büßte er mit einer zwölfjährigen Haftstrafe im Bedford County Gaol.

The Pilgrim's Progress wurde während der Haft verfasst und in mehr als 200 Sprachen übersetzt. Seit der Erstveröffentlichung wird das Werk stets lieferbar gehalten.

Ein „Den" ist ein Gefängnis, und beinahe der gesamte Text von *Die Pilgerreise* wurde im Schatten von Bunyans Inhaftierung verfasst, einer Tortur ähnlich wie bei Cervantes. Wie auch bei Don Quijote verschmelzt Bunyan Fakten und (überwiegend) Fiktion. Dieser Meilenstein der englischen Literatur beginnt als selbstexpressiver Text eines von der Gesellschaft Verstoßenen. Bunyan hatte ein wunderbares Gespür für die Rhythmik der Umgangssprache, und seine allegorischen Charaktere werden während der Dialoge zum Leben erweckt. Eine spannende, traumähnliche Geschichte ist ein wichtiges Element, die einfache Klarheit und Schönheit von Bunyans Prosa ein anderes. Die Fusion von Stil und Inhalt zu einem Kunstwerk macht das Werk zu einem der wichtigsten englischen Klassiker.

THE PILGRIMS PR

Or Christians *journey from the City of* Destruction *in this evil* WORLD *to the* CEL

Published July 1. 1813 by J. Pitts No. 14 Great St. A

Ein handkolorierter Druck, der Christians verschlungenen Weg von der Stadt der Zerstörung zur Himmlischen Stadt zeigt, auf dem er sich zahlreichen Prüfungen unterzieht. Veröffentlicht von John Pitts, 1813.

> Der Mann (Christian) war noch nicht weit von seiner Tür weggerannt, doch seine Frau und die Kinder hörten es. Sie weinten und flehten um seine Rückkehr, doch der Mann steckte seine Finger in die Ohren und schrie: „Leben, Leben, ewiges Leben." Und so schaute er sich nicht um und hastete zur Mitte der Ebene.

Je weiter wir mit Christian ins Tal der Todesschatten vordringen, den Markt der Eitelkeiten und die Zweifelsburg passieren, desto deutlicher finden wir uns in einer wunderbaren englischen Landschaft wieder. Die Überquerung des gefährlichen verzauberten Grundes, die Reise durch das Land der Vermählung und dann zum Fluss des Todes bis hin zum Berg Zion, auf dessen Gipfel sich die Himmlische Stadt befindet, hat eine geradezu süchtig machende Traumqualität, aber basiert auf einer Reise durch England. Die von Christian zuerst durchquerte Ebene gleicht der Gegend um Bunyans Bedford, der Sumpf der Verzagtheit ähnelt den Lehmgruben in Stewartby, wohingegen die Mauer der Erlösung an die einer roten Ziegelmauer in Bedford erinnert.

Der Palast Schönheit könnte Houghton House sein und der Markt der Eitelkeiten wurde möglicherweise von der Stourbridge Fair inspiriert, während die lieblichen Berge bei den Chiltern Hills verortet werden können. Andere Kritiker erkennen im Norden von Middlesex das Land der Vermählung. Damit zeigt sich erneut die Universalität von Bunyans Imagination.

Abgesehen von den religiösen Traumsequenzen Bunyans ist *Die Pilgerreise* eine geradezu archetypische Geschichte eines Suchenden, der sich Gefahren stellen muss. Im Hollywood-Jargon würde man dem Text einen perfekten „Spannungsbogen" attestieren. Auch brilliert er durch eine unvergessliche „Besetzungsliste", die von Herrn Standhaft, Herrn und Frau Furchtsam über Herrn Weltweisheit bis hin zu Herrn Hassgut, Riese Verzweiflung und Herrn Wahrheitskämpfer reicht. Mit seinen beiden guten Begleitern Getreu und Hoffnungsvoll bezwingt Christian viele Feinde, bevor er zur Himmlischen Stadt gelangt.

In politischer wie kultureller Hinsicht das Werk sehr englisch. Es ist eine kraftvolle Allegorie auf die staatliche Unterdrückung und wurde von einem Historiker sogar als „Grundtext für die Arbeiterklasse" bezeichnet. Somit ist die Pilgerreise ein Klassiker englischer Literatur, der seit der Erstausgabe immer käuflich zu erwerben war. Vermutlich gibt es kein Buch – ausgenommen die Bibel –, das es hinsichtlich der Bandbreite des Publikums mit Bunyans Werk aufnehmen kann. Es beeinflusste so unterschiedliche Autoren wie Mark Twain, William Thackeray, Charlotte Brontë, C. S. Lewis, John Steinbeck und erstaunlicherweise sogar Enid Blyton.

„Christ, der in einem Buch liest". Nummer 11 aus der Serie „Pilgrim's Progress" (Wasserfarbe von William Blake). Blake begann 1824 damit und konnte sie bis zu seinem Tod 1827 nicht vollenden. Blakes Illustrationen tauchten erst 1941 in einem Buch auf.

Eine Reise durch die nördlichen Provinzen Japans

Matsuo Bashō

Auf schmalen Pfaden durchs Hinterland (1702)

Matsuo Bashō unternimmt eine Wanderschaft durch die nördlichen Provinzen und dichtet dabei siebzehnsilbige Haikus. Es ist eine Reise, aber gleichzeitig ein Pilgergang der Poesie.

Matsuo Bashō (1644–1694) ist einer der beliebtesten und wichtigsten japanischen Dichter und gilt als Haiku-Meister.

Sein Weggefährte Sora war ein aufstrebender Dichter, der einen eher realistisch gehaltenen Bericht über die Wanderschaft verfasste.

Bashō sucht auf der Reise Orte auf, die mit Yoshitsune assoziiert werden, einem legendären Helden, der ungefähr zur Zeit von Richard Löwenherz lebte. Dieser und sein Diener Benkei mussten 1189 nordwärts fliehen, um der Rache des damaligen Shogun zu entgehen, Yoshitsunes Bruder.

Im Frühjahr 1689 machte sich Matsuo Bashō auf eine Wanderschaft zum entfernten Norden Japans. Er war sich so sicher, nie wieder zurückzukehren, dass er sein geliebtes Haus mit dem Bananenbaum im Garten verkaufte. Neben der Kleidung, die er trug, führte er nur einen kleinen Rucksack bei sich, mit „einem Papiermantel für den Abend, einem Baumwollmantel, Regenkleidung, Tinte und Pinsel".

Bashō war ein gefeierter Dichter mit einer Vielzahl von Schülern und Anhängern im ganzen Land. Er war erst kürzlich von Reisen zurückgekehrt und fühlte sich mit 45 Jahren wie ein alter Mann, doch konnte er dem Lockruf der Straße nicht widerstehen. „Der Frühlingsnebel zog über den Himmel und trotz meines Befindens erfüllte die Sehnsucht mein Herz, die Shirakawa-Barriere zu überqueren."

Bashō trat die Reise in Edo an, dem heutigen Tokio, begleitet von einem aufstrebenden jungen Dichter namens Sora. In jenen Tagen reiste man zu Fuß oder auf dem Pferderücken. Die beiden benötigten beinahe einen Monat, um die Shirakawa-Barriere zu erreichen, die den Übergang vom zivilisierten Süden zum ungezähmten Norden markierte. Bashō dichtete ein Haiku: „Beginn der Kultur / Lied des Säens des Reises / im fernen Norden".

Bashōs Wanderschaft war eine Reise durch Zeit und Raum. Jeder Stein und jeder Ort an der Straße waren durchdrungen von der Geschichte, Legende und Poesie. Während er nach Norden reiste, passierte er Gegenden, die schon die alten Dichter inspiriert hatten, sah Ruinen, die eine entfernte Vergangenheit heraufbeschworen, und gesellte sich zu örtlichen Poeten. Er schrieb über die Blumen, die Bäume und die Landschaften, die er sah, die Menschen, denen er begegnete, und versinnbildlichte seine Reise und die Erfahrungen zu einem poetischen Gemälde. In vielen Haikus finden sich Nebeneinanderstellungen und Sprünge von einer Stimmung zur anderen, und eine sublime Passage kann sich schnell ins Humorvolle verwandeln. Haikus sind literarische Kreationen und keine tatsächlichen Darstellungen.

Im Osten hielten sie bei den Ruinen des Maruyama-Schlosses, an dem Yoshitsune und sein Diener Benkei 500 Jahre zuvor vorbeigezogen waren, und sahen sich in einem Tempel Yoshitsunes Langschwert an, das verehrt wurde wie Excalibur, sowie Benkeis riesige Rüstung. Bashō war zutiefst ergriffen, als er die zweiwurzelige Takukuma-Kiefer sah, „so geformt, wie die alten Dichter sie beschrieben". In Sendai standen die Iris in voller Blüte, und Bashōs Gastgeber, der Künstler Kaemon, schenkte ihm ein Paar Strohsandalen mit irisblauen Lederriemen. Die beiden Reisenden wanderten dann zur Küste von Matsushima, einer Bucht, in der für ihre Schönheit bekannte, mit Kiefern bewachsene Inseln zu sehen waren. Beim Verlassen von Matsushima verirrten sie sich und folgten einem holprigen Weg, der „nur für Jäger oder Holzfäller geeignet" war. Die beiden erreichten dann Ishinomaki, einen Hafen, wo sich Frachtschiffe drängten und Rauch aus den kleinen, armseligen Hütten aufstieg. Dort übernachteten sie in einem schäbigen Gasthaus. Diese Textpassage wird mit vielen poetischen Bezügen ausgedrückt.

Als Nächstes besuchten sie Hiraizumi, einst die Hauptstadt des nördlichen Fujiwara-Klans. Dort hatte einst Yoshitsune mit acht Gefolgsleuten Zuflucht gesucht, umringt von einer Armee von 20 000 Soldaten. In einer unvergesslichen Schlacht hielt Benkei sie allein auf, lang genug, damit sein Meister ehrenvollen Suizid begehen konnte.

500 Jahre später fand Bashō nur noch eine mit Gras bewachsene Anhöhe. Er setzte sich auf seinen Bambushut, weinte und schrieb ein Haiku, das das Vergehen irdischer Glorie beklagte: Gräser im Sommer / All das, was verbleibt im Jetzt / Träume des Kriegers".

Gräser im Sommer
All das, was verbleibt im Jetzt
Träume des Kriegers.

Nun ging es landeinwärts in eine steile und zerklüftete Bergregion. Bashō stellte einen Fremdenführer ein, der ein geschwungenes Kurzschwert trug und einen Eichenstock mit sich führte, wonach sie dichte Wälder und Bambuslandschaften durchstreiften, Flussströme durchwateten und über Felsbrocken stolperten. Als sie schließlich die andere Seite erreichten, meinte der Führer mit strahlender Miene: „Auf diesem Weg geschieht immer ein schrecklicher Unfall. Es war reines Glück, dass ich euch sicher hierhin bringen konnte!"

Tief im Hinterland verbrachten sie einige Tage im Haus eines Kaufmanns. Die Ortsansässigen versammelten sich, ganz versessen darauf, den großen Poeten zu treffen, der freundlicherweise Lektionen in Dichtkunst erteilte. Von hier aus nahmen sie ein minderwertiges Reisboot und fuhren den reißenden, nach den sommerlichen Regenfällen angeschwollenen Mogami hinunter. Ihr Ziel waren die drei Heiligen Berge von Dewa, Heimat von Einsiedlerpriestern und das spirituelle Herz des Nordens. Dort erklommen sie die dich mit Zedern bewachsenen Anhöhen des Haguro-san, des ersten der Berge, und verbrachten einige Tage im südlichen Tal, wo Hunderte Eremiten esoterische Praktiken und Enthaltsamkeit praktizieren.

Nach einem Tag des Fastens streiften sie die weißen Roben der Pilger über und folgten einem Führer zum Berg Gassan. Es war eine entbehrungsreiche

Wanderschaft, „durch Wolken und Nebel, über Eis und Schnee, bis wir dachten, wir hätten die Wolkendecke durchstoßen und würden auf dem Pfad der Sonne und des Mondes wandeln".

Sie verbrachten die Nacht auf dem Gipfel und stiegen die steilen Wände zum Yudono-san hinab, dem letzten und heiligsten der drei Berge. Bashō verfasste simple Zeilen: „Yudono / will nicht reden / durchtränk meine Ärmel mit Tränen".

Ein moderner Siebdruck von Bashō nach dem Original von Hokusai, ca. 1808.

Nachdem sie das Land von der einen zur anderen Seite durchquert hatten, gelangten sie schließlich ans japanische Meer. Für zweieinhalb zermürbende Monate waren sie durch die Sommerhitze an der Westküste südwärts gezogen. Nachdem Bashō Matsushima mit seinen Kieferinseln gesehen hatte, verblüffte ihn die einsame, zerklüftete Schönheit von Kisagata, sozusagen der Gegenpol am japanischen Meer. Die beiden mussten dann „die gefährlichsten Orte des nördlichen Landes" durchqueren, wo Klippen steil zum Meer hinabfallen, und durch die Gischt von Felsen zu Felsen klettern. Bashō notierte merkwürdige Ortsnamen: „Verlasse deine Eltern", „Verlasse deine Kinder", „Hunde umdrehen", „Schickt eure Pferde zurück".

Bei der Kontrollstation Ichiburi präsentierten sie den Wachen ihre Papiere und stolperten erschöpft in ein Gasthaus.

Doch ihr Schlaf wurde durch ein ominöses „Getuschel" vom Nebenraum gestört, das – wie sie herausfanden – von zwei Liebesdienerinnen kam. Bashō zeigte sich amüsiert, als älterer Dichter die Nacht direkt neben zwei leichten Mädchen verbracht zu haben, und schrieb: „Im selben Hause / Schliefen bei Frauen im Spiel / Buschblatt und der Mond".

Der letzte Reiseabschnitt war schwierig, denn Sora erkrankte und kehrte um. Nun wollte auch Bashō so schnell wie möglich in die Heimat zurück und erreichte nach insgesamt sechs Monaten Ogaki, wo ihn seine Freunde direkt aufsuchten und so behandelten, als sei er von den Toten zurückgekehrt.

Bashō hatte 2415 Kilometer in nur 156 Tagen zurückgelegt, wodurch sich in Japan die hartnäckige Geschichte hält, er sei ein Ninja gewesen. Es war eine lange, eine literarische, poetische und religiöse Pilgerreise, bei der er viele kaum besuchte Orte – reich an Geschichte und Legenden – gesehen hat. Bashō verfeinerte dabei seine Dichtkunst und suchte den heiligsten Berg Yudono-san auf. 1693 vollendete er *Auf schmalen Pfaden durchs Hinterland (Oku no Hosomichi)* und verstarb im darauffolgenden Jahr.

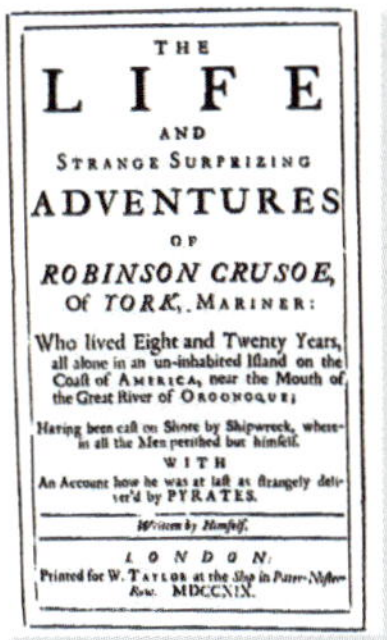
THE
LIFE
AND
STRANGE SURPRIZING
ADVENTURES
OF
ROBINSON CRUSOE,
Of YORK, MARINER:
Who lived Eight and Twenty Years, all alone in an un-inhabited Island on the Coast of AMERICA, near the Mouth of the Great River of OROONOQUE;
Having been cast on Shore by Shipwreck, wherein all the Men perished but himself.
WITH
An Account how he was at last as strangely deliver'd by PYRATES.
Written by Himself.
LONDON:
Printed for W. TAYLOR at the Ship in Pater-Noster-Row. MDCCXIX.

DANIEL DEFOE

ROBINSON CRUSOE (1719)

In diesem ein ganzes Genre definierenden Roman sticht Robinson Crusoe in See und beginnt gleichzeitig eine jahrzehntelange verwegene Reise. Er stellt sich Piraten, Kannibalen und unwirtlichen Landstrichen, aber auch seiner Moral und spirituellen Identität.

Man mag sich die Frage stellen, warum Robinson Crusoe (1719) in dieses Buch aufgenommen wurde, denn immerhin hat er sich 27 Jahre am selben Ort aufgehalten. Allerdings werden in dem Werk auch einige Abenteuergeschichten auf dem Atlantik und in Spanien und Frankreich erzählt, die zur Vielschichtigkeit beitragen. Bemerkenswert ist das instinktive Wissen von Daniel Defoe darum, wie man einen Roman verfasst – dieses Genre steckte noch in seinen Kinderschuhen. Für viele ist Robinson Crusoe denn auch der erste Roman in englischer Sprache.

Er beginnt mit dem Aufbruch des jungen Robinson, der gegen den Willen seines Vaters zur See fährt. Auf seiner ersten Reise bekommt er große Angst, worauf er sich schwört, so etwas nie wieder zu unternehmen. Der Schwur löst sich im Alkohol auf. Er wird von Piraten gefangen und versklavt, entkommt nach zwei Jahren und wird ein wohlhabender Landbesitzer in Brasilien. Auf einer weiteren Reise erleidet er Schiffbruch und strandet auf einer Insel, ca. 60 Kilometer von Venezuela entfernt. Nach vielen Jahren trifft er auf Kannibalen, die Gefangene zur Insel bringen, um sie dort zu verspeisen. Crusoe befreit einen von ihnen und nennt ihn Freitag, nach dem Wochentag, an dem er ihm das Leben gerettet hat. Schließlich gelingt den beiden die Flucht, nachdem sie die Kontrolle über ein englisches Schiff an sich gerissen haben. Der Seereise folgt eine Reise nach Lissabon (über die Pyrenäen, wo Crusoe und Freitag von Wölfen angegriffen werden).

Sieht man nun von den tatsächlichen Abenteuern ab, kristallisiert sich die spirituelle Reise Crusoes heraus. Er beginnt seine Unternehmungen als hitziger Jugendlicher, der verächtlich den Rat seines Vaters ausschlägt, zu Hause zu bleiben und lediglich eine bescheidene und vernünftige Existenz anzustreben. Dieser sagt: „Die Katastrophen des Lebens treffen den unteren und oberen Teil der Menschheit, doch die in der Mitte erleben die wenigsten Desaster." Durch seine Uneinsichtigkeit durchleidet Robinson lange Lebensabschnitte, in denen sich Katastrophe an Katastrophe reiht, obwohl es auch Phasen der Zufriedenheit gibt, in denen er darüber nachdenkt, wie viel schlimmer sein Leben hätte sein können.

Daniel Defoe (ca. 1660–1731) verbrachte die frühen Jahre als Kaufmann, doch richtete er seine Aufmerksamkeit Ende des 17. Jahrhunderts auf die Politik und verfasste Essays und Pamphlete. Für seine Ansichten musste er eine kurze Haftstrafe abbüßen.

Die Erstausgabe gab „Robinson Crusoe" als Autor an, woraus viele Leser schlossen, es handele sich um eine Autobiografie.

Seit der Publikation wurde Robinson Crusoe unzählige Male adaptiert, variiert und wiederholt. Das in über 100 Sprachen übersetzte Werk, darunter Koptisch und Inuit, definierte sogar ein Genre – die Robinsonade.

Crusoes bedeutendstes Abenteuer ist die Neuorientierung weg vom Atheismus und hin zur Religion: Sie ist nicht an eine Kirche gebunden, sondern das Resultat stiller Kontemplationen anhand einer Bibel, die er aus einem Schiffswrack rettet. Moderne Kritiker lassen diesen Aspekt des Buches oftmals aus, doch er ist wichtig. Defoe war selbst ein Nonkonformist, der für seine Ansichten tatsächlich an den Pranger gestellt und inhaftiert wurde. Wie seine literarische Schöpfung standen ihm Ressourcen zur Verfügung, denn er machte ein Vermögen, verlor es und gewann daraufhin erneut erstaunliche Summen. Mit Crusoe verfasste er erstmalig einen fiktionalen Text, publiziert in seinem 59. Lebensjahr, also einem Alter, in dem die meisten seiner Zeitgenossen schon den Weg ins Grab vor sich sahen.

Es geschah an einem Tag, als ich zur Mittagszeit zu meinem Boot ging. Ich war verblüfft, da ich den nackten Fußabdruck eines Menschen am Strand entdeckte. Ich stand dort wie vom Blitz getroffen oder als hätte ich eine Erscheinung gesehen …

Tatsächlich lässt sich Crusoe als eine Allegorie des Nonkonformismus lesen. Als er den Kannibalen einen Hinterhalt stellt, verabscheut er zwar die Vorstellung des Kannibalismus, erkennt dann aber, dass er nicht darüber richten sollte. Hier zeigt sich einer der großen Erfolgsfaktoren des Romans: Er thematisiert die Relativität der Moral. Darüber hinaus warnt er vor den Schrecken des Kannibalismus, zu jener Zeit eine ernst zu nehmende Gefahr für Reisende in diesen Regionen und nicht wie heute lediglich eine abstrakte Vorstellung.

> Solch ein Platz des Unmenschlichen, der teuflischen Brutalität und des Schreckens der Degeneration der menschlichen Natur. Obwohl ich schon oft davon vernahm, erlebte ich es nie so direkt. Ich wandte mein Gesicht vom grausamen Spektakulum ab, doch mich übermannte Übelkeit. Ich stand kurz davor, die Besinnung zu verlieren, als die Natur den Inhalt meines aufgewühlten Magens leerte.

Es findet sich noch eine weitere Reise, und die ist das Buch selbst, da hier die ersten Schritte zum englischen Roman gemacht werden. Es ist erstaunlich, wie es Defoe gelang, jeden Aspekt des Zustands seine Protagonisten zu erfassen. Es ist ein Fest der Vorstellungskraft, besonders wenn man bedenkt, dass all die durchdachten Kompositionsteile von einem einzigen Mann stammen, da es weder eine fiktionalen Vorlage gab noch ein Sachbuch. Erstaunlich ist auch die Tatsache, dass ein über 300 Jahre altes Werk noch immer so spannend wie bei der seinerzeitigen Veröffentlichung ist.

Gegenüber:
Robinson Crusoe verschafft sich einen Überblick über die Insel. Illustration von Alexander Frank Lydon aus der 1865 bei Groombridge and Sons erschienenen Ausgabe von *Robinson Crusoe*.

Laurence Sterne

Eine empfindsame Reise durch Frankreich und Italien von Mr. Yorick (1768)

Die Reise von Yorick, einem englischen Geistlichen, wird ständig von Gelegenheiten zum Philosophieren über den Humanismus und Flirts mit der Damenwelt unterbrochen.

Der europaweite Bestseller *Eine empfindsame Reise*... löste einen Kult der „Empfindsamkeit" aus, dessen Anhänger übermäßige Gefühlsäußerungen zur Schau stellten.

Drei Wochen nach der Veröffentlichung starb Sterne mit 54 Jahren. Nach der Beerdigung wurde seine Leiche entwendet und für den Anatomieunterricht nach Cambridge gebracht. Angeblich hat der Professor ihn erkannt und den leblosen Körper zur erneuten Bestattung zurückbefördert.

Sternes radikaler Ansatz kam im 19. Jahrhundert aus der Mode, doch spätere Autoren wie Virginia Woolf, Italo Calvino und Salman Rushdie schätzen das Werk.

Es gibt Touristen, die Sehenswürdigkeiten aufsuchen, Selfies davor machen und in lokalen McDonalds essen, doch es gibt auch Reisende, die in eine neue Umgebung eintauchen, sich mit den Ortsansässigen unterhalten und die lokale Küche kosten. Yorick, der Landpfarrer, der Laurence Sternes *empfindsame Reise* erzählt, ist zweifellos ein „empfindsamer Reisender". Der Terminus „empfindsam" hatte im 18. Jahrhundert keinen billigen Unterton und deutete auch keine vorgetäuschten Gefühle an. Er umschrieb das Einfühlsame, Intuitive und Nachdenkliche. Andere Engländer, die ihre Ausbildung mit der sogenannten „Grand Tour" durch Frankreich und Italien beendet hatten, unterhielten sich über die eindrucksvollen Gebäude, die Kunstwerke und die malerischen Landschaften. Yorick hingegen bemerkt die Landschaft kaum, denn seine Aufmerksamkeit richtet sich auf die Menschen und manchmal auch die Tiere: einen toten Esel auf der Straße und einen im Käfig sitzenden Vogel, dem man den Ausruf beigebracht hat: „Ich kann nicht raus! Ich kann nicht raus!"

Die empfindsame Reise *(A Sentimental Journey Through France And Italy)* beginnt in London, wo Yorick spontan eine Tasche packt, nach Dover eilt und ein Boot über den Kanal nach Calais nimmt. Dort verliebt er sich kurz in eine Gräfin, die verspricht, ihm eines Tages eine traurige Geschichte zu erzählen, und setzt sein ganzes sprachliches Können ein, um einen Mönch abzuwehren, der um Almosen bittet. (Manchmal scheint Yorick so knauserig oder an Sex interessiert zu sein wie ein durchschnittlicher Tourist.) Dann reist er nach Paris, wo Sterne ein paar Jahre zuvor einige Monate verbracht hatte. Bis Mitte vierzig war Sterne ein Priester der „Church of England" gewesen, ohne Aussicht auf einen Aufstieg. Dann begann er mit der Veröffentlichung von *Leben und Ansichten von Tristram Shandy, Gentleman* (1759–1767), einem umfangreichen und „polternden" Roman, der manchmal als witzigste literarische Erzählung eingeordnet wird. Das Buch war ein Riesenerfolg in Europa – voller Humor, exzentrischer Charaktere und kaum verhüllter „Schweinereien". Yorick ist eine Nebenfigur im *Tristram Shandy* und gleichzeitig ein Selbstporträt Sternes. In *Eine empfindsame Reise* ... wird Yorick als ein Niemand dargestellt; er interessiert sich für unbedeutende

Yorick flirtet mit der „wunderschönen Grisette". Von dem englischen Maler William Powell Frith (1853).

Menschen und schreibt über Bauern, Ladenmädchen und Bettler. Er begegnet keinem Aristokraten, mit Ausnahme eines Adligen, der ihn davor bewahrt, in die Bastille geworfen zu werden. Da Yorick England in großer Eile verließ, verfügt er nicht über die richtigen Dokumente (England und Frankreich befinden sich im Krieg). Der Adlige hat von einem gewissen Yorick gehört, dem Hofnarren in *Hamlet,* und nimmt an, dass es sich um dieselbe Person handelt. Manchmal geraten das Leben und die Literatur eben durcheinander.

Für einen Priester zeigt sich Yorick dem Flirten übermäßig aufgeschlossen. Mit der wunderschönen Besitzerin eines Handschuhgeschäfts hält er Händchen und tauscht pikante Zweideutigkeiten aus, und während er auf seinem Bett neben einem Dienstmädchen sitzt, muss er sich überwältigender Versuchungen erwehren. Am Ende des Buches teilt er sich mit einer Dame und ihrer Zofe ein Zimmer, streckt seine Hand in der Dunkelheit aus und berührt …! Wir wissen, dass er nach Italien gelangt, da es Hinweise auf dortige Erlebnisse gibt, doch aufgrund all der Ablenkungen – der überzogenen Geschichten, des Philosophierens, der Rückblenden und der Zwiesprache mit dem Leser – nimmt die Handlung einen rudimentären Charakter an. *Eine empfindsame Reise …* zählt zu den unterhaltsamsten Reisebüchern. Es besagt: Wo auch immer dich dein Weg hinführt, wirst du interessante Dinge finden, wenn du nur genau hinschaust. Aber es drückt auch aus: Wo auch immer du hingehst, wirst du nichts finden, was dich so sehr interessiert wie deine eigene Person.

MARY SHELLEY

FRANKENSTEIN (1818)

Frankenstein ist die unheimliche Erzählung einer Verfolgungsjagd von Ingolstadt nach Genf und quer durch Europa, inspiriert von Shelleys eigenen Reisen.

Mary Shelley (1797–1851) wurde in London als Tochter des radikalen Philosophen William Godwin und Mary Wollstonecraft Godwin, einer der ersten Feministinnen, geboren.

Sie begegnete Percy Bysshe Shelley 1812, in einem Alter von nicht mal 16 Jahren. Nach geheimen Treffen am Grab ihrer Mutter auf dem Friedhof St. Pancras reiste das Paar im Juli 1814 nach Europa.

Die Idee zu *Frankenstein* entstand bei einem Wettstreit zwischen Mary, Percy Bysshe und Lord Byron, wer den besten Schauerroman schreiben könne.

Die Handlung von *Frankenstein* ist von Reisen durchzogen. Der Roman wird mit der Darstellung des Forschers Captain Walton auf seinem Schiff eröffnet, das sich in verlockender Nähe zum Nordpol befindet. Fasziniert von den Phänomenen der Elektrizität und des Magnetismus, beabsichtigt er, der Erste zu sein, der das eisige Land betritt, das er als den „Nabel der Welt" beschreibt. Er will zudem herausfinden, was genau die Kompassnadel nach Norden ausrichtet.

In Briefen an seine Schwester in der Heimat erzählt Walton von einem monströsen Riesen, der mit einem Schlitten in großer Geschwindigkeit nach Norden hetzt, und von dessen erschöpften Verfolger Viktor Frankenstein, den er rettet. Ab dieser Geschichte beginnt ein neuer Handlungsstrang, den Viktor Frankenstein als Ich-Erzähler übernimmt. Er beginnt die Erzählung mit seiner Geburt 1769 in Neapel. Als er sechs Jahre alt ist, zieht seine Familie nach Genf: Viktors Vater erhält dort den Posten eines Ratsherrn. Im Alter von 15 Jahren beobachtet Viktor die Ehrfurcht einflößende Gewalt von Blitzen. Was ist das nur? „Elektrizität", antwortet ihm sein Vater. Für den Jungen ist es ein Heureka!-Moment, der eine Ereigniskette in Gang setzt, die ihn schließlich zur Erschaffung des Monsters führt.

Im folgenden Jahr beginnt Viktor sein vierjähriges Studium in Ingolstadt, der Basis der Geheimgesellschaft Illuminati (die Erleuchteten). Sie fördert provokantes, grenzüberschreitendes Denken, obwohl nur wenige Studenten so herausfordernd sind wie Viktor.

Fest entschlossen, Gott bei der Schöpfung des Lebens zu übertreffen, kreiert er einen neuen Adam aus Leichtenteilen, die nachts aus Gebeinhäusern und Schlachthöfen entwendet werden. Die Elektrizität ist die zentrale Kraft beim Schöpfungsprozess.

Als er sieht, was er getan hat, schreckt Viktor angewidert von der Hässlichkeit zurück. Die „neugeborene", circa 2,40 Meter große Kreatur flieht nackt in den tiefen Ingolstädter Wald. Viktor erleidet einen Nervenzusammenbruch und wird von seinem besten Freud Henri Clerval zurück zu seiner Familie in Genf gebracht, wo auch seine Verlobte Elisabeth wartet.

Das Frontispiz der Frankenstein-Ausgabe von Theodor von Holst (1931), eine von zwei Illustrationen. Das Monster gleicht Shelleys Beschreibung, anders als in den Film-Adaptionen.

Vorherige Seite:
Stahlstich der Villa Diodati nahe dem Genfer See (1833). Shelley wohnte dort im Sommer 1816. *Frankenstein* basierte auf einem Dichterwettstreit zwischen ihr, Lord Byron und Percy Shelley.

Doch Viktor wird seiner Kreation wiederbegegnen. Im Verlauf von Shelleys Text kreuzen sich die Wege der beiden in ganz Europa.

In der Geschichte des Monsters erfahren wir, dass es die Sprache durch Belauschen und Bücher erlernt. Seit es Viktors Laboratorium entfloh, wurde es zunehmend intelligent und kann nun Viktors Aufzeichnungen verstehen. Es verfolgt ihn durch die Wildnis von Ingolstadt bis Genf und ernährt sich dabei von Wurzeln und Beeren. Sieben Monate nach deren „Geburt" steht Viktor seiner Kreation, die als Einsiedler in den eisigen Bergen von Chamonix lebt, in Sichtweite des Mont Blanc, wieder von Angesicht zu Angesicht gegenüber.

Die Reisen der beiden Charaktere sind durch Flucht und Verfolgung gekennzeichnet. Viktor entschließt sich, alles nur Erdenkliche zu unternehmen, um der Kreatur – die er nun als Ausgeburt der Hölle sieht – nie wieder zu begegnen. Er schlägt Henri eine „Grand Tour" vor – und lässt die leidende Elisabeth zurück. Die Reise führt die jungen Männer durch das Rheinland, Italien und Frankreich (damals im revolutionären Aufruhr) nach England (das sich im Krieg mit Frankreich befindet) und schließlich Schottland. Was die beiden jungen Freunde nicht wissen – die Kreatur ist ihnen auf den Fersen! Sie stellt eine stete latente Bedrohung dar, eine dunkle Erinnerung an die Büchse der Pandora, die Viktor öffnete, als er Naturphänomene durch ungebremste menschliche Ambitionen auf die Spitze trieb.

> Es ist wahr, wir sollten Monster genannt werden, abgeschnitten von der Welt. Aber dessen eingedenk sollten wir enger beieinander stehen

Die Kreatur konfrontiert Viktor mit der Forderung, ihr eine Gefährtin zu erschaffen. Falls er den Wunsch erfüllt, zögen die beiden nach Südamerika und die zivilisierte Welt würde nie wieder mehr etwas von ihnen hören. In der verzweifelten Hoffnung, sich von seiner Schöpfung befreien zu können, stimmt Viktor zu. Doch er kann sein Versprechen nicht halten, denn die weibliche Kreatur ist so widerwärtig, dass er sie in Stücke reißt. Das Monster erkennt, dass seine Spezies zum Aussterben verdammt ist, und schwört Rache.

„Ich werde in deiner Hochzeitsnacht bei dir sein", sagt es. Wenn das Monster keine Gefährtin haben kann, soll auch sein Schöpfer dieses Schicksal erleiden.

In Viktors Hochzeitsnacht in Köln erwürgt das Monster Elisabeth. Der Verfolgte wird zum Verfolger, und Viktor jagt die Kreatur durch ganz Mitteleuropa, die Türkei, die Tartarei, Russland und Grönland bis in die Arktis. Der Roman endet bei der einleitenden Szene und vereint die drei Erzähler auf Waltons Schiff. Der lebendige und emotionale Text hat den Leser Tausende von Meilen über den Globus geführt und endet abrupt.

SIR WALTER SCOTT

Das Herz von Midlothian (1818)

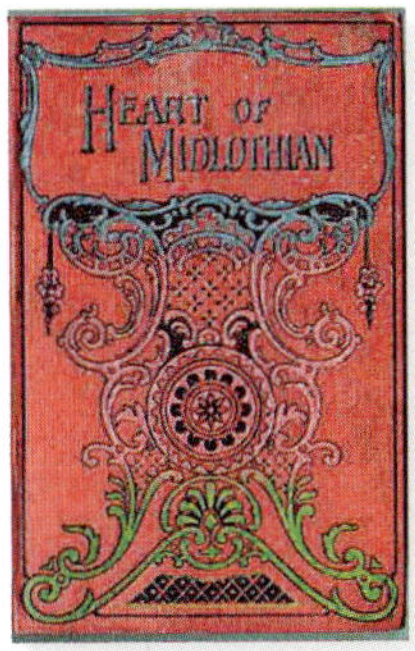

Als Effie Deans wegen des Mordes an ihrem Kind zum Tode verurteilt wird, zeigt sich ihre Halbschwester Jeanie fest entschlossen, von Edinburgh nach London zu wandern, um bei Königin Caroline ein Gnadengesuch vorzubringen.

Der Titel von Sir Walter Scotts siebtem Roman, *The Heart Of Midlothian,* bezieht sich auf ein Gefängnis – das Old Tolbooth –, das im 18. Jahrhundert im Herzen von Edinburghs heruntergekommener Altstadt lag. Es war nur ein kurzer Weg vom Tolbooth zum Grassmarket, wo man die zum Tode Verurteilten vor einem geifernden Mob erhängte. Das ist der triste Hintergrund, vor dem Scotts „fröhlichster" Roman spielt. Die Geschichte beginnt exakt am 8. September 1736. Ein Kleinkrimineller namens Andrew Wilson soll hingerichtet werden, was Empörung bei der Bevölkerung auslöst. Ihrer Ansicht nach ist die Strafe zu hoch für den Raub an einem Zollbeamten, der den Täter nach dessen Auffassung ungerechtfertigt verfolgte. Wenige Tage später – nach der Exekution – erhängt der Mob den verantwortlichen Offizier Captain John Porteous.

Während dieses historisch korrekten Abschnitts ist Scott, dem man oftmals wegen umständlicher und abschweifender Passagen kritisierte, ganz in seinem Element. Dann rückt Wilsons Schicksal in den Hintergrund und Scott lenkt den Fokus auf eine junge Frau namens Effie Deans, die des Mordes an ihrem unehelichen Kind schuldig gesprochen wurde. Ihr Verführer war, wie sich herausstellt, ein Komplize von Wilson. Jeanie, Effies Halbschwester, weiß von deren Unschuld, was mit einem Geheimnis einhergeht. Da sie von einem puritanischen presbyterianischen Vater aufgezogen wurde, kann sie keine Notlüge vorbringen, um Effie zu retten, fühlt sich aber deswegen schuldig. Von Gewissensbissen gepeinigt, entscheidet sie sich, von Edinburgh nach London zu wandern, um ein Gnadengesuch bei Königin Caroline zu erwirken und Effie vor dem Schafott zu retten.

Jeanie legt die fast 700 Kilometer teilweise zu Fuß zurück – kein leichtes Unterfangen. Sie wandert meist 35 Kilometer am Tag, manchmal ein wenig mehr. Doch als sie tiefer nach England vordringt, wird sie von Räubern als Geisel genommen, unter ihnen Madge Wildfire, eine Frau, deren eigenes uneheliches Kind von ihrer Mutter getötet wurde. Nur durch Madge – die in jeder Hinsicht verrückt ist – gelingt Jeanie die Flucht und die Wiederaufnahme ihrer Mission.

In Newark, keine 200 Kilometer von London entfernt, wird sie zum Haus eines Mannes namens Staunton gebracht, der zugleich Geistlicher und Friedensrichter ist. „Wer seid Ihr, junge Frau?", will er wissen. „Wir dulden hier

Walter Scott (1771–1832) war der beliebteste Schriftsteller seiner Zeit. Jane Austen, Lord Byron und Honoré de Balzac zählten zu seinen Verehrern.

Das Scott Monument in Edinburgh ist das größte Denkmal für einen Schriftsteller und die Waverley Station verdankt ihren Namen einem seiner Romane.

Ein Fußballverein benannte sich nach dem hier vorgestellten Werk und die Trikots ziert ein Emblem, das auf dem Mosaik basiert, das an der Stelle des einstigen Old Tolbooth ausgelegt wurde.

Lithografie, basierend auf Robert Scott Lauders Gemälde „Der Prozess von Effie Deans".

keine Herumtreiber oder Vagabunden." Sie nennt den Namen ihres Vaters David Deans, woraufhin Staunton aufstöhnt und hastig den Raum verlässt. Jeanie erfährt, dass er der Vater von George Staunton ist, der im selben Haus erkrankt das Bett hütet. Dieser hat ihre Schwester geschwängert, und seine Zeugenaussage würde Effies Unschuld beweisen und den wahren Mörder des Kindes überführen. Nun hat Jeanie die Beweise, die, wie sie hofft, ihre Schwester entlasten.

In London muss sie zuerst den Herzog von Argyle für sich gewinnen, dem man in England und Schottland vertraut, in einer Zeit, in der die 1707 beschlossene Vereinigung beider immer noch sehr fragil ist. Mithilfe des Herzogs wird Jeanie die wichtige Audienz bei Königin Caroline gestattet. Die Königin ist zutiefst beeindruckt und versichert Jeanie, dass sie mit dem König reden will, obwohl sie nichts garantieren kann.

Scotts Vorbild für Jeanie Deans war eine Frau namens Helen Walker. Da ihre Eltern verstorben waren, musste sie für ihre deutlich jüngere Schwester sorgen, der man einen Kindesmord zur Last legte. Helen wurde erklärt, dass sie ihre Schwester retten könne, doch nur unter der Voraussetzung, einen Meineid zu leisten, was sie nicht über sich brachte. Da nur sechs Wochen zwischen der Urteilsverkündung und der Exekution lagen, machte sie sich unverzüglich nach London auf, um eine Begnadigung zu erwirken, was ihr mit der Hilfe des Herzogs von Argyle gelang.

Indem Scott – der Erfinder des historischen Romans – die Ereignisse rund um den berüchtigten Porteous-Aufstand mit der Tragödie einer jungen, leichtsinnigen und vom Pfad der Tugend abgekommenen Frau verknüpfte, gelang ihm die brillante Fusion von Fakten und Fiktion – und das mit einer vereinnehmenden Brisanz. Die Öffentlichkeit schloss das Buch und besonders die Protagonistin Jeanie Deans in ihr Herz. Sie war eine echte Heldin und ihr wird in Edinburgh an zahlreichen Erinnerungsstätten gedacht, als sei sie eine reale Person gewesen. Ein Jahr vor der Publikation des Romans wurde das Tolbooth niedergerissen. Als leidenschaftlicher Antiquitätensammler erwarb Scott das Tor samt Tür und Vorhängeschloss, das er nach Abbotsford transportieren ließ, seinem Anwesen an der schottischen Grenze, wo es immer noch aufbewahrt wird.

Vom Comer See zur Schlacht von Waterloo

STENDHAL

Die Kartause von Parma (1839)

Stendhals junger Held Fabrizio entdeckt die zeitgenössische Politik und die Brutalität des Krieges, als er 1815 nach Waterloo zieht.

Der zu Beginn des 19. Jahrhunderts spielende Roman erzählt die Abenteuer von Fabrizio del Dongo und seine Verflechtungen mit dem Hof von Parma, das von einem despotischen Prinzen regiert wird. Zum Hof gehören auch Fabrizios Tante, die Contessa von Sanseverina, und ihr Liebhaber Graf Mosca.

Bei Stendhal ist die Politik allgegenwärtig. Sie bestimmt die Gespräche der Charaktere, die Streitigkeiten und die Reisen, was deutlich wird, als der junge Fabrizio seine Heimat am Comer See verlässt, um in Waterloo in Belgien zu kämpfen. Die Neuigkeiten von Napoleons Rückkehr von Elba im März 1815 erreichen die italienischen Liberalen, die eine französische Invasion Italiens herbeisehnen. 1796 war Napoleon schon einmal in Italien einmarschiert. Der impulsive Fabrizio interpretiert den Flug eines Adlers – Symbol für Napoleon – als Omen: Er, Fabrizio, muss diesem Herrscher folgen. Diese Reise stellt einen Bruch mit bisherigen literarischen Vorlagen dar, da sie die Klassiker ausreizt und überzieht, also die Erzählungen, bei denen junge, naive Helden aufbrechen, deren Illusionen verblassen, je mehr sie über sich und die Gesellschaft erfahren.

Stendhal nimmt Bezug auf diese „Entdeckungsreisen ins Ich“, aber unterminiert sie gleichzeitig. Manchmal geht der zurückgelegte Weg des Protagonisten mit fruchtbaren Lebenslektionen Hand in Hand, manchmal nicht. Auch seine persönliche Entwicklung lässt zu wünschen übrig: Als er von französischen Soldaten von seinem Pferd geworfen wird, das sie für einen kommandierenden General benötigen, verliert er den Blick für alle militärischen Notwendigkeiten und brüllt auf Italienisch: „Ladri! Ladri!“, was Diebe bedeutet. Stendhal kommentiert trocken: „Das war wohl ein Witz – mitten auf einem Schlachtfeld hinter Dieben herzurennen.“

Die Reise steht auch für ein Missverhältnis zwischen dem Beginn am Comer See und dem Zielpunkt. Der Comer See ist friedlich, doch auf dem Weg nach Waterloo erlebt der Protagonist in der Schweiz und in Frankreich Schlägereien und gemeinen Verrat. Einige, denen er begegnet, bieten ihm Hilfe an, doch er erträgt auch einige Schicksalsschläge. Fabrizios Geld wird geraubt, er wird der Spionage verdächtigt und ins Gefängnis geworfen, wonach er sich – wieder auf freiem Fuß – der grausamen Realität der Schlacht von Waterloo stellt.

Stendhal zeichnete sich durch geistreiche, schnelle, aber dennoch komplexe fiktionale Werke aus. Er betrat durch seine literarische Analyse des Zusammenhangs zwischen individuellen Gefühlen und historischen Gegebenheiten neues Terrain.

La Chartreuse de Parme ist der erste populäre Roman, der in einem anderem Land als dem des Autors spielt. Der Vergleich zwischen den „französischen“ Charakteristika und den italienischen dient als Satire auf seine Landsleute.

Es wurde vielfach darauf hingewiesen, dass Stendhal der erste europäische Schriftsteller gewesen sei, der mit dem Waterloo-Abschnitt eine moderne Beschreibung der Kriegsführung schuf. Vergangen ist die Vorstellung glorreicher Kameraderie, vergangen die Auffassung von einer sinnvollen Strategie. Waterloo ist chaotisch, voller unausweichlicher, schmerzhafter und sinnloser Geschehnisse. Der Konflikt wird durch zufällig anmutende Fragmente geschildert: Generäle galoppieren ohne Sinn und Verstand vorbei, Äste von Bäumen werden von Explosionen in Sekundenbruchteilen zerfetzt. Der nackte Horror regiert. Um ihn abzuhärten, lässt ein befreundeter Soldat Fabrizio die Hand eines schrecklich entstellten Leichnams schütteln, und er sieht schockiert, wie sich ein blutüberströmtes Pferd in seinen Eingeweiden wälzt.

Fabrizio ist der Held des Romans, doch wie heldenhaft ist er? Eher hastig als tapfer, versucht er mühevoll die Situation zu kontrollieren, versagt jedoch. Der Blutverlust durch eine Wunde verdrängt den romanhaften Charakter und lässt das Buch realer erscheinen. Perplex stellt er sich die Frage, ob er an einer

tatsächlichen Schlacht teilgenommen hat. Seine Verwirrung entsteht durch den Konflikt zwischen der Realität und dem zuvor gemachten Bild. Wie viele andere Autoren des 19. Jahrhunderts spricht Stendhal die Bedeutung der starken manipulativen Vorstellungskraft in den Vordergrund und unterstreicht die unvermeidbare Enttäuschung, die folgt, wenn die Erfahrung dem Gedankenbild nicht gerecht wird.

Heute können wir Fabrizios Weg von Como nach Waterloo und zurück nachverfolgen. Stendhal liefert uns die Informationen über die Zwischenstopps, darunter Paris (auf dem Hinweg) und die Straße von Charleroi voller fliehender französischer Soldaten (Rückkehr). Moderne Reisende, die beim Schlachtfeld ankommen – ungefähr 15 Kilometer südöstlich von Brüssel – müssen sich mit der viel gepriesenen Imagination begnügen. Die ursprüngliche Gefechtsstätte ist nicht erhalten geblieben. Nun bestimmt der große Löwenhügel den Ort der historischen Schlacht.

Gemälde (Wasserfarbe) des Comer Sees von Miles Birket Foster, ca. 1870. Fabrizio beginnt dort seine Reise.

Nikolai Gogol

Die toten Seelen
(1842)

Ein Steuerbetrüger bereist die löchrigen Straßen des ländlichen Russlands und sucht einige moralisch noch zweifelhaftere Landbesitzer auf, wonach er in einem Strudel aus rhetorischem Staub und luftigen Metaphern verschwindet.

Gogol (1809–1852) verfasste den Großteil von *Die toten Seelen* in Italien, in einer Unterkunft nahe der Spanischen Treppe. Der in der heutigen Ukraine geborene Autor hatte kaum Berührungspunkte mit den russischen Provinzen, die er beschrieb.

Gogol behauptet, die Idee zum Roman stamme von Alexander Puschkin, der ihn zu einem dem *Don Quijote* ähnlichen Werk anregte.

1845 verbrannte der Autor das Manuskript für den zweiten Teil. Wenige Wochen danach starb der zeitweise unter psychischen Problemen leidende Gogol an selbst auferlegtem Fasten.

Die toten Seelen verwirrten und spalteten die frühe Leserschaft, aber auch folgende Generationen. War Gogol ein russischer Homer? War der Roman *Die toten Seelen (Mertvye dushi)* ein nationales Epos, das die Fülle des russischen Lebens feierte? Vielleicht eine allumfassende Beschreibung, die die Widersprüchlichkeit der russischen Realität einfing? Oder eher eine Zurschaustellung der Lasterhaftigkeit durch eine Satire? Gogol wollte mit der geplanten Trilogie eine Dante-ähnliche Progression vom Inferno durch das Fegefeuer zum Paradies umsetzen. Doch das Paradies blieb verschlossen, denn ein geläutertes Russland tauchte niemals auf.

In dem pikaresken Roman, der Mitte des 18. Jahrhunderts spielt, wird ein Betrüger auf seiner Reise dargestellt. Eine Kutsche fährt in die Provinzstadt N., deren Lage nicht angegeben ist. In ihr sitzt Pawel Tschitschikow, ein „Händler aus dem Hades". Sein Betrugsschema? Die verstorbenen Leibeigenen (oder „Seelen") von Landbesitzern zu kaufen; diese mussten bis zur nächsten Revision, bei der die Verstorbenen erst aus den Listen gestrichen wurden, Kopfsteuern für ihre Leibeigenen entrichten. Weit weg im Süden des Landes verkaufte er sie wieder, wo sie als „Lebende" an den Staat verpfändet werden konnten.

Tschitschikow durchreist das Land, um Gutsbesitzer für diese Finte zu gewinnen. Dabei begegnet er dem überhöflichen Manilow, dessen Zustimmung in geschmeidige Sprache gekleidet ist, der misstrauischen Frau Korobotschka, deren Prinzipientreue verschwindet, als sie die finanziellen Vorteile erkennt, dem gewalttätigen und boshaften Nosdrew, dem beleibten Sobakewitsch, der seinen klobigen Möbeln ähnelt, und schließlich dem geizigen Pljuschkin, einst ein Vorzeigegutsherr, der auf einem heruntergekommenen Hof lebt.

Tschitschikows Reise hat keinen erkennbaren Anfang oder ein Ziel. Die ausgedehnte russische Landschaft wirkt bei Betrachtung wie „ein Horizont ohne Ende". Ähnlich der richtungslosen Reise scheint Gogols Prosa die Kausalität zu verlieren. Als er sich Sobakewitschs Haus nähert, erspäht Tschitschikow zwei Köpfe in einem Fenster, von denen einer einem moldawischen Kürbis ähnelt, aus dem die Russen Balalaikas fertigen ... und plötzlich entfaltet sich ein epischer literarischer Vergleich. Wir verlassen Sobakewitschs Anwesen und werden zu einer unbeschwerten Liebeserklärung geführt, wo ein blinzelnder Junge eine Balalaika spielt, die aus moldawischem Kürbis hergestellt ist. Die ursprüngliche

Szene verschwindet aus dem Blickfeld und der Leser findet sich in einer merkwürdigen Realität wieder, die jedoch lebendiger wirkt und lebhafter geschildert wird, als man beim allerersten Eindruck annehmen sollte.

„Befreiung der Bauern von der Leibeigenschaft (Verlesung des Manifests)" von Boris Kustodiev, 1907. Die „Seelen" im Titel von Gogols Roman beziehen sich auf Leibeigene: Arbeiter, die als Eigentum des Grundbesitzers galten. „Die toten Seelen" wird von manchen Interpreten als eine Satire auf das brutale System angesehen.

Am Schluss des Romans findet sich eine Passage, die der russischen Kultur bildhaften Ausdruck verleiht. Tschitschikows Kutsche rast eine Straße entlang und wird in eine geflügelte Vogel-Troika transformiert, ein Gefährt, das „nur inmitten spiritueller Menschen geboren wird, in einem Land [...], das sich mit sanften und flachen Weiten selbst über die halbe Welt geworfen hat". Als Symbol von Genialität und imperialer Expansion erscheint die Troika als eine glühende Huldigung der russischen Seele und der Macht des Zarenreichs:

> Bist du es nicht auch, O Russland, das wie eine beseelte Troika nach vorne drängt und das niemand überholen kann? Wie der Rauch fliegt die Straße unter dir hinweg, donnernd überquerst du die Brücken und alles fällt zurück und wird zurückgelassen. [...] und all das, was existiert auf Erden, fliegt vorbei. Schaue in die Ferne, die anderen Menschen und Nationen weichen zurück und machen ihr Platz.

Der Roman endet ohne Ankunftspunkt und verwehrt sich einer eindeutigen Interpretation: Ist er die ironisch gefärbte Parodie eines glorreichen Nationalromans oder drückt die abschließende Metapher der Vogel-Troika ein Verständnis von Russland als einem fernen, unerreichbaren Traum aus?

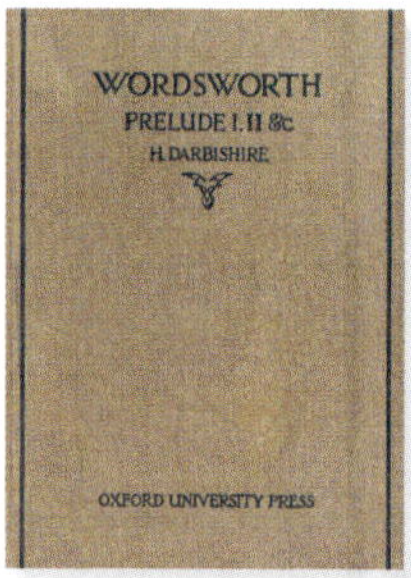

William Wordsworth

Präludium
(1850)

In Wordsworths autobiografischem Gedicht werden Wanderschaften durch England und Europa zum Katalysator für spirituelle Explorationen und zu einer meditativen Betrachtung der Beziehung von Mensch und Natur.

William Wordsworth (1770–1850) ist einer der Dichter, die, wie auch Samuel Taylor Coleridge mit seinen *Lyrischen Balladen*, die Romantik in Großbritannien maßgeblich initiierten.

Er begann 1798 mit nur 28 Jahren mit der Niederschrift des *Präludium*, an dem er sein ganzes Leben arbeitete und das drei Monate nach seinem Tod publiziert wurde.

Das Gedicht wurde von Coleridge inspiriert, der darauf in der Einleitung zur Erstausgabe hinwies.

Der Titel *Präludium (The Prelude)* für sein episches und autobiografisches Gedicht stammte nicht von Wordsworth. Das Werk erhielt ihn von der Witwe des Autors kurz nach dessen Tod 1850. (Während der Text regelmäßig umgearbeitet wurde, nannte er ihn „Gedicht [Titel noch nicht entschieden] für Coleridge".) Es war ein treffender Name für ein Epos, das von der Freundschaft handelt, der Unentscheidbarkeit der Existenz und – besonders wichtig – dem Zusammensein sowie dem Reisen als Metapher und tatsächlicher Aktivität.

Der junge Wordsworth entschied sich, sein Leben einem großen Gedicht zu widmen (ursprünglich strebte er ein Werk an, das dreimal so voluminös ausfallen sollte wie John Miltons *Das verlorene Paradies*). Er wollte es „Der Einsiedler" nennen und die Themen „Menschheit, Natur und Gesellschaft" künstlerisch umsetzen. Das *Präludium* sollte als Vorwort Wordsworths eigene Entwicklung erklären – seine Jugend und die Bildung seines poetischen Geistes.

Doch während der Dichter das *Präludium* sein ganzes Leben lang verfeinerte, gelang ihm nicht die Niederschrift von „Der Einsiedler". Das aber ist im Kontext belanglos, denn diese 8000 Zeilen lange Auseinandersetzung mit der Jugend, dem Reifeprozess, der Schönheit und der Persönlichkeit ist allein schon eine beeindruckende Lebensleistung.

Zugleich ist das Gedicht ein Meisterwerk, das sich dem Wandern widmet, und zwar in einem doppelten Sinn. Wordsworth komponierte seine Gedichte und durchdachte Zeile für Zeile, während er die ländliche Umgebung durchstreifte oder manchmal nur durch seinen Garten schritt.

Dieser besondere Stil zeichnet sich durch eine bestimmte Bewegung der Verse aus. Auch wenn er heute nicht mehr das große Gefallen findet, von den viktorianischen Lesern wurde es wegen des ständigen „Fortschritts" als die großartigste moderne Literatur gesehen. Das Präludium enthält viele Episoden aus Wordsworths frühestem Leben – seine Schultage oder die Zeit an der Universität in Cambridge –, aber es beginnt und endet mit langen Wanderschaften. (Von London zum Lake District und hin zum Snowdon am Ende.) Die alles definierende Schlüsselepisode dokumentiert die Wanderschaft durch Frankreich über die Alpen nach Italien.

Vorherige Seite:
Wie Wordsworth drängten auch englische Maler zu einer Überquerung der Alpen. William West malte den Simplonpass 1845, den Wordsworth und Robert Jones 50 Jahre zuvor durchquert haben mussten.

Diese Episode berichtet von Wordsworths Wanderschaft zusammen mit dem Universitätsfreund Robert Jones im Jahr 1790. Die Französische Revolution lag ein Jahr zurück und das Präludium vermittelt uns die historischen Ereignisse.

Im Gegensatz zu seinem späteren politischen Konservatismus war der jugendliche Wordsworth so enthusiastisch wie ein politisch Radikaler: „Eine Wonne, im Glanze dieser Morgendämmerung zu leben", schreibt er überschwänglich in Buch 10. Er freut sich über die Hinrichtung von Ludwig XVI. („Dieser faulige Trieb des Molochs übermannt, / und ihr Regent gleich dem Erdenstaub gemacht").

Doch das Herz des Gedichts – die Episode findet sich im sechsten Buch, das die wortgewaltigste Dichtkunst Wordsworths enthält – schildert seine Erfahrungen bei der Alpenüberquerung:

> [...] Höhen unendlich, nie zu messen
> Lichte Wälder, die nie vergehen
> Unvergänglich' Rauschen der Wasserfälle
> Und auf engem Weg bei jeder Biegung
> Durch zerklüftet' Spalten Winde tosen
> Ungezähmt und sehnsuchtsvoll seit ewig
> Stürzt das Wasser aus blauen Firmament und
> [...] Entfesselt Wolken und Paläste des Himmels
> gleich dem Aufruhr und Frieden, dem Dunkel und dem Licht
> Ein Geist erschuf uns alle, die Züge eines Gesichts
> Sie strahlen wie Blüten eines einzelnen Baumes
> Unterschiedlich' Gestalten der großen Apokalypse
> Urbilder und Symbole der Ewigkeit sind, zeigen
> Das Zuerst und das Zuletzt
> Das Inmitten, das zum Ewigen wird.

Sie durchwandern mehr als nur einen Gebirgszug, sie durchwandern Gottes Schöpfung und öffnen damit ihre Seelen einer Pracht, die größer ist, als dass sie mit menschlichen Maßstäben zu messen wäre.

HERMAN MELVILLE

Moby-Dick
(1851)

Der Kapitän eines Walfangschiffs umsegelt im 19. Jahrhundert die Welt, besessen vom Durst nach Rache an einem weißen Pottwal namens Moby Dick.

Die in Moby-Dick beschriebene Reise führt unausweichlich in den Tod. Der Roman strotzt vor Symbolen, der Tod von Mensch und Tier ist in keinem Kapitel weit weg. Das Schiff für die unheilvolle Fahrt trägt den Namen eines Stammes amerikanischer Ureinwohner, dessen Mitglieder auseinandergetrieben, versklavt oder umgebracht wurden, wobei Melvilles Beschreibung nichts weniger als morbide ist: Das Ruder besteht aus dem Kieferknochen eines Pottwals und die Reling wird mit seinen Zähnen besetzt, bis das Schiff einem offenen Maul ähnelt. Das verwitterte Deck sieht „wie die von Pilgern verehrte Steinplatte in der Kathedrale zu Canterbury aus, wo Thomas Becket verblutet ist", die Teilhaber sind vom Tod berührte Menschen: „Witwen, Waisen und invalide Seeleute." Schließlich nennt Melville die *Pequod* „ein edles, wenn auch schwermütiges Schiff. Alle edlen Dinge auf der Welt sind das nun mal zu gleicher Zeit!" Besser könnte man das Buch selbst auch nicht auf den Punkt bringen.

Der Autor brauchte anderthalb Jahre – dreimal so lange wie erwartet – für einen der bedeutendsten Beiträge zur amerikanischen Literatur: eine Verschmelzung von romantischem Meeresabenteuer, Schilderungen technischer Abläufe und Geräte im Walfang des 19. Jahrhunderts mit Philosophischem, Parodien auf die trocken wissenschaftlichen Quellen des Stoffes, epischer Lyrik wie Miltons *Das verlorene Paradies* oder Vergils *Aeneis*, dem Alten Testament sowie Melvilles Adaption und Neuinterpretation von Shakespeares tragischem Helden beziehungsweise Blankvers-Drama.

Der Erzähler beginnt mit dem legendären Satz: „Nennt mich Ismael" und erklärt seine Gründe dafür, den „wässerigen Teil der Welt" sehen zu wollen: „Mit einer stoischen Sentenz stürzt Cato sich in sein Schwert; ich gehe still an Bord."

Trotz Ismaels selbstmörderischer Gedankengänge lassen die ersten Kapitel wegen seiner possenhaften Begegnung und „Blutsbrüderschaft" mit dem polynesischen Kannibalen Queequeg, der Schrumpfköpfe verkauft, an ein komisches Filmduo wie in *Dick und Doof* denken. Sobald die beiden aber nach Nantucket aufbrechen, ändert sich die Stimmung drastisch. Wir befahren das weite Meer von Melvilles Fantasie ohne Landmarken zur Orientierung, und seine Willkür bestimmt den Kurs. Ismael ist als Figur und Erzähler die Seele

Der englischen Erstausgabe fehlte wahrscheinlich aufgrund eins Fehlers der Druckerei der Epilog, was Kritiker verwirrte.

Kurz nach der Veröffentlichung änderte Melville den Titel *Der Wal* zu *Moby-Dick*. Warum er den Bindestrich nur im Titel verwendete, bleibt unklar.

Er heuerte 1841 auf dem Walfänger *Acushnet* an, desertierte kurz darauf, nahm an einer Meuterei teil und trat der US Navy bei, ehe er genug Material für diese und weitere Geschichten gesammelt hatte: *Typee* (1845), *Omu* (1847) und *Weißjacke oder Die Welt auf einem Kriegsschiff* (1850).

des Buchs, indem er sich von Thema zu Thema windet. Er verkörpert eine Art des Reisenden – nachdenklich und aufgeschlossen, aber rat- und richtungslos. Die Besatzung der *Pequod* erlebt Entsetzliches, während sie sich immer weiter von ihrem Dasein in Heimatgefilden entfernt. Melvin ergeht sich im Laufe der Erzählung in den Gegensätzen von Meer und Land, Schwarz und Weiß, Gut und Böse, Mensch und Natur, Leben und Tod, Hier und Dort. Einen Kontrast zu Ismaels ziellosem, beinahe suizidalem Müßiggang bildet Kapitän Ahab als monomanischer Egoist, dem nichts als Vergeltung an Moby Dick im Sinn steht. Er repräsentiert die andere Art des Reisenden; sein Blick gilt ausschließlich dem Ziel. Melville widersteht der Versuchung, die reale Reise auf eine psychologische oder emotionale Ebene zu übertragen. Abgesehen von dem bedauernswerten Schiffsjungen Pip entwickelt oder wandelt sich keiner der Charaktere. Sobald Ahab seine tatsächliche Absicht preisgibt, indem er eine Dublone an den Mast nagelt und sie demjenigen verspricht, der den „weißköpfigen Wal mit runzliger Stirn und schiefem Maule“ zuerst erspäht, bleiben die Figuren unverändert. Davon hängt die Tragik der Geschichte ab.

Betrachte die Feinheit des Meeres; wie seine gefürchtetsten Kreaturen unter Wasser gleiten, größtenteils unsichtbar und tückisch unter den schönsten Azurtönen verborgen.

Nachdem die verdammte *Pequod* in See gestochen ist, legt sie nirgendwo mehr an, wie man es üblicherweise von einem Walfangschiff auf dreijähriger Fahrt erwartet. Land bedeutet eine Rückkehr zur Vernunft und in Sicherheit, die See das Gegenteil. Auf Ismael, der mitreist, um sich nicht umzubringen, wirken sie und das, wofür sie steht, abstoßend und anziehend zugleich.

> … Betrachtet beides, das Meer und das Land; gibt es nicht eine seltsame Analogie in einem selbst? So wie der schreckenerregende Ozean das grüne Land umgibt, so liegt in der Seele des Menschen eine Insel Tahiti voll Frieden und Freude, umgeben vom Grauen vor dem halb unerkannten Leben. So erhalt' euch denn Gott! Legt keinesfalls von dieser Insel ab, niemals könnt ihr zurück!

Bei einer Hafeneinfahrt würden unter praktischen Gesichtspunkten der Handlung Reparaturen erfolgen und Besatzungsmitglieder desertieren wie Melville einst selbst, wobei der erste Steuermann Starbuck, der sich nicht von Ahab täuschen lässt, unweigerlich die Behörden vor Ort auf die Dienstuntauglichkeit des Kapitäns hinweisen müsste. Doch stattdessen führt Melville „Gams“ ein, Treffen zweier Schiffe auf dem Meer. Diese bieten normalerweise die Gelegenheit, Kontakte zu knüpfen, Informationen und Berichte auszutauschen. Bei Melville ist jedes der neun Gams Regeln, Weisheiten und Praktiken der Walfänger jener Zeit gewidmet, während Ahab Hinweise auf Moby Dicks Verbleib erhält. Ihr wichtigster Zweck besteht jedoch darin, dass sie das unvermeidbare Verderben des Kapitäns und seiner Crew andeuten.

So wie sich die *Pequod* dem Pazifik nähert, nachdem sie den Atlantik und Indischen Ozean überquert hat, wird der Tod explizit. Mehrere Wale wurden getötet. Pip ist ein psychisches Wrack, weil er von einem Boot sprang und bis zum Ende der Jagd an jenem Tag Wasser treten muss. Queequeg und ein weiterer Harpunier sind während der heiklen Arbeit beinahe ertrunken, einen tonnenschweren Meeressäuger zu Handelsware zu machen. Die See zerstört das Schiff Stück für Stück – ein materieller Ausdruck des Preises, den diese fluchbeladene Reise hat.

Schon früh hatten Lithografen damit begonnen, die wagemutigen Heldentaten der Walfänger ästhetisch herauszustellen. Diese Illustration, als Druck bereits 1859 im Umlauf, zeigt einen Harpunier im Kampf gegen einen Wal, der das Boot angreift.

Melville arbeitet nicht subtil mit seinen Symbolen: keine Rettungsringe, dafür hält sich Ismael an Queequegs Sarg fest. Seine Betrachtungen entfallen zum Ende, derweil das Erzähltempo zunimmt. Plötzlich liest man einen Hochsee-Thriller, dessen Kapitel buchstäblich vorbeirauschen. Ahab scheint sich seinem selbst auferlegten Schicksal entziehen zu wollen; als Starbuck ihm die Stirn bietet, hält er inne: „Was hat er gesagt – Ahab, hüte dich vor Ahab? Ist schon was dran!" Wie aber in jedem Trauerspiel hält er an seinem eingeschlagenen Weg fest. Als sich die *Pequod* dem Äquator nähert – dem weitestmöglich von ihrem sicheren Heimathafen entfernten Breitengrad –, zerschmettert er seinen Quadranten; der Schiffskompass ist hinfällig, die Logleine reißt. Ahab improvisiert, woraufhin Schiff und Besatzung einzig seiner Richtung folgen. Weil er Moby Dick zuerst entdeckt, behält er die Dublone. Drei Tage dauerte der Kampf mit dem Wal. Boote zerschellen, Menschen sterben, das Tier wird verwundet. Am letzten Tag steigt es wieder empor und versenkt das Schiff. Nun, da alles verloren ist, greift Ahab an; die Leine der Harpune wickelt sich um seinen Hals, sodass er mit dem verletzten Wal untergeht. Nur Ismael überlebt und treibt auf dem versiegelten Sarg. Sein biblisches Pendant wird vom Vater in die Wüste verstoßen und auf wundersame Weise vorm Verdursten gerettet. Melville bewahrt seinen Ismael mit zu viel Wasser vor dem Tod. Der Reisende, der den Tod gesucht hat, darf letzten Endes nicht sterben.

HARRIET BEECHER STOWE

ONKEL TOMS HÜTTE

(1852)

Onkel Toms Hütte *begleitet Sklaven auf ihrem Leidensweg. Einige fliehen nach Kanada, andere leiden unter der Grausamkeit von Händlern und Herren im tiefen Süden.*

Harriet Beecher Stowe (1811–1896) hat nie in den Südstaaten gelebt. Ihre Berichte beruhten auf Gesprächen mit wirklich geflohenen Sklaven, die sich teils der Underground Railroad bedienten.

In den ersten Jahren nach seiner Veröffentlichung war *Uncle Tom's Cabin* in den USA das meistverkaufte Buch nach der Bibel. Es wurde in 23 Sprachen übersetzt und gilt weithin als wesentlicher Anstoß für den US-amerikanischen Bürgerkrieg.

Durch seine Darstellungen der Gräuel der Sklaverei im Süden der USA beflügelte dieser Roman während des Sezessionskriegs weite Teile der Befreiungsbewegung. So lautet der allgemeine Tenor, doch in Wirklichkeit ist die Sache nicht ganz so einfach. Unbedarfte Leser mögen sich darüber wundern, dass Reisen eine nicht unwesentliche Rolle in *Onkel Toms Hütte* spielen. Charaktere schlagen sich, weil sie Sklaven sind und ein neues Leben beginnen möchten, von Louisiana nach Kanada durch und fahren letztlich „zurück nach Afrika", was uns daran erinnert, dass die Sklaverei in den Vereinigten Staaten mit freiwilligen wie unfreiwilligen Weltreisen einherging. Die Frage nach ihrer Beendigung und dem Wohin mit geflohenen und befreiten Sklaven – vor allem dort, wo sie einen beträchtlichen Bevölkerungsanteil ausmachten – führte dazu, dass etablierte Kolonien in Kanada aufgesucht und Ländereien in Afrika gekauft wurden, woraus das neue Land Liberia entstand.

Die Handlung setzt am nördlichsten Punkt an, wo Sklaven gehalten wurden: an den Ufern des Ohio River in Kentucky. Mit diesem Schauplatz weist Stowe darauf hin, dass das Übel der Sklaverei und der Folter Leibeigener nicht auf den Süden beschränkt war. Die ansässigen Shelbys wirken für Sklavenbesitzer ausgesprochen freundlich, doch Mr. Shelby hat keine Probleme damit, ein Kind und einen alten Mann an einen Händler zu verkaufen, also zwingt er sie zum Verlassen ihres Hauses. Elizas Entscheidung, mit ihrem jungen Sohn Harry zu verschwinden, läuft auf die anschaulichste Passage des Buchs hinaus: ihre barfüßige, blutige Flucht über Eisschollen auf dem Ohio. Der Fluss war eine tatsächliche und symbolische Grenze für Sklaven; an manchen Stellen war es weniger als eine halbe Meile Wasser, von deren Überquerung abhing, ob man als Besitztum oder als Mensch angesehen wurde.

Die Handlung weitet sich rasch nach Norden wie Süden aus, während Eliza ihren Ehemann George Harris sucht und schließlich auch findet. Er hat sich auf den Weg nach Kanada gemacht, und Onkel Tom wird „flussabwärts" an Herren in Louisiana verkauft. Stowe wechselt zwischen den beiden: Sklavengegner – darunter eine Quäkergemeinde – sind dem Paar gewogen, während es seinen Jägern gen Norden ausweicht, wo es den Eriesee passieren will. Die zwei landen verkleidet im kanadischen Amherstburg, das aufgrund

seiner moralischen Überlegenheit ihrer uneinigen Heimat gegenüber als zauberhaftes, himmlisches Reiseziel dargestellt wird:

Elizas dramatische Flucht, unter Lebensgefahr barfuß über die kalten Eisschollen. Farblithografie von Adolphe Jean-Baptiste Bayot, ca. 1860.

> … und schließlich tauchte klar und greifbar die kanadische Küste auf, die Küste, die wie ein mächtiger Zauber bannte – die mit einem Schlag alle Spuren der Sklaverei austilgte, gleichgültig, in welcher Sprache sie aufrechterhalten oder von welcher nationalen Macht sie bestätigt wurde.

Die Brutalität des Sklavenlebens auf Plantagen spiegelt sich in der Landschaft Louisianas wider: Sümpfe sind schleimig und voller gefährlicher Kreaturen, das Moos ist „melancholisch“, der Wind „traurig“. Schwüle und zermürbende Landarbeit entmenschlichen die Sklaven zu „vertierten“ Wesen, die eine „tierische Selbstsucht“ kennzeichnet.

Tom ist nicht vergönnt, die Reise nach Süden zu überleben; er muss für andere Sklaven sterben, die um ihre Freiheit ringen. Cassy wird wie durch ein Wunder gerettet, als sie ihrer Tochter Eliza in Kanada wiederbegegnet. Stowes Entscheidung, die kleine Familie weder glücklich im Norden noch in ein freies Leben in die USA zurückkehren zu lassen, war für viele Leser unbefriedigend. *Onkel Toms Hütte* entstand in dem finsteren Jahrzehnt vor dem Sezessionskrieg und nimmt den Leser mit auf eine Weltreise, die das Übel der amerikanischen Sklaverei und viele Wege beleuchtet, ihr zu entrinnen.

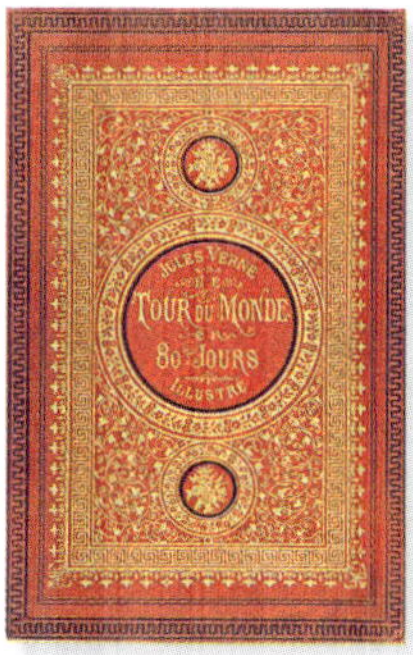

PHILEAS FOGG'S TRAVELS

JULES VERNE

REISE UM DIE ERDE IN 80 TAGEN (1872)

Der unerschütterliche englische Gentleman Phileas Fogg und sein reizbarer französischer Diener Passepartout möchten eine Wette gewinnen, indem sie die Welt in Rekordzeit umsegeln – und bemerken nicht, dass ihnen ein Detektiv von Scotland Yard folgt.

Reise um die Erde in 80 Tagen ist paradox – ein rasanter Roman, in dem sich wenig ändert. Der Titel deutet es bereits an, denn wer um die Welt reist, kommt am Ende dort heraus, wo er aufbrach. Zudem ist Hauptfigur Phileas Fogg geradezu krankhaft entwicklungsresistent: Der tadellose englische Ehrenmann pflegt seine Gewohnheiten äußerst beharrlich. Stürme, räuberische Sioux, einstürzende Brücken und Gefangenschaft nimmt er gelassen hin; seine Reise führt ihn über Berge und Weltmeere, durch Dschungel und Prärien, doch er bemerkt die Landschaft kaum, weil er lieber Whist spielt. Emotionale Erregung überlässt er seinem hitzigen Diener Passepartout. Wo Fogg über Situationen erhaben ist, stürzt sich der Franzose ins Getümmel, schließt Freundschaften und gerät in aberwitzige Schwierigkeiten (als er in Japan von seinem Herren getrennt wird, findet er sich mit einer meterlangen falschen Nase unter einer Menschenpyramide von Akrobaten wieder).

Zu Beginn der Geschichte wettet Fogg in seinem Herrenclub in der Londoner Straße Pall Mall 20 000 Pfund – die Hälfte seines Vermögens – darauf, die Welt in genau acht Tagen umrunden zu können. Ermöglicht wurde diese beispiellose Leistung durch die Öffnung des Suezkanals, nach der man nicht mehr Afrika umsegeln musste, und neue Eisenbahnlinien, die Reisen durch Indien und die USA erheblich verkürzten. Eine Stunde später ist er unterwegs. Die andere Hälfte seines Geldes nimmt er zum Ausgeben mit; nach und nach verliert er fast alles, indem er etwa einen Elefanten ersteht, einen Kapitän besticht und gegen Ende, weil er seinen Anschluss nach New York verpasst hat, ein ganzes Schiff kauft. Falls er seine Wette also gewinnt, kommt er nicht nur wieder am selben Ort heraus, sondern ist auch genauso reich wie zu Anfang. Zweifel daran, die Reise durchzuziehen, kommen ihm zu keiner Zeit, wogegen Passepartout fast verrückt wird vor Sorgen – was vernünftiger wirkt.

Die Fahrt von London nach Suez verläuft reibungslos – jedenfalls beschreibt Verne sie nicht –, doch dann tun sich Probleme in Gestalt von Scotland-Yard-Inspektor Fix auf: Mit seinem Sack voller Bargeld entspricht Fogg genau der Beschreibung eines Mannes, der die Bank von

Laut UNESCO ist Jules Verne (1828–1905) der am zweithäufigsten übersetzte Schriftsteller der Welt.

Le Tour du monde en quatre-vingts jours entstand als Serienroman in „Echtzeit", sodass der letzte Teil am Tag des Endes von Foggs Reise (22. 12. 1872) erschien. Einige Leser, die ihn für eine wahre Geschichte hielten, schlossen Wetten auf den Helden ab.

Verne lief als Elfjähriger davon, um Schiffsjunge zu werden, doch sein Vater fand ihn, bevor er in See stechen konnte.

LE
TOUR DU MONDE
EN
80 JOURS
PIÈCE A GRAND SPECTACLE EN 5 ACTES ET 15 TABLEAUX
DE Ad. d'ENNERY et Jules VERNE
REPRÉSENTATIONS
DU THÉATRE DU CHATELET DE PARIS

Illustration des russischen Schriftstellers Leo Tolstoi. Der Roman gehörte zu Tolstois Lieblingsbüchern, und oft las er seinen Kindern daraus vor.

England ausgeraubt hat, und der Ermittler ist ihm dicht auf den Fersen. In Indien stellt sich heraus, dass die brandneue Eisenbahnstrecke, auf die Fogg gesetzt hat, nicht fertiggestellt ist. Hier sattelt er auf den Elefanten um und bewahrt auf einem Umweg eine hübsche Witwe davor, bei lebendigem Leib mit der Leiche ihres Gatten verbrannt zu werden; nach Passepartouts pfiffiger Rettungsaktion schließt sich Mrs. Aouda den beiden an. Trotz Unwetter und Fix' Machenschaften schaffen sie es über den Pazifik nach San Francisco. In Amerika beginnt ihr eigentliches Abenteuer: Büffelherden, Sioux-Horden und Schlittern über das Eis der Prärie auf einem Schlitten mit Segeln.

Spannung ist dank des stockenden Erzähltempos, der zunehmenden Sorgen Passepartouts (und des Lesers) sowie der exotischen Details und ausgefallenen Beschreibungen der Orte garantiert, nicht zu vergessen der bizarre Kontrast zwischen dieser Aufregung und Foggs Gleichmut. Ferner bleiben die großen Fragen – Gewinnt er die Wette? Kommt er ins Gefängnis? Zeigt er je einen Funken Gefühl? – bis zuletzt unbeantwortet. Am Ende scheint sich Fogg aber tatsächlich gewandelt zu haben, entspannter und empfindsamer zu sein, als er bis dahin hat durchblicken lassen. Der Roman bezieht sich auf den Schock der Moderne und des Fortschritts, vermittelt aber im Grunde eine alte Botschaft: Reisen erweitert den Horizont, egal wie vehement man sich dagegen wehrt.

Vorherige Seite:
Französisches Ankündigungsplakat für die Aufführung einer Theaterfassung des Romans im Théatre du Châtelet in Paris. Der hier gezeigte Heißluftballon kommt im Original nicht vor, sondern wurde 1956 für die Verfilmung hinzuerfunden.

MARK TWAIN

Die Abenteuer des Huckleberry Finn (1884)

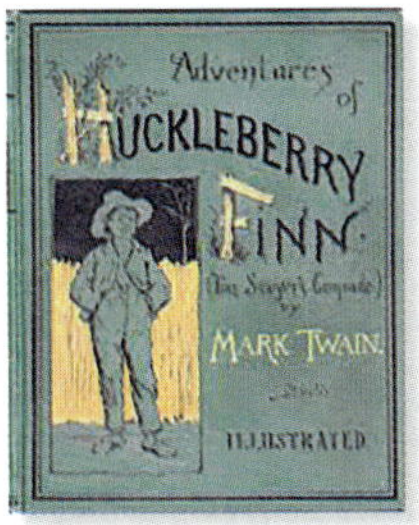

Eine mäandernder Streifzug durch den Süden der USA. In seinem Klassiker gelang Twain das Unmögliche, indem er die Essenz des gewaltigen Mississippi auf Papier bannte.

Zu Beginn seiner Abenteuer hat Huckleberry Finn ein relativ bequemes Leben: Sicher und behaglich lebt er in der Obhut der Witwe Douglas in dem einigermaßen zivilisierten, fiktiven St. Petersburg im Bundesstaat Missouri. Aber die Zivilisation und Huck wollen nicht recht zueinanderpassen, und schon bald stürzt sich unser Held – nicht einmal völlig widerwillig – in die Wildnis.

Die Abenteuer des Huckleberry Finn ist eine weit ausholende Erzählung von einem Jungen, der zum Mann heranreift. Twain selbst spricht nicht selten durch den Knaben, dessen Jugend ihm eine naive Wertschätzung des Mississippi ermöglicht; voller Ehrfurcht kann Huck alle sentimentalen Beobachtungen machen, die dem verbissen unromantischen Autor nicht gelangen.

Ein Teil seines Ortsbewusstseins rührte daher, dass das Buch direkten Bezug auf gesellschaftliche Probleme nahm und letztendlich gegen die Sklaverei gerichtet war – ein Versuch, die kulturelle Kluft zu erklären, die zum Bürgerkrieg führte. Zudem nutzt Twain ästhetische Mittel, um Lokalkolorit zu vermitteln; sein typografischer Angriff auf verschiedene Dialekte des Mittleren Westens und Südens ähnelt Sir Walter Scotts Bemühungen, den schottischen Zungenschlag zu verschriftlichen. Dies erschwert heutigen Leser den Zugang, hilft aber dabei, die Handlungsorte zu erfassen. Hucks tragende amerikanische Identität – ihr unleugbares Ortsbewusstsein – geht indes vom Mississippi aus.

Ebenbürtig sind ihm nur der Amazonas, der Jangtse und der Nil, wobei er Lesern zu Twains Zeit genauso exotisch und fern vorkam wie diese drei. Am besten lässt er sich wohl mit dem Nil und dessen zutiefst mythischer Anmutung vergleichen: Er steht nicht nur für eine unbezähmbare Naturgewalt, sondern entscheidet auch über Leben und Tod der Menschen an seinen Ufern. Hucks Beschreibungen der Orte lesen sich wie Unterrichtseinheiten in Vorgeschichte: Die Bewohner leben von dem, was der Strom hergibt, und unterstehen allein seiner Gnade, derweil das Wasser ihre klapprigen Behausungen wegspült.

Wie um die Einzigartigkeit des Mississippi zusätzlich hervorzuheben, spielt das Buch auf mythologische Flüsse an – Styx, Lethe oder gar Archon aus Dantes Inferno. Twain scheint zu wissen, dass sich seine Leser die reale Großartigkeit des Flusses nicht vorstellen können, und muss auf Legenden zurückgreifen, um dies zu verdeutlichen.

Mark Twain, geboren als Samuel Clemens, arbeitete in seiner Jugend als Bootsfahrer, und St. Petersburg, die Heimat von Huck Finn und Tom Sawyer, wurde von dem Ort seiner Kindheit inspiriert, Hannibal in Missouri.

The Adventures of Huckleberry Finn ist nach seiner Veröffentlichung 1884 allein in den USA in mehr als 150 Auflagen erschienen, und jährlich werden rund 200 000 Exemplare verkauft.

Immer wieder hilft und rettet der Mississippi Huck und Jim, während er die Leben anderer fordert. Der Junge „stirbt" im Verlauf der Handlung ständig. Durch einen von Tom Sawyer übernommenen Trick – er fingiert seinen eigenen Tod – entkommt er seinem gewalttätigen Vater: Er legt eine falsche Fährte, tritt in den Fluss und treibt ins Ungewisse davon. „Wiederbelebt" wird er auf einer Insel mitten im fließenden Wasser, wo er auf Jim trifft. Fortan wechselt er zwischen diesen beiden Zuständen. Huck bleibt auf dem Wasser „tot", ist aber zum Leben gezwungen, sobald er die Ufer betritt. Entweder muss er in einer seiner vielen lächerlichen Falschidentitäten reinkarniert oder wiedergeboren werden, beispielsweise bei seiner Begegnung mit Tom Sawyer.

Huck und Jim brauchen den Mississippi nicht nur zum „Sterben", sondern auch zum Vergessenwerden – ein Verweis auf den Lethe. Witwe Douglas, vor der die beiden fliehen, will den Jungen „erziehen", und es gibt nichts, was er mehr fürchtet. An Land muss er daran denken, Kleider zu tragen und sich zu benehmen, alle rätselhaften Regeln der Religion und Ehrbarkeit einhalten. Hier schreibt Twain mit besonders spitzer Feder, und seine ständigen Abschweifungen konfrontieren Huck mit merkwürdigen Kulturen oder Gemeinschaften: zwei Familien, die sich aus nicht mehr nachvollziehbaren Gründen gegenseitig umbringen, einem wütenden Lynchmob, der seine blutige Tat nicht vollenden kann, weil er keinen „wirklichen Mann" mitgebracht hat. Dies sind die Übel der Erinnerung, Verhaltensrituale ohne Sinn oder Bedeutung. Ganze Städte führen sich so töricht auf wie Tom Sawyer bei seinem Befreiungsplan, indem sie tun, was sie „tun müssen", ohne zu wissen, warum.

Recht bleibt Recht und Unrecht bleibt Unrecht, und keiner soll's Unrechte tun, wenn er's besser weiß!

Huck hofft, dass die Witwe nicht um ihn trauert. Jim hofft, nicht geschnappt und wieder versklavt zu werden. Freiheit besteht für die beiden im Vergessen, und ihre Erinnerung belastet sie, hat aber auf dem Fluss keine Macht: Sie denken sich eigene Geschichten und Erklärungen aus, damit sie die Gegenwart unbeschwert genießen können. Auf dem Wasser braucht Huck keine Entscheidungen zu treffen, sondern darf sich neutral ohne Sorge um sterbliche Zwänge oder seine unsterbliche Seele treiben lassen. Betritt er aber wieder das „böse Ufer" *(riva malvagia)*, wird er zum Handeln genötigt – sich mit Hochstaplern verbünden oder sie verraten, Jims Flucht unterstützen oder behindern. Anfangs glaubt Huck noch seinem Vater, der behauptet, man würde mit (bösen) Menschen am besten auskommen, indem man sie gewähren lässt, doch seine Zeit auf dem Fluss lehrt ihn, auf sich selbst zu hören.

Huckleberry Finn ist der erste wahre Klassiker Amerikas. Zuvor war der dortige Literaturkanon allenfalls transatlantisch, also noch stark britisch geprägt. Nun wurden die Früchte der Revolution endlich reif – keine rückwärts gewandten, vorkolonialen Epen mehr. Twains Werk war einmalig, mutig und herrlich amerikanisch, offenbarte den Westen wie den Mittleren Westen und stellte das Land sich selbst vor.

Gegenüber: Der Mississippi von Cairo, Illinois, bis St Mary's, Missouri; US Coast Survey Map, 1865.

No 16
MISSISSIPPI RIVER
FROM CAIRO ILL. TO ST MARYS MO.
IN VI SHEETS.
Reconnaissance for the use of the Mississippi Squadron
under command of Acting Rear Admiral S.P. LEE, U.S.N.
By the party of F.H. GERDES, Assistant, assigned by
A.D. BACHE, SUPDT. UNITED STATES COAST SURVEY
Scale 1/40.000
1865.
Statute Miles
F.H. GERDES, Asst. Coast Survey, Chief of Party.
A.T. MOSMAN, Sub Asst. in charge of astronomical observations
T.C. BOWIE, Sub Asst. in charge of topography.
F.W. PERKINS, Aid.
J.R. ADAMSON, Aid & Draughtsman.
SHEET No. 1
1 to 25 miles above Cairo Ill.
MISSOURI
ILLINOIS
ABEL'S BEND
DOG TOOTH BEND
BROOK'S POINT
CAIRO
FT. CAIRO
OHIO R.
BIRDS POINT
CHANNEL
Thompson
Johnson
Berry
Camp Jefferson
Bingham
Mag. Mer.

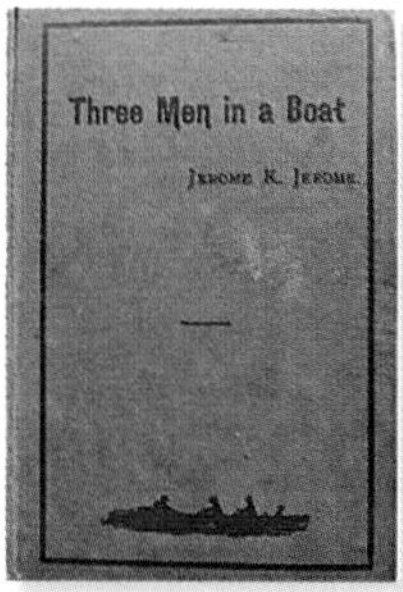

Jerome K Jerome

Drei Mann in einem Boot (1889)

Angeregt von einer wirklichen Reise erzählt Jerome K. Jerome in diesem heiteren Roman die Geschichte von drei Männern (und einem Hund), die in einem Ruderboot von London nach Oxford fahren.

Jerome (1859–1927) wurde in den West Midlands geboren und begann sehr jung nach dem Tod seiner Eltern zu arbeiten.

1885 hatte er mit witzigen Memoiren aus seiner Zeit als Wanderschauspieler erstmals literarischen Erfolg.

Three Men in a Boat wurde seit seiner Veröffentlichung 1889 ständig lieferbar gehalten. Das Buch wurde in etliche Sprachen übersetzt und ist vor allem in Russland beliebt, wo es auf Schullehrplänen steht.

Der Autor heiratete im Juni 1888 Georgina (bekannt als Ettie), die sich nur neun Tage zuvor von ihrem ersten Ehemann getrennt hatte. Ihre Hochzeitsreise auf der Themse inspirierte die komische Geschichte *Drei Mann in einem Boot (… ganz zu schweigen vom Hund)*, die Jerome gleich nach ihrer Rückkehr schrieb. Darin fungiert er als Erzähler, wobei seine Gefährten George und Harris auf zwei tatsächlichen Freunden beruhten. Gemeinsam mit dem fiktiven Hund Montmorency beginnen sie ihre Fahrt im südwestlich vom Zentrum Londons gelegenen Kingston-upon-Tames und rudern in einem gemieteten Boot 25 km flussaufwärts nach Oxford; als sie denselben Weg zurück nehmen wollen, setzt Regen ein, also fahren sie mit dem Zug nach London, wo sie dann auf die „Gevatterin Themse" anstoßen.

Die Handlung beginnt in einer Londoner Wohnung, wo sich die drei Freunde über ihre Gesundheit unterhalten, für urlaubsreif halten und darauf einigen, eine Flussfahrt zu machen. Solche Fahrten waren auf der Themse im späten 19. Jahrhundert sehr beliebt; die gesellschaftliche Mittelschicht der Hauptstadt nutzte ihre Nähe zum Fluss. Die Zahl der registrierten Boote stieg 1888 innerhalb eines Jahres stark von 8000 auf 12 000. Die Reise, die Jerome erzählte, hatten zweifellos viele seiner Leser selbst unternommen.

Beim Planen und Packen sinnieren die Gefährten über Onkel Podgers katastrophale Heimwerksarbeiten, stinkenden Käse, verlorene Zahnbürsten und trügerische Wettervorhersagen. Diese Geschichten aus dem spätviktorianischen Alltag weisen eine zeitlose, universelle Komik auf – sind aber auch unerwartet bewegend, wenn etwa ein Kapitel in ernstem Ton mit einer pseudo-mittelalterlichen Allegorie einer Jungfrauenerscheinung in einem finsteren Wald endet.

Der umtriebige Markt Kingston, wo J. und Harris losfahren, ist der erste von fast 40 Orten an der Themse, die im Roman erwähnt werden. Er hat noch „altertümliche Seitengassen" und einen Bahnhof der South Western Railway. Die Henley-Regatta, ein weltbekanntes Ruderfestival, fand erstmals 1839 und seitdem bis heute beinahe jedes Jahr statt. Als J. und George etwas in der Stadt trinken wollen, gleicht sie „einem Bienenkorb". Jerome bleibt in seinen Ortsbeschreibungen charmant voreingenommen: Reading

> Dein Lebensboot sei leicht; nur was du wirklich brauchst, soll es beschweren: ein warmes Heim und schlichte Freuden, ein, zwei Freunde, die die Bezeichnung wert sind, jemand, den du liebst, und jemand, der dich liebt, eine Katze, ein Hund und ein paar Pfeifen, genug zu essen, genug zum Anziehen und ein bisschen mehr als genug zu trinken, denn Durst zu haben ist gefährlich.

sei „grässlich", wohingegen „man kein märchenhafteres Fleckchen" fände als Sonning.

Beim Vorbeifahren am Palast von Hampton Court bemerkt Harris, er habe sich einmal im dortigen Irrgarten verlaufen, und während eines Picknicks im Kempton Park werden Anekdoten über lustige Lieder erzählt. Die eigentliche Reise dient mit ihren Einblicken in die Historie des Flussgebiets und die Landschaft als Plattform für Geschichten, die Drei Mann in einem Boot als zum Schreien komischen Roman unsterblich machten.

Jerome behauptete später, er habe zunächst kein lustiges Buch schreiben wollen, sondern einen Reiseführer, um Kapital aus dem Tourismus-Boom der Zeit zu schlagen. Ursprünglich handelte es sich um eine Auftragsarbeit, Zeitschriftenartikel über die Geschichte der Themse. In einigen historischen Schnipseln unterwandert Jerome diese Gattung spielerisch: „Heinrich VIII. stahl ihn irgendwem – ich weiß nicht mehr wem", heißt es über den Oakland Park.

Die wirklichen „drei Mann in einem Boot": Carl Hentschel, George Wingrave und Jerome K. Jerome.

Eine wesentliche Eigenheit seines Humors besteht in der Gegenüberstellung unterschiedlicher Register: Poetische Abschweifungen treffen auf nüchternen Realismus, Archaismen auf Slang und Passagen in einem spöttischen Reiseführerstil auf haarsträubend Subjektives. Nach einem langen lyrischen Abschnitt über die Freuden des Lagerns im Freien („eingelullt vom Glucksen des Wassers und Gewisper der Bäume") fragt Harris: „»Und was ist, wenn's regnet?" Jerome sagt wiederum über die Queen: „Sie war verrückt auf Kneipen, Englands jungfräuliche Königin."

Details zur Reise sorgen für einige der lustigsten Stellen – die Zubereitung von Irish Stew am Lagerfeuer, die Suche nach dem perfekten Hotel mit Geißblatt über dem Eingang. Alltagsgegenstände entwickeln ein Eigenleben, sei es ein Kessel, der sich nur erhitzt, wenn man ihn geflissentlich ignoriert, oder eine Dose Ananas, die sich nicht öffnen lässt und ein „höhnisches Grinsen" hervorkehrt. Indem Jerome schräge Belanglosigkeiten schildert, feiert er das tägliche Leben mit allen Niederlagen und Siegen, die es für uns bereit hält.

HG WELLS

THE WHEELS OF CHANCE: A BICYCLING IDYLL (1896)

In diesem komischen Roman artet eine Radtour durch Surrey und Sussex zu einer einnehmenden Abhandlung über Romantik, Geschlechterfragen und die Freiheit beim Zweiradfahren aus.

Herbert George Wells (1866–1946) prägte die Begriffe „Atombombe", „Zeitmaschine" „Krieg zur Beendigung aller Kriege" und „Völkerbund".

Dem berühmten Biologen Julian Huxley, der in den 1930er-Jahren mit ihm arbeitete, war schleierhaft, wie ein so derart großer Geist in einen solchen Schädel passte; dieser sei nämlich viel kleiner als die seiner Freunde gewesen.

Der Stummfilm *The Wheels of Chance* (1922) von Regisseur Harold M Shaw war die zweite Leinwandadaption eines Wells-Titels nach Kipps (1921). Inzwischen sind es über 200.

Als begeisterter Radfahrer schöpfte der junge H. G. Wells für dieses heitere Frühwerk aus eigenen Erfahrungen. Hoopdriver, der Gehilfe eines Tuchhändlers (wie der Autor selbst auch einmal) in Putney, radelt durch Surrey und Sussex, wobei er ständig der hübschen Jessie Milton begegnet, die vor ihrer Stiefmutter in Surbiton Reißaus genommen hat und glaubt, ein Mann namens Bechamel könne sie zu einer unabhängigen Frau machen. In Wirklichkeit möchte der hinterlistige Kerl sie aber nur verführen und verderben, weshalb Hoopdriver ihr beispringt. Da er sich in sie verliebt und sie beeindrucken will, geriert er sich zu einem Adligen und gaukelt ihr etwas von einem enormen Vermögen in Südafrika vor. Der Bluff bereitet ihm jedoch ein schlechtes Gewissen, also muss er ihn bald beichten. Zum Schluss sind beide befreundet – kein Liebespaar, denn Jessie beschließt, ihr Leben in die eigene Hand zu nehmen. Die Geschichte ist sehr reizend und unverblümt lustig, angefangen bei der putzigen Sorge, man könne beim Fahren eine Fliege in die Nase bekommen, bis zum komischen Missverhältnis zwischen Hoopdrivers Bescheidenheit und einer verstiegenen, gewollt künstlerischen Sehnsucht nach Freiheit, hohem Stand und Reichtum, um das Herz der Schönen zu erobern.

Das Buch wurde topografisch gegliedert: Sie fahren von London nach Cobham und dann südlich nach Ringwood, Stoney Cross und Rufus Stone, wo sie sich trennen. Dann radelt Wells' Held durch Hampshire und Surrey in seine Heimat Putney zurück. Ein so langer Weg war während der in den 1880er-Jahren aufblühenden Radfahrkultur nichts Außergewöhnliches.

Für den jungen Schriftsteller bedeutete das Gefährt Ungebundenheit. Es machte die untere Mittelschicht und auch die Arbeiterschaft quasi frei, die sich weder Pferde noch Wagen leisten konnten. Zudem stand es für soziale Mobilität mit geschlechtsbezogenem Schwerpunkt. Man sagte der „modernen Frau" der 1890er-Jahre nach (oft auch spöttisch), sie würde dieses Fortbewegungsmittel zur Selbstermächtigung und Destabilisierung der Verhältnisse nutzen. „Frauen wurden in ihren Familien jahrhundertelang, bis heute, als abhängige Wesen gesehen", stand 1896 in *The Lady*

Richtiges Radfahren ist einer Liebesaffäre sehr ähnlich – es ist vor allem eine Glaubenssache. Glauben Sie, dass Sie es tun werden, und es wird gehen; zweifeln Sie, und Sie werden es im Leben nicht können.

Cyclist. Das Rad änderte all dies: „Zehntausende im Land haben bei dieser wunderbaren Freiluftsportart bewiesen, dass ihr Geschlecht nicht minderwertig ist", verkündete die Zeitschrift, „und einen unschätzbaren Beitrag zur Gleichberechtigung geleistet, indem sie das Bild der gebundenen, ohnmächtigen Frau widerlegten." Wells' bezeichnet Jessies Kleidung und Gebaren mehrmals als „vernünftig", was in den 1890ern so viel hieß wie heute „feministisch". Obwohl die Erzählung aber mit der Erwartung des Lesers spielt, was die Art der Vernunft angeht, die sie verkörpert, wird sie nicht vollends zur „befreiten modernen Frau". Sie ist eine schnelle Frau im wörtlichen Sinn als Radfahrerin, aber nicht in sexueller Hinsicht. Nichtsdestoweniger ist sie mobil und unternimmt sowohl eine malerische Tour durch heimatliche Countys als auch eine Reise in ihre persönliche Freiheit.

Die Freiheit der Straße. Illustration aus der ersten Auflage von 1896.

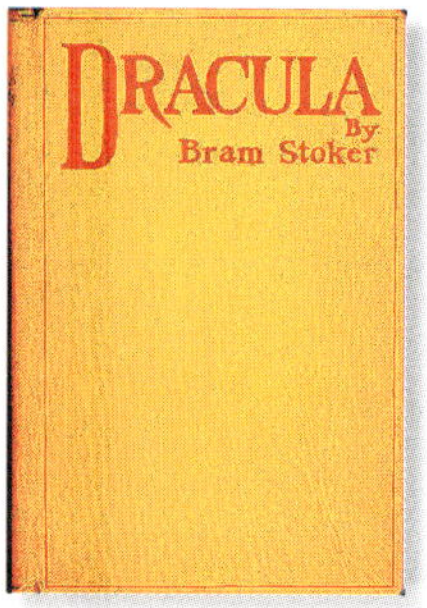

BRAM STOKER

DRACULA (1897)

Dracula erzählt von Blut, das von seiner vorgegebenen Bahn abkommt, und mit ihm werden Stokers Figuren in endlose Kreisbewegungen verwickelt. Reisen zeichnen in diesem Roman nicht nur nach, wo wir stehen, sondern zeigen auch, wie wir geschaffen werden.

Dracula wurde sofort ein Bestseller und seine Beliebtheit ist seit der Veröffentlichung 1897 ungebrochen.

Obwohl Bram Stoker (1847–1912) weit herumkam, hat er Osteuropa nie bereist.

Als Leiter eines der erfolgreichsten Theater Londons wurde er nicht nur von Dramatikern wie Oscar Wilde, mit dem er befreundet war, beeinflusst, sondern auch von dem amerikanischen Dichter Walt Whitman.

Dracula ist die Geschichte eines Vampirs – eines altertümlichen transsilvanischen Grafen –, der nach England kommt und eine Gruppe von Freunden zugrunde richtet. Nachdem er der schönen Lucy Westenra das Leben ausgesaugt und ihrer tugendhaften Freundin Mina beinahe das Gleiche angetan hat, wird er endlich von den Männern bezwungen – in seine Heimat zurückgedrängt und getötet –, die diese Frauen lieben. Blutdurst lockt Dracula nach England, und das Blut, das er dort trinkt, treibt die Charaktere in eigenartigen Mustern an, die sie selbst nicht richtig begreifen.

Simpel ist nichts an dem Roman. Nicht einmal die im Zentrum stehende Reise Draculas aus Transsilvanien nach England und zurück wird geschildert. Er bewegt sich wie das Blut, das er begehrt, unter der Oberfläche des alltäglichen Lebens. Stoker hat keinen allwissenden Erzähler eingesetzt, der den dunklen Zauber des Grafen in vollem Umfang sehen und beschreiben könnte. Stattdessen bekommt der Leser Tagebucheinträge, Briefe, Telegramme und Zeitungsausschnitte vorgelegt. Da die Hauptfiguren selten am selben Ort sind, reisen auch ihre gegenseitigen Mitteilungen, sei es telegrafisch oder per Post. Die Geschichte, die Mina im Laufe der Handlung zusammenstellt, entwickelt sich auf ebenso rätselhafte Weise wie der Vampir selbst. Zu Beginn erhalten wir Einsicht in Jonathan Harkers Reisetagebuch. Er glaubt, sich kundig und aus eigenen Stücken zu bewegen, doch das stimmt nicht. Der junge englische Anwalt ist unterwegs nach Transsilvanien, wo er einen Grafen beraten soll, der nach London übersiedeln möchte. Er zeichnet seine Fahrt für seine Verlobte Mina detailliert auf und bemerkt, wie sonderbar und abergläubisch sich die „Bauern" verhalten, die er in Ungarn und Rumänien antrifft.

Eine Zeit lang fühlt sich Harker angesichts des an Knoblauch reichen Essens und der aggressiven Religiosität der Einheimischen in seinem Glauben bestätigt, ein aufgeklärter, fortschrittlicher Mensch zu sein. Alles kommt ihm primitiv vor, vor allem die Transportmittel. Nach einem letzten Wegabschnitt auf einem Pferdewagen durch die Karpaten trifft Harker endlich auf den mondän anmutenden Grafen. Dessen Burg steckt allerdings voller Geheimnisse – verschlossene Türen, befremdliche Anblicke –, und bald erkennt Harker, dass sie kein Sprungbrett für seine Karriere, sondern ein Gefängnis ist.

Porträt von Vlad Tepeş (1431–1476), auch bekannt als „Dracula der Walachei". Diese Kopie des Bildes hängt im Schloss Ambras in Innsbruck.

Die Konfusion nimmt im weiteren Verlauf zu. Während sich Mina Sorgen macht, weil Jonathans Briefe plötzlich ausbleiben, wechselt die Erzählperspektive zu einer weiteren verwirrenden Bewegung: Minas Freundin Lucy beginnt in der englischen Küstenstadt Whiteby zu schlafwandeln. Niemand stellt einen Zusammenhang zu einem anderen unerklärlichen Ereignis im Ort her – dem Erscheinen eines Schiffs, das ohne Besatzung und mit einer festgebundenen Leiche am Mast auf den Felsen aufgelaufen ist. Dr. Seward und sein Berater van Helsing werden hinzugezogen. Warum ist die überschwängliche Lucy so blass? Sie scheint Blut zu verlieren. Ihre Verehrer geben ihr nacheinander Transfusionen; jeder ist zuversichtlich, sie werde genesen, und kehrt nach Hause zurück – per Zug, per Schiff –, bis es sie alle abermals an ihre Seite zieht.

Während die Figuren nicht verstehen, was mit ihnen geschieht, durchschaut der Leser, wie Lucys mysteriöser Blutverlust mit Dracula zusammenhängt. Dass er sich auf dem Geisterschiff vor Whitby befindet, erschließt

SEPTEN
TRAN
CI
OCCIDENS.
HANC VLTRA: VEL TRANSILVANIAM, QVAE ET PANNO: DACIA, ET DACIA RIPENSIS, VVLGO SIBEMBVRGEN DICITVR, edidit Viennæ A°. 1566. Nobiliss. atq. Doctiss. Ioes Sabucus Pannonius.
Cum priuilegio
NOSNER LAND.
WEINLANDT.
LAND VOR DEM WALDT.
MONS VVLCANI
Vallis Hatzag
Rodna
Kalberg
Durabestritz
Zum lot
Waldorff
Wenbe
Georg
Petersdorff
Sellendorff
Meterßdorff
Schippersdorff
Treppen
BISTRICIA Besterze H.
Budeck
Botz
Regen
Saltz
Herckdorff
Mintzdorff
S. Ioan
Schäy
Durbach
Bayersdorff
Bircke
Riuuli
Torfalu
Berckes
Milstorff
Kerestur
Bania
Sesarma
Lechnitz
Vnda
Teckedorff
Wela
Kirlegisz
Czizo
Yeteck
Beclern
S. Georgen
Neumarck
Vilack
Viuar
Burglos dees
Nemechi
Besaten
Nereu
Pache
Bestritz fl.
Ville Walachæ
Feck
Boncida
Petlestof
Hogitorff
Schmigen
Galata
Almas
Apelne
Bogatz
Marisius fl.
Klein Kockel fl.
Pontstorff
Koroffeu
Buda
Sebesuar
Mikelsdorff
Torrenburg Torda
Naglack
Kockelsburg
Prostorff
Fenisch
Teleck
Kalterbrig
Kessel
Frauenhoff
Hunad
CLAVDIOPOLIS Clausenburg Kolosuar H.
Kazara
Ziden
Kleynschelke
Gereng
Feigendorff
Kerest mezo
Blasendorff
Balcos
Lang tal
Apistorff
Schwartz Kreisz fl.
NIGRA PALVS Feketetho H.
Aranias fl.
Plan
Oberwintz
Schinen
Schaessen
Schaen
Groß Kockel fl.
Ludis
Monua
Pered
Weingarten
Reysdorff
Ofemburg Pfriboma
Ysemberg
Diod
Engetin
Humlisch
Großaw
Rotkirch
Oberspold
Cibin fl.
Krezk
Dusnen
S. Emerich
Niderspold
Dobrica
Capolna
Korosbania
Borband
Kelbing
Vrbegen
ALBA IVLIA Weißenburg Gulafeyruar H.
ZABEVS. Millebach.
S. Michel
Vardia
Zalatne rudera
Petter sdorff
Rakzes fl.
Sabesus fl.
S. Francisco
Schaeten a prug
Borbrig
Wintz
Zalom
4. Bergstet.
Therme
Kazir
Kinermezo
Zazuaros Broß
Altenberg
S. Giorg
Sirg fl.
S. Kiras
Iofy
Deua
Hunad Vaida
Varheli
Morsenes
Illig
Branizka
Orle angustie
Fejer Koros

VANIA
MOLDAVIAE TERMINVS.
SED CHVK
Tartroß
Pog Hauas.
Pretz
SED Vever hel.
Aluta fl.
Neumarck
SED KISDI.
Dayla
SED ORBAI
Besterenfalo.
S.Merten
Aderhel.
Zum Kreutz
Wargisch.
Aßyto.
Meburg
Drausz
Radlen
Teufelsdorff.
S.Georgen
SED SCEPSI.
Pagi Siculorum.
Schesburg
Segesuar. H.
SED Kysdy.
Katzendorff.
Budendorff
Hamerod.
Dellendorff
SED Reps.
Plamendorff.
Trapold.
ALTLANDT.
Schuerse
Dopich
Armdorff
Honsberg.
Tarten.
Neustadt
Maysch.
Mergenburg
Pendorff
Nethusen
CENTVM COLLES.
Stein
Petersberg.
7 dorffer
Seesling
BVRZELAND
Burcia
Jacobsdorff.
Schamberg.
Seligstad.
Felmer
Neudorff
Heloden
CORONA.STEPHANOPOLIS.Cronstatt.
Brasso.H.
Neschen
Agnetlin
Mergental.
Schars.
Halmegn
Herbrig Einsidel
Seidyn
Noretzdorff.
Rosental.
Seerkengen.
Neustad
Birgetz
Maywod
Torsyl.
Aluta fl.
Seydes Wald
Molkendorff.
Rosenau.
Fogaras
Fried.
Cerne.
Leiskirch.
Brokyn.
Kleyn Schebel
Scharkan.
Rotberg
Holtzmenge.
Turtzfest.
Baugarten
Fl. Alt.
Blechisdorffer
Hamersdorff.
Zacabad.
Kertz
Abbat.
H. Litera in hac tabula nonnullis vocabulis adiuncta significat ea esse Hungarica.
Kastenholtz.
Schellenberg.
Michelsberg
Grysaw
Eeck
Kertzeberg
Alpes
Rudbom.
Rotthurn.
Campolongum.
Langenaw.
Chernesse
Schaid.
Argisch templum
Teltz.
VALACHIAE
PARS.
TERGOVISCIA.
Terwisch.
Reduitz
Pitesi Coenobium
Bocaretz
Greyf
Dambouitz fl.
Pinie.
Saluata fl.
Gierisch
Zorga
Sarmisgethusa.
Danubius fl.
49
48

Er kann sich in einen Wolf verwandeln … Er kann im Nebel kommen, den er sich selbst schafft … Er kommt im Mondlicht als Staubwolke …

sich erst anhand des Logbuchs, während der Kapitän beklommen mitansieht, wie seine Besatzung Mann für Mann verschwindet. Lucys Kräfte lassen immer weiter nach, doch Dr. Seward erkennt weder den Grafen im Hintergrund der Ereignisse noch begreift er, dass die seltsamen Punkte an Lucys Hals die Erklärung sowohl für ihr Leiden als auch für seine eigene Unrast geben: Dracula bezieht Blut von Lucy, und deshalb muss Seward sie immer und immer wieder aufsuchen.

Am auffälligsten an *Dracula* als Reisegeschichte ist der Umstand, dass die Charaktere zwar ständig in Bewegung sind, aber nirgendwo hingelangen. Sie begeben sich auf den Friedhof und zurück, nach London und zurück, nach Amsterdam und zurück und sogar nach Transsilvanien und zurück – doch diese Reisen fungieren eher als Fallen. Auf diese Weise zeichnen viele Passagen den Blutfluss nach: Zirkulation ist von größerer Bedeutung als Destination. Die Figuren kreisen, weil Blut Draculas Fortbewegungsmittel ist, und unterstehen fast die ganze Zeit seinem Willen. Lucys Blut und sämtliche Spenden strömen in seinen Körper.

Warum realisieren diese klugen Männer Draculas Macht nur schleppend? Nicht nur wegen seiner ungeheuren Energie, sondern auch deshalb, weil sie „modern", wissenschaftlich und rechtschaffen sind. Ebendiese Eigenschaften, auf die sie sich etwas einbilden und die 1897 Englands Weltmacht begründen, machen sie dem Vampir gegenüber angreifbar, dessen Existenz sie schließlich auf die schmerzhafte Art anerkennen müssen.

Es wirkt wie ein Versuch, ein Monster mit einem Fahrplan zu bezwingen. Während Dracula erratisch durch den Roman „fließt", nehmen seine Gegner die Eisenbahn zu feststehenden Abfahrtzeiten, die Mina verinnerlicht hat. Dass britische Ordnung unsere Helden einzuschränken scheint, ist keine Lappalie; eine der Fragen, die das Buch aufwirft, zielt darauf ab, ob die Moderne – Wissenschaft, Zeitmessung – die Gefahren der wilden, gefährlichen Vergangenheit überwinden kann. Falls die Eisenbahn – im eigentlichen wie übertragenen Sinn ein Vehikel für Englands raschen Fortschritt – nicht dazu beiträgt, das ansteckende Monster zu besiegen, sondern eher ein Hindernis darstellt: Was könnte noch aus England werden?

Die Handelnden scheinen alles, was helfen mag (Knoblauch, Aberglaube), als das anzusehen, wovon sie sich losmachen sollten. Erst van Helsing wird bewusst, dass britischer Rationalismus nicht der Schlüssel zum Niederringen des Vampirs sein kann. Das Problem ist: Draculas Bewegungen sind nicht so beschränkt wie jene der Menschen: „Er kann […] erscheinen, wann und wo und in welcher Gestalt er will", sagt van Helsing. „Er kann sich sehr klein

Bram Stoker hielt sich 1890 in Whitby Abbey auf und erfuhr dort, in der Stadtbibliothek, aus der Zeitung erstmals von den Heldentaten von Vlad dem Pfähler. Die Stadt Whitby ist heute berühmt als der Ort, an dem Dracula zuerst nach England kam.

machen […] Wenn er einmal einen bestimmten Weg genommen hat, kommt er immer wieder hinein und heraus; es mag alles noch so fest verschlossen […] sein.“ Wie lässt sich eine so mannigfaltige Macht aufhalten?

Gegen Ende der Handlung verbinden die Figuren ihre Vernunft mit Strategien aus der Vergangenheit: Mit Kruzifixen und Hostien schicken sie sich an, Dracula mit seinen eigenen Waffen zu schlagen. Langsam und um den hohen Preis von Menschenleben drängen sie ihn nach Transsilvanien zurück. Was aber bleibt? Inwiefern haben diese Reisen sie oder ihr Weltbild verändert? Van Helsing behauptet, Vampire würden sich durch ihre „Unfreiheit“ von Menschen unterscheiden. Sie bewegen sich kraftvoll, aber wie Blut nur in ihrer vorgegebenen Bahn. Der Fokus des Romans auf die Kreisbewegungen der Figuren widerlegt jedoch anscheinend die Vorstellung, Menschen hätten einen freien Willen. Auch sie sind von der unbewussten, urtümlichen Zirkulation des Blutes in ihren Körpern abhängig; ihre biologischen Triebe sind keine Krankheit, die Dracula eingeführt hat, sondern schlicht ein Teil ihrer selbst, auf den er sie stößt. Die Reisen in *Dracula* zeigen dem Leser, was es bedeutet, ein Mensch zu sein: dass es schwerfallen mag, den Unterschied zwischen Bewegungsfreiheit und Gefangenschaft zu erkennen, dass uns innere Kräfte antreiben, die wir zwar nachvollziehen lernen, aber nie vollständig kontrollieren können.

Vorherige Seite: Eine Karte von Transsilvanien aus dem Jahr 1570. Die legendäre Heimat Draculas liegt im Nordwesten des heutigen Rumänien.

1898-1953

2 Zeitalter des Reisens

Während die Hochseeschiffe neue, weit entfernte Gegenden für den Tourismus erschlossen, kamen durch den Eisenbahnbau noch unentdeckte Orte im Landesinneren in Reichweite.

Die Pennsylvania Railroad transportierte Reisende in den Mittleren Westen, während die Ford Tri-Motor für das Aufkommen von Flugreisen stand. Plakat von Grif Teller, 1931.

JOSEPH CONRAD

HERZ DER FINSTERNIS (1899)

Der erfahrene Seefahrer Marlow erzählt von seiner Suche nach dem genialen, aber wahnsinnigen Elfenbeinhändler Kurtz im Kongo – einer Reise, die ihn mit den Gräueln des Imperialismus und den fragilen Grenzen der Zivilisation konfrontierte.

Joseph Conrad, ein Großmeister der englischen Literatur, wurde als Józef Teodor Konrad Korzeniowski geboren. Englisch war nach Polnisch und Französisch seine dritte Sprache; er lernte sie erst mit 21 Jahren.

Herz der Finsternis (Heart of Darkness) spielt während der Kolonialisierung Afrikas und entstand nach einer Reise, die Conrad 1890 unternommen hatte. Er war wie seine Hauptfigur Marlow Kapitän eines Flussdampfschiffs, kehrte gesundheitlich geschädigt zurück, weshalb er seine Laufbahn bei der Handelsmarine aufgeben musste und sich aufs Schreiben konzentrierte.

Herz der Finsternis ist trotz seiner Kürze ein Schwergewicht: Der Roman behauptet seinen rechtmäßigen Platz im Kanon englischsprachiger Literatur mit weniger als 100 Seiten (zumindest in den meisten Ausgaben) und vermittelt wie viele andere Klassiker das Gefühl, man kenne ihn, auch wenn man ihn noch nicht gelesen hat. Es gibt einen Fluss, einen undurchdringlichen Urwald und eine mythische, verrückte Figur am Ende – Kurtz. Diese wurde zufälligerweise umso mythischer, als Conrads Buch einen ebenso klassischen Film inspirierte: Francis Ford Coppolas *Apocalypse Now*, der im Vietnamkrieg spielt und Marlon Brando die Gelegenheit gab, als Colonel Kurtz eine legendäre Schauspielleistung zu zeigen. Eine weitere Besonderheit, die das Buch mit anderen Literaturklassikern gemeinsam hat, besteht darin, dass es sich als Ganzes von dem unterscheidet, was anhand von Auszügen in unser kollektives Gedächtnis übergegangen ist.

Bei der im Mittelpunkt des Romans stehenden Reise handelt es sich konkret um eine Fahrt den Kongo hinauf, um den abtrünnigen Elfenbeinhändler Kurtz zu finden, dessen Arbeitgeber ihn zurück nach Europa holen wollen; diese Reise beginnt aber eigentlich erst nach etwa der Hälfte der Erzählung. Genauso wichtig für die Handlung ist die Reise, die die Hauptfigur Marlow zu seinem Startpunkt am Kongo führt – oder genauer gesagt die Reisen … Der Beginn der ersten lässt auf sich warten; wir befinden uns auf der „Hochseejacht“ Nellie, die erst bei einsetzender Flut die Themse hinauffahren kann. Ein namenloser Erzähler ist mit drei Freunden an Bord – allesamt Seemänner, doch nur einer verdingt sich noch als solcher: Marlow, der beim Warten von einer Reise in den Kongo erzählt. *Herz der Finsternis* ist somit eine Geschichte innerhalb einer Geschichte, eine Reise während einer Pause auf einer anderen Reise – Seemannsgarn und vielleicht eine Erinnerung daran, dass Unterwegssein seit der Odyssee zu unseren Garanten für eine gute Erzählung gehört.

Marlow spricht von der Faszination, die Afrika seit seiner Kindheit auf ihn ausübt und derentwegen er sich um einen Job beworben hat, der ihn dorthin führt. Die erste Hälfte des Romans nimmt also eine Reise vor der Reise ein. Zunächst verhilft ihm sein Charme in Brüssel zu einer Kapitänsstelle bei einem belgischen Handelsunternehmen, dann fährt er an Bord eines anderen zur

kongolesischen Küste und geht von dort aus zu Fuß zu der Anlegestelle, an der sein Schiff liegt. Es muss allerdings repariert werden, also findet sich Marlow an einem Außenposten wieder – just als er glaubt, seine große Reise endlich antreten zu können – und wartet auf Ersatzteile, die ihm die Kolonialbeamten, auf die er angewiesen ist, anscheinend unbedingt vorenthalten wollen. Als er endlich aufbrechen kann, beginnt ein albtraumhafter Fluss-Trip in den tiefen Dschungel, wobei er der heimtückischen Natur und feindseligen Eingeborenenstämmen trotzt, bis er den ebenso geschätzten wie verachteten Kurtz findet: einen einst gescheiten Menschen, der dem Irrsinn und der Verrohung anheimgefallen ist. Marlow entzieht ihn den Ureinwohnern, die ihn als eine Art Halbgott adoptiert haben, und erliegt seinem Zauber ebenfalls, während sie flussabwärts zurückfahren. Kurtz ist jedoch zu weit heruntergekommen und stirbt unterwegs: Seine letzten Worte lauten: „Das Grauen! Das Grauen!"

Beitrag zu einem Wettbewerb für die Illustration der Folio-Society-Ausgabe des Buches von Max P Häring, Mischtechnik, 2014.

Literaturklassiker unternehmen ihrerseits Reisen durch die Kultur, die sie prägen, und man kann heute nicht über *Herz der Finsternis* schreiben, ohne die Kritik zu berücksichtigen, die der Roman wegen seiner Darstellung der Bewohner des Kongo auf sich gezogen hat. Der nigerianische Autor Chinua Achebe nannte Conrad 1977 einen Rassisten, der Afrika als bloße Kulisse für den Niedergang eines europäischen Kleingeists verwendet habe, womit er Mitschuld an der Entmenschlichung von Afrika und seiner Menschen trage, die aus einer solchen Haltung erwachsen sei und weiter andauere. Weitere Kritiker haben sich Achebes Vorwürfen angeschlossen, andere haben Conrad

Nächste Doppelseite: Das Camp des Entdeckers Henry Morton Stanley in den 1870er-Jahren am Kongo (handkolorierter Holzschnitt). Stanley gilt als eine von Conrads Inspirationsquellen für den Roman.

verteidigt, und die Debatte dürfte andauern, da sich nicht leugnen lässt, dass die Zeichnung seiner afrikanischen Figuren problematisch ist. Sie leiden unter der Grausamkeit der europäischen Eindringlinge und halten diesen einen Spiegel vor, der den schmalen Grat zwischen Zivilisation und Barbarei offenbart. Conrad stellt sie aber als unergründlich, wild und völlig anders dar – als würden sie sich irgendwie grundlegend von seinen europäischen Protagonisten unterscheiden.

Dennoch zogen antiimperialistische Aktivisten das Buch zur Argumentation gegen Belgiens Macht über den perverserweise so betitelten „Kongo-Freistaat" heran, weil es ein so schlechtes Licht auf die Europäer wirft, die Afrika ausplünderten. *Herz der Finsternis* kann demnach als antiimperialistische Kampfschrift und Relikt kolonialistischer Denkweisen gleichermaßen angesehen werden. Die Reise, die es in seiner Rezeptionsgeschichte vollzogen hat, ist bemerkenswert; während es die Heuchelei und Brutalität des Kolonialismus angreift, bleibt es selbst nicht frei von der rassistischen und entmenschlichenden Einstellung, die diesem zugrundeliegt. Der Roman hat der Ersten Welt von Anfang an den Rassismus und die Grausamkeit vorgehalten, die ihre sogenannte Zivilisation untermauern, doch während sich frühe Leser direkt von Conrad persönlich angesprochen fühlten, müssen wir heute mit Unbehagen abwägen, welche Gesinnung er unwillkürlich durchscheinen lassen mag – und dabei überlegen, inwieweit wir uns dieser Gesinnung selbst schuldig machen.

Man kann die Reise des Buches natürlich auch teilweise als Reise der ganzen Welt betrachten. Marlow erläutert folgendermaßen, warum er so erpicht auf Arbeit in Afrika war:

> Nun hatte ich schon als kleiner Junge eine Leidenschaft für Landkarten gehabt [...] Zu jener Zeit gab es noch viele weiße Flecken auf der Erde, und wenn ich einen sah, der auf der Karte besonders einladend wirkte [...], legte ich den Finger darauf und sagte: Wenn ich groß bin, fahre ich dorthin.

Als er erwachsen ist, sind die meisten weißen Flecken verschwunden; die Regionen sind bekannt, wenn auch nur ungefähr – weite Teile der Welt sind, von europäischer Warte aus betrachtet, immer noch unerschlossen, fremd und wirklich weit weg. Darum stellen Reisen die Möglichkeit in Aussicht, weiße Flecken farbig auszufüllen und etwas wahrlich Neues zu entdecken. Was vielleicht weder Marlow noch Kurtz dämmerte, war der weiße Fleck in ihnen selbst, der auf der Reise eingefärbt wurde – dass wir bei aller anfänglichen Begeisterung, weil uns so viele neue Erfahrungen erwarten, das Risiko ausblenden, am Ende von ihnen gezeichnet zu sein, und zwar in einer Weise, wie es uns gar nicht recht ist. Für die beiden ist die Finsternis, auf die sie sich zubewegen, nicht nur jene des Urwalds, sondern auch das Dunkel in ihrem Innern; und auch uns Lesern setzt *Herz der Finsternis* unbequeme Wahrheiten über die Welt vor, in der wir leben und aus der es stammt.

PÍO BAROJA

CAMINO DE PERFECCIÓN (1902)

Auf seiner realen wie spirituellen Reise befreit sich der fiktive Künstler Fernando Ossorio, der sich selbst für dekadent hält und Madrid verlässt, um durch Kastilien und die Levante zu wandern, in der fruchtbaren Provinz Castellón von seiner Neurose.

Der Roman *Camino de Perfección* folgt dem gemarterten Künstler Fernando Ossorio durch Spanien, während er sich seelisch wiederfindet und die Einbildung überwindet, ein schlechter Mensch zu sein, die sich in zehrenden Symptomen wie Synästhesie oder pseudo-mystischen Visionen äußert.

Er bricht im als verkommen beschriebenen Madrid zu einer Reise durch Kastilien auf, die auch spiritueller Art ist. In der Kaiserstadt Toledo steht er am Scheideweg für seine weitere Entwicklung. Er zieht von dort aus nach Südosten, um seine Vergangenheit aufzuarbeiten und Erlösung in Yécore zu suchen, wo ihm einst eine repressive katholische Erziehung zuteilwurde. Als er schließlich Castellón erreicht, erfährt er Trost in seiner Ehe mit Dolores und die Auflösung seines inneren Konflikts. Dass Spanien auf Fernandos Reise abwechselnd mal als prachtvoll, mal als feindselig dargestellt wird, ist ein Ausdruck der bestechenden Kritik des Autors an seiner Heimat.

Baroja studierte in Madrid und Valencia Medizin. Er promovierte 1893 mit der Dissertation „Schmerz: eine psychophysische Studie" und praktizierte kurzzeitig im baskischen Cestona als Arzt, ehe er sich endgültig der Schriftstellerei zuwandte. Seine autobiografischen Erfahrungen sind in den Hauptprotagonisten eingeflossen, der die Universität verließ, um Maler zu werden. Da Fernando im Lauf der Erzählung nur eine Handvoll Gemälde hervorbringt – besonders eindrucksvoll: die schmerzliche Trauerszene „Horas de Silencio" –, bedient sich Baroja anderer Mittel, um die kreative Berufung seiner Figur zu schildern.

Auf dem Weg durch die facettenreiche Landschaft Zentralspaniens gibt es zahllose Verweise auf bekannte Künstler (Tizian, Rubens, El Greco) und Fachbegriffe wie „Pinselstrich" oder „Retabel". Zum Verständnis von Barojas Experimentaltechnik muss man erkennen, dass Fernando seine changierenden Visionen auf die Welt projiziert, indem er die Schauplätze nacheinander als Kunstwerke beschreibt. Der Anblick des abendlichen Madrids evoziert beispielsweise ein buntes Farbspektrum:

Pío Baroja (1872–1956) war ein produktiver Autor und wurde der „Generación del 98" zugerechnet, obwohl er diese Einordnung ablehnte. Der geborene Baske schrieb über 60 Romane, etliche Zeitschriftenartikel, Kurzgeschichten und Memoiren.

Camino de Perfección wurde von Anfang an hoch gelobt, ist in zahlreichen Ausgaben erschienen und in verschiedene Sprachen übersetzt worden.

Baroja sah sich als Vertreter des literarischen Impressionismus und wurde von Künstlern wie Santiago Rusiñol oder Darío de Regoyos inspiriert.

> Während die Sonne unterging, wurden die Berge violetter; ihre letzten Strahlen fielen noch auf einen fernen Gipfel im Westen und die anderen blieben in herrlich rosigen Nebel gehüllt, karmesinrot und golden wie in einer Apotheose Tizians.

Nach einer turbulenten sexuellen Beziehung mit seiner Tante Laura verlässt Fernando Madrid in der Annahme, ein verdorbenes Individuum zu sein. Er durchquert Spanien mit dem Ziel, seine neurotischen Symptome loszuwerden und sein inneres Gleichgewicht zu finden. Die pathologischen Züge seiner Familie – vor allem einen Hang zur Hysterie und sexuellen Ausschweifung –, die er geerbt zu haben glaubt, möchte er durch Seelenarbeit und Wanderschaft ausmerzen. Das Bild des neurotischen Künstlers und des dekadenten urbanen Milieus von Madrid beruht auf Max Nordaus reißerischer Schrift Entartung (1892), die 1902 auf Spanisch erschien. Ironie ist jedoch allgegenwärtig in Barojas Werk, und er legte Wert darauf, sich von starren Ideologien zu distanzieren.

Fernando geht von Madrid aus zu Fuß durch Fuencarral, Colmenar und Rascafría, wobei er ungastlichen Menschen begegnet und öde Landschaften sieht. In El Paular am Fuß der Sierra de Guadarrama unterhält er sich mit dem deutschen Reisenden Schultze, der ihm körperliche Ertüchtigung und die Lektüre Nietzsches als Mittel gegen seine nervösen Neigungen empfiehlt. Von Segovia nach Illescas kommt er in einem Wagen, dessen Fahrer Polentinos ihm seine eigene pessimistische Sicht auf die Welt erläutert. Auf dem Weg nach Toledo erkrankt Fernando an einer Augenentzündung, die vom grellen Sonnenlicht verursacht wurde und seine verzerrte Wahrnehmung symbolisiert. Bei einem nächtlichen Besuch der Kirche Santo Tomé, wo er El Grecos Gemälde Begräbnis des Grafen von Orgaz bewundern will, fühlt sich der hypersensitive Fernando überwältigt und muss die Augen schließen. Während er am Flussufer entlanggeht, um sich zu beruhigen, scheint ihn der sinistre Umriss eines Kreuzes ins Mondlicht zu locken und erinnert in ironischer Weise daran, dass seine Reise zur Vollkommenheit längst nicht zu Ende ist.

Nun zieht er nach Südosten, wo er einst die Piaristenschule in Yécora besuchte. Sie wird als gefängnisähnliche Einrichtung gezeichnet, die ihm Sünden- und Schuldgefühle aufgebürdet hat. Baroja übt durch seine Beschreibung dieses abweisenden Ortes und der despektierlichen Darstellung der Priester vernichtende Kritik am Katholizismus. Vor Ort trifft Fernando auch die junge Ascensión, die sich weigert, ihm dafür zu vergeben, dass er ihr einst Gewalt angetan hatte.

Nachdem er sich seiner Vergangenheit gestellt hat, bessert sich seine psychische Störung im kargen, eintönigen Marisparza allmählich. Seine Heilung vollzieht sich in der Region Valencia, deren Natur im Buch Wärme und Fruchtbarkeit ausstrahlt. Hier führt seine Reise gewissermaßen zu einem Ergebnis. Nach mehreren gestörten Beziehungen zu Frauen im

Rahmen der Geschichte heiratet er in Castellón Dolores, die für spirituelle Zuflucht durch Vereinigung mit der Natur steht. Wenngleich die Geburt eines gesunden Sohns in der behaglichen Levante eine Lösung suggeriert, ist das uneindeutige Ende charakteristisch für Barojas frühe Fiktion. Es verleiht der Reiseerzählung einen ironischen Dreh, da die fromme Großmutter eine Seite der Bibel auf die Windeln des Säuglings näht und so offensichtlich darauf anspielt, dass die Zwänge des Katholizismus weiterbestehen, von dem sich Fernando loszumachen suchte.

So führt die körperliche und spirituelle Reise zu einer ambivalenten Lösung. Der rastlose Held erlangt zwar innere Ausgeglichenheit, kann aber nicht mehr malen, weil er sich seelisch nicht vollständig wiederfindet. Seine gestörte Psyche, die er auf den Weg seiner Wanderschaft überträgt, ist ein Sinnbild für die spanische Nation an der Schwelle zum 20. Jahrhundert; es war eine Phase der Einkehr und der Suche nach einer Landesseele – einer Suche, der Baroja und seine Zeitgenossen mit ungeheurer Kraft Ausdruck verliehen haben.

El Grecos Gemälde „Das Begräbnis des Grafen von Orgaz" (1586), das Fernando in der Kirche Santo Tomé in Toledo besucht. Der Besuch ruft bei Barojas Protagonisten eine tiefe spirituelle und physische Reaktion hervor.

JACK LONDON

RUF DER WILDNIS (1903)

Als Geschichte einer Verwilderung folgt Ruf der Wildnis dem Hund Buck von Kalifornien aus ins Yukon-Tal in Alaska und erzählt von Bucks Begegnungen mit warmherzigen ebenso wie mit grausamen und gemeinen Menschen.

Jack Londons kurzes Leben (1876–1916) war von Reisen und Abenteuern gekennzeichnet. Er ging unterschiedlichen Berufen nach, war etwa Seemann oder Kohlenträger und kandidierte sogar für das Amt des Bürgermeisters von Oakland.

Ruf der Wildnis erschien unter dem Originaltitel *The Call of the Wild* erstmals in vier Teilen in der *Saturday Evening Post*, die dafür 750 Dollar zahlte. Die Geschichte war ein unmittelbarer Erfolg und ist seit ihrer Veröffentlichung durch Macmillan im Jahr 1903 stets lieferbar geblieben.

1897 reiste London per Schiff nach Alaska, um wie Hunderttausende andere von 1896 bis 1899 Gold am Klondike River zu suchen. Verewigt hat er die Strapazen seiner Reise 1903 in der Erzählung *Ruf der Wildnis*, deren Hauptfigur kein Mensch, sondern ein Hund ist.

Buck, eine Mischung aus Bernhardiner und Schäferhund, lebt behaglich und frei im kalifornischen Santa Clara. Er ist „weder ein Haus- noch ein Kettenhund", sondern herrscht still „wie ein Edelmann" über das Land und die Gärten seines Besitzers. Einer der armen Landarbeiter stiehlt ihn und verkauft ihn an einen Mann, der Schlittenhunde für diejenigen bereitstellt, die es nach Norden zieht. Wegen seiner Größe und Stärke findet sich rasch ein Käufer, und Buck beginnt sein Leben am Gespann. Bald findet er Gefallen an der Anstrengung, durch Schnee zu laufen, obgleich er nicht immer Glück mit seinen Eignern hat und unterwegs am Yukon zahlreiche Entbehrungen erdulden muss. Eines Tages rettet ihm ein Mann namens John Thornton das Leben. Er lernt ihn lieben, hört aber auch erstmals den „Ruf der Wildnis": die Stimmen seiner Vorfahren, die ihn auffordern, ein wirklich wildes Tier zu werden. Als John nach einem Überfall amerikanischer Ureinwohner stirbt, verliert Buck seine letzte Verbindung zu häuslichem Leben und auch seine Zuneigung zu den Menschen, woraufhin er sich für immer einem Wolfsrudel anschließt.

Auf seiner Reise aus dem sonnig milden Kalifornien ins kalte, verschneite Kanada verwandelt sich Buck vom Haushund zum Wildtier. Anfangs während seiner Gefangenschaft wird er von einem Mann, der ihn mürbe und gefügig machen will, mit einem Knüppel geschlagen, doch Buck zieht eine andere Lehre daraus: „Der Stock […] hatte ihm ein […] primitiveres Gesetz eingebläut." Er lernt die Lektion der Gewalt, und fortan dokumentiert London seine „Rückentwicklung". Buck spürt das Erbe seines wahren wölfischen Wesens im Körper; zuerst hört er einen Ruf im übertragenen Sinn – „wenn er […] wie ein Wolf einen Stern anheulte, so war es nicht seine eigene Stimme, sondern die seiner Ahnen" –, dann wirkliches Wolfsgeheul, das ihn nötigt, endgültig mit seinem bisherigen Leben zu brechen und fortan ein neues, wildes zu führen.

Vier Männer – Marshall Bond, Oliver H. R. La Farge, Lyman R. Cold und Stanley Pearce – sitzen mit ihren Hunden in einer Hütte. Marshalls Hund links gab die Inspiration für Buck.

Viele Menschen aus allen Teilen Amerikas, ja eigentlich der ganzen Welt, machten sich nach Kanada auf, um ihr Glück beim Goldschürfen zu versuchen. London schildert in seinem Buch viele Arten von Reisenden, und als Buck von Mercedes, Charles und Hall gekauft wird, zeigt sich klar, wie viele dieser Leute sich zu Reisen aufmachten, auf die sie nicht vorbereitet waren. Ihre Schwierigkeiten stehen im Gegensatz zu Bucks Fähigkeit, sich leicht an sein neues, anstrengendes Leben zu gewöhnen. Sie zeichnet ihn als besonderes, einzigartiges Tier aus und deutet an, dass er zu seinem wahren Wesen gefunden hat.

Indem er einen Hund zum Helden macht, hebt London hervor, wie nahe Zivilisation und Rohheit nebeneinanderliegen. Wenngleich Buck oft mit anderen Tieren kämpft, leidet er Hunger und wird von seinen Herren geschlagen, was beweist, dass die menschliche Welt genauso gewalttätig und grausam ist wie die tierische, dass die Gesellschaft faktisch auf dem Prinzip angedrohter Gewalt fußt. Bucks schneller Abfall von einem bequemen häuslichen zugunsten eines rauen und brutalen Lebens deutet an, dass keiner vordergründig „zivilisierten" Gesellschaft Gewalt fremd ist.

VIRGINIA WOOLF

DIE FAHRT HINAUS (1915)

In ihrem Romandebüt spürt Virginia Woolf den gesellschaftlichen Konventionen ihrer Zeit nach, indem sie eine junge Frau den Atlantik überqueren lässt.

1905 fuhren Virginia Woolf und ihr Bruder mit einem Schiff nach Portugal, was eventuell in ihre Beschreibung der Reise in *Die Fahrt hinaus (The Voyage Out)* einfloss.

Der Roman wurde mehrmals überarbeitet. 2004 veröffentlichte die Literaturwissenschaftlerin Louise DeSalvo eine Rekonstruktion der Originalfassung unter dem Titel *Melymbrosia*.

Eine Rezension in der *New York Times* endete 1920 mit den prophetischen Worten: „In Anbetracht der Cleverness, die hier gezeigt wird, so krude sie größtenteils auch sein mag, könnte noch etwas Lohnenswertes aus derselben Feder fließen."

Zu Beginn der Handlung wird das Schiff *Euphrosyne* auf der Themse für eine Fahrt nach Südamerika bereitgemacht. An Bord befinden sich sehr unterschiedliche Personen, darunter die 24-jährige Hauptfigur Rachel Vinrace, die mit ihrer Tante und ihrem Onkel über den Atlantik reist. Nach ihrem Aufbruch stoßen weitere Charaktere hinzu, in Lissabon Clarissa und Richard Dalloway. Als die *Euphrosyne* Rachel und ihre Verwandten später in dem fiktiven südamerikanischen Hafen Santa Marina absetzt, lernen sie in einem Hotel mehrere andere Briten kennen. In einen von ihnen, Terence Hewet, verliebt sich Rachel. Bei einem Ausflug den „großen Strom" hinauf gestehen sich die beiden ihre Liebe im grünen Licht des Regenwalds, doch Rachel zieht sich eine Krankheit zu. Nachdem sie in ihre Villa zurückgekehrt ist, bekommt sie Fieber und stirbt, während Terence nicht von ihrer Seite weicht.

Dies ist eine grobe Zusammenfassung von Virginia Woolfs erstem Roman, einem eigentümlichen und bisweilen träumerischen, satirischen Buch, das Ansätze vieler ihrer späteren Werke enthält. Dahinter steckt jedoch mehr.

Die Kapitel sind mit sarkastischen Sozialkommentaren zu Themen wie Chauvinismus, britischer Politik oder Kolonialismus gespickt. Es ist eine vielschichtige, komplexe Erzählung, die Woolf letztlich nicht gefiel; sie schrieb sie vor ihrer geplanten Veröffentlichung neu, entschärfte die ätzende Kritik und blieb dennoch unzufrieden damit.

Der Titel ist irreführend, weil *Die Fahrt hinaus* mehrere Fahrten umfasst. Die vordergründige ist jene der *Euphrosyne* von England nach Südamerika, wobei sich die Charaktere von den beengenden Gesellschaftsnormen ihrer Heimat lösen; mitten auf dem Meer empfinden alle die gleiche Begeisterung angesichts ihrer Freiheit. Obwohl sie sich aber weit von ihrem Zuhause entfernen, bleiben sie dessen Gepflogenheiten verhaftet und sind außerstande, richtig zu kommunizieren; Nachhall findet dies im Gegenstand von Terences Buch: „Stille und Dinge […] die man gewöhnlich nicht sagt", einem Thema von dunklerer Bedeutung in Hinblick auf die „tiefe Stille" nach Rachels Tod.

Die zweite Reise ist die allegorische von Rachel, die von Naivität zu Erkenntnissen führt. Rachel wurde als Tochter eines stets abwesenden Vaters in der Abgeschiedenheit des Hauses in Richmond aufgezogen, das sie mit

CUNARD
LINE
KENNETH D SHOESMITH
EUROPE - AMERICA

ihren Tanten bewohnt. Das Verhalten der Männer, ihre Leidenschaften und Beziehungen zu den „kostspielig gekleidete[n] Frauen“ in Piccadilly sind ihr fremd. Als Richard Dalloway sie auf der *Euphrosyne* küsst, reagiert sie verstört angesichts ihrer bisher unbekannten Gefühle. Diese finden ein sozial verträglicheres Subjekt in Terence Hewet, der „gut aussehend in dem Sinne [ist], dass er immer eine ausreichende Menge Rindfleisch zu essen und frische Luft zu atmen gehabt hatte.“ Sie verlieben sich ineinander und träumen von einem gemeinsamen Leben in England; die Schwüle Südamerikas und die weite, fremde Landschaft vermitteln ihnen ein Gefühl von Bedeutungslosigkeit, als ob sie „völlig wahnsinnig“ würden, weshalb sie lieber von „durchweichte[n] Feldwege[n] mit Brombeersträuchern und Brennnesseln“ schwärmen.

Virginia Woolf mit ihrem Schwager Clive Bell am Strand (1910).

Ein gewöhnlicher Bildungsroman fände hier seinen Abschluss: Rachel reift vom Mädchen zur Frau und das junge Paar beabsichtigt, nach England zurückzukehren. Wie jedoch E.M. Forster schrieb, verspricht sich Rachel Eheglück, aber die Reise geht weiter, während die Strömung stärker wird und sie von den grünen Ufern des Urwalds in die Krankheit und den Tod zieht.

Der Roman scheint den Lauf sowohl von Woolfs als auch von Rachels Leben auf den Punkt zu bringen. Viele späteren Themen und Ideen klingen hier in ihrer Ursprungsform an. Das Buch hing seiner Autorin eindeutig nach: Sie griff nicht nur seine Themen wieder auf, sondern auch einige seiner Figuren (Clarissa Dalloway kehrt in Kurzgeschichten und ein Jahrzehnt später in *Mrs. Dalloway* zurück, der Name „Euphrosyne“ in *Orlando*). Sogar am Ende ihres Lebens bezog sich Woolf auf eine der eindringlichsten Ideen des Romans. Über Terence an Rachels Sterbebett heißt es:

> Ohne zu wissen, ob er die Worte dachte oder sie laut aussprach, sagte er: „Nie sind zwei Menschen so glücklich gewesen, wie wir es waren.“

Vorherige Seite:
Die Cunard Line bot bereits seit 1840 Seekreuzfahrten an und warb mit Romantik und Abenteuer auf einer Auslandsreise. Virginia Woolf ließ sich davon inspirieren.

Die Ähnlichkeit dieses Satzes mit der letzten Zeile in Woolfs Abschiedsbrief an ihren Mann vom 28. März 1941, als sie sich umbrachte, ist ergreifend: „Ich glaube nicht, dass zwei Menschen glücklicher hätten sein können, als wir gewesen sind.“

Die Fahrt hinaus wird heute oft zugunsten ihrer berühmteren Nachfolger übergangen. Die Beschäftigung damit lohnt jedoch aufgrund der Sprache, der brillanten Charakterzeichnung und spannenden Einblicke in den Geist ihrer Schöpferin, die uns die Erzählung gibt.

KATHERINE MANSFIELD

Die Seereise (1921)

Ein kleines Mädchen, das seine Mutter verloren hat, fährt mit einem Schiff von Wellington nach Picton, um bei seinen Großeltern zu leben.

Katherine Mansfeld gilt weithin als eine der bedeutendsten Autorinnen des 20. Jahrhunderts, was Kurzgeschichten betrifft, und als wichtige Stimme der modernen Literatur, da sie sich mit den Konzepten Selbst, Ort und Heimat auseinandersetzte. Sie reiste von Neuseeland nach Europa, wo sie bis zu ihrem Tod 1923 zwischen England, Deutschland und Frankreich umherzog. Ein Fokus liegt in vielen ihrer Werke auf Reisen und damit einhergehenden Schwierigkeiten. In einem Brief an die befreundete Schriftstellerin Virginia Woolf bemerkte Mansfield 1919 sinngemäß, die Aufgabe beim Schreiben bestünde nicht darin, Antworten zu geben, sondern Fragen zu stellen. In vielen ihrer Reisegeschichten erörtert sie die ambivalenten Gefühle, die bei der Bewegung zwischen Orten aufkommen können, ohne sie aufzulösen oder zu vereinfachen.

Die Seereise gehört zu jenen Erzählungen, die sowohl die Spannung als auch die Ungewissheit beim Reisen beleuchten. Darin fährt die kleine Fenella, deren Mutter kürzlich gestorben ist, mit ihrer Großmutter vom Hafen in Wellington nach Picton auf der Südinsel Neuseelands. Mansfield nimmt die dritte Person ein, schreibt aber definitiv aus der Perspektive des Mädchens, denn die schlichte, oft deskriptive Sprache verweist auf ein Kind und darauf, wie es die Welt sieht.

Aufgrund dessen entfaltet sich der emotionale Gehalt langsam über die wenigen Seiten der Geschichte hinweg. Mansfield offenbart schrittweise den Tod der Mutter, der sich zu Beginn etwa in schwarzen Trauerkleidern andeutet. Obwohl Fenella die Trennung von ihrem Vater zu akzeptieren scheint, scheint sie nichts über ihre Zukunft zu wissen. Auf ihre beklommene Frage hin, wie lange sie bleibe, sagt er nichts, sondern gibt ihr Geld, sodass sie sich die Antwort denken kann. Sie beobachtet genau, wie ihre Großmutter und ihr Vater miteinander umgehen, erträgt die Tränen der beiden aber nicht. „Das war so schrecklich, dass Fenella ihnen schnell den Rücken zukehrte, ein paarmal schluckte und mit fürchterlichem Stirnrunzeln einen kleinen grünen Stern an einer Mastspitze anblickte.“ Später bei der Einfahrt in den Hafen überlegt sie: „Ach, in letzter Zeit war alles so traurig gewesen. Ob das wohl anders würde?“ Wir sehen die Sorgen des Mädchens in Form von Fragen, die Kinder stellen, um sich in einer komplizierten Welt zurechtzufinden. Mansfield zeigt

Kathleen Mansfield Beauchamp (1888–1923) zählt zu den angesehensten Autorinnen von Kurzgeschichten des 20. Jahrhunderts. Vor ihrem Tod erschienen vier Sammlungen, posthum mehrere weitere.

Die Seereise erschien am 24. Dezember 1921 unter dem Titel *The Voyage* in *The Sphere*, einer Zeitschrift für in den Kolonien lebende Briten.

Mansfields Eltern gehörten beide der ersten Generation im Ausland (Australien) geborener Engländer an und zogen nach Neuseeland. Die Familie fühlte sich England tief verbunden und lebte nach den Werten der viktorianischen Gesellschaft.

Picton Harbour mit einer Regatta im Jahr 1912. Die Zuschauer jubeln den Seglern vom Ufer und von den Dampferdecks aus zu. Künstler unbekannt, Teil der New Zealand National Collection, die 1920 eröffnet wurde.

nichtsdestoweniger, dass Fenella zwar jung ist und ihre Gefühle noch nicht richtig ausdrücken kann, aber allmählich der verworrenen Emotionen anderer in ihrem Umfeld gewahr wird – und schließlich auch ihrer eigenen.

Obwohl der Titel eine Reise suggeriert und diese auch im Vordergrund steht, wird die eigentliche Bootsfahrt sehr kurz beschrieben, und die Ankunft an einem neuen Ort scheint das Mädchen kaum zu beunruhigen. „Jetzt schnellte eine Möwe vorbei; und da kam ein langes Stück richtiges Land in Sicht." Fenellas „Seereise" ist nicht die wirkliche auf dem Schiff, sondern ein kathartischer Übergang in eine neue Welt ohne ihre Mutter. Die Hinterbliebenen betrauern den Verlust zwar eindeutig, doch Mansfield zeichnet kein völlig negatives Bild, sondern stellt das Haus der Großeltern hoffnungsfroh dar. Fenella wird von einer weißen Katze begrüßt, und ihr Großvater sitzt gut gelaunt mit weißem Haar im Bett. Dieser Kontrast zu ihrer

schwarzen Trauerkleidung kündigt eine Wende im Leben der Halbwaisen an: Sie findet hier zweifellos ein liebevolles Zuhause.

Im Sinne dessen allerdings, was in Mansfields Brief an Woolf steht, können wir nicht mit Gewissheit sagen, wie es Fenella ergehen wird, weil keine Antworten gegeben werden. Die Autorin setzte ihre Figuren häufig Situationen aus, die Veränderungen oder Umbrüche einläuten: In der ursprünglich 1918 über Woolfs Verlag Hogarth Press erschienenen Erzählung *Vorspiel* zieht beispielsweise eine Familie aus der Stadt in ein großes Haus auf dem Land. Solche einschneidenden Momente werden im Rahmen des Kurzformats noch komplexer. Statt ausführlicher Beschreibungen bieten Mansfields Werke Ausschnitte des jeweiligen Augenblicks. Durch die Kürze dieser Reise bringt die Autorin uns den Gedanken nahe, dass es auf jeder Reise etliche Möglichkeiten der Veränderung gibt.

Episodische Spaziergänge durch Dublin

James Joyce

Ulysses (1922)

Joyce' Pionierarbeit der Moderne spiegelt Homers Odyssee in Struktur und Charakteren wider. In einer Abfolge von 18 Kapiteln beschreitet Leopold Bloom, der Protagonist, einen sich durch Dublin schlängelnden Weg.

Der 1882 in Dublin geborene Joyce versuchte dem einengenden Konservatismus der irischen Gesellschaft zu entfliehen. Von 1904 bis zu seinem Lebensende lebte er außerhalb seiner Heimat.

Das Buch wurde erstmalig in Abschnitten von 1918 bis 1920 im amerikanischen The Little Review veröffentlicht, wonach man die Publikation aufgrund des Vorwurfs der Obszönität einstellte.

Die erste Gesamtausgabe des Werks erschien 1922 in Paris. Trotz der limitierten Auflage kam es in Großbritannien und den USA zur Verbrennung von einigen Hundert Exemplaren.

Joyce beschrieb Dublin als „letzte der vertrauten Städte", da es sich eigentlich um eine Ansammlung von zusammengeschlossenen Dörfern handelte. Damals strahlte jedes der „Mikro-Dörfer" eine ländliche Atmosphäre aus.

Viele der 200 000 Einwohner der irischen Hauptstadt prägte die Liebe zum Geschichtenerzählen und Klatsch und Tratsch. Ulysses zelebriert an einer Stelle die zufällige Begegnung eines bourgeoisen Werbefachmanns und eines Studenten, ein Hinweis darauf, dass eine moderne Stadt Menschen mit ihrer eigenen innerlichen Fremdheit zusammenbringt und sie Neues erfahren lässt. Darum wurde der Protagonist Leopold Bloom, teils jüdischer Herkunft und ein Flaneur, auch als Außenseiter-Insider konzipiert.

Dublin ist die Stadt der Spaziergänger. Bloom verbringt den Großteil des 16. Juni 1904 auf den verworrenen Straßen der Stadt. Einige Leser haben sich die Frage gestellt, ob er „etwas weg-spaziert", in dem Fall das beklemmende Wissen, dass seine Frau Molly im gemeinsamen Haus an der Eccles Street 7 mit einen Liebhaber im Bett liegt.

Zu einer Zeit schlimmster Übervölkerung mit Todeszahlen, die denen von Kalkutta glichen, zogen viele Menschen den Aufenthalt auf der Straße als Ort des Glamourösen und des Rätselhaften vor. Joyce glaubte, dass die freie Bewegung in der Stadt Zeichen sozialer Gesundheit waren, verglichen mit der nicht restriktiven Blutzirkulation im menschlichen Körper. Viele Kapitel von Ulysses sind einem Organ gewidmet – Lunge, Herz oder Nieren. Möglicherweise stellte der geheilte Körper ein Symbol für den irischen freien Staat ab 1922 dar.

Das Buch ist besonders wegen der inneren Monologe berühmt geworden, bei denen der „Stream of consciousness"-Erzählstil [Bewusstseinsstrom] angewandt wird. Statt einer tatsächlichen und klar fassbaren Handlung stoßen die in der Stadt Gehenden endlose Gedanken beim Protagonisten an. In der Renaissance diente der Rhythmus der jambischen Fünfheber der Versinnbildlichung der Bewegungen eines Reiters auf seinem Pferd. In Ulysses gleichen die Gedankenabläufe dem Rhythmus des Gehens.

Das Buch, bekannt geworden aufgrund der intimen Gedankengänge und Tagträume, spielt überwiegend an öffentlichen Orten: Straßen, Strand,

Statue von James Joyce im berühmten Pub Temple Bar in Dublin. Zum Gedenken an den Roman wird in einem jährlichen literarischen Pilgergang am 16. Juni (bekannt als Bloomsday) der Weg des Protagonisten nachverfolgt.

Bibliotheken, Kirchen, in einer Geburtsklinik, Hotels und besonders Pubs. Ulysses feiert Dublins Freundlichkeit, die Musikalität und die sprachliche Ausdruckskraft, zum Beispiel in Vergleichen („as uncertain as a child's bottom"). Im Verlauf des langen Tages bewegt sich Bloom vom Friedhof zum Pub und zum Strand, danach in die Geburtsklinik. Dadurch verdeutlicht Joyce seine Ansicht, dass Literatur eine Bekräftigung des Lebens gegen den Tod ist.

Der Autor verbrachte den überwiegenden Teil seines späteren Lebens im Exil, fernab der Stadt seiner Jugend. Doch diesem Ort gehörte letztendlich seine bedingungslose Liebe.

Nächste Doppelseite:
„Cyclops" von Aidan Hickey, 2022. Zum 100. Jubiläum des Erscheinens von ***Ulysses*** wurde Hickeys Sammlung „Painting Ulysses", eine auf Joyce' Roman basierende Werkreihe, im James Joyce Cultural Centre ausgestellt.

Zeichen aller Dinge bin ich hier zu lesen, Meeresbrut und Treibgut, die sich nähernde Flut, das rostige Boot. Rotzgrün, silberblau, Rost, bunte Wegweiser. Grenzen des Durchsichtigen.

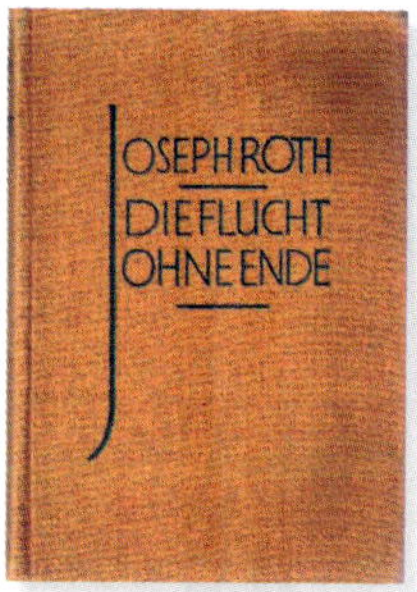

JOSEPH ROTH

Die Flucht ohne Ende (1927)

Dieser Roman einer „verlorenen Generation" begleitet einen Soldaten auf dem Weg nach Hause – von Osten nach Westen, eine Odyssee, die auch nach zehn Jahren kein Ende zu nehmen scheint.

Der österreichische Journalist und Romanautor Joseph Roth (1894–1939) ist vor allem durch seine Habsburg-Elegie *Radetzkymarsch* (1932) bekannt geworden.

Roth kam in Galizien zur Welt und beherrschte neben anderen auch die russische Sprache.

Roth ließ sich auf einer Reise in die Sowjetunion 1926 zu *Die Flucht ohne Ende* inspirieren. Die *Frankfurter Zeitung* druckte seine Berichte von mehreren Schauplätzen im Buch ab, beispielsweise Moskau und Baku.

Anders als die meisten späteren Werke von Joseph Roth, die auf die Welt vor 1914 zurückblicken, enthält Die Flucht ohne Ende eine lebhafte Darstellung der 1920er-Jahre. Franz Tundas Irrweg beginnt mit seiner Gefangennahme durch die russische Armee im August 1916 und setzt sich ein Jahrzehnt lang fort, ohne dass je ein Ende in Sicht käme. Der Roman schildert endlose Flucht – vor Verpflichtungen, dem Alltag und letztlich auch dem eigenen Selbst – als Daseinszustand.

Im Rahmen des hohen Erzähltempos sind Reisen sowohl in struktureller wie symbolischer Hinsicht relevant, und der Schreibstil erinnert an die beobachtenden Essays, für die Roth berühmt war. Tundas Reise über zeitliche, existenzielle, politische und kulturelle Grenzen hinweg dient als verbindendes Element des episodenhaften Narrativs.

Die Geschichte beginnt mit seiner Flucht aus der Gefangenschaft in Sibirien, worauf er drei Jahre in der Wildnis verbringt. Als er vom Ende des Kriegs erfährt, versucht er erstmals, nach Westen zurückzukehren, wird aber in den Bürgerkrieg in Russland und der Ukraine verwickelt.

Gemeinsam mit der Revolutionärin Natascha – einer von mehreren emanzipierten weiblichen Figuren, welche die Moderne verkörpern und von denen sich Tunda sowohl angezogen als auch bedroht fühlt – kämpft er zwei Jahre für die Bolschewiki, obwohl er nicht richtig an ihre Sache glaubt.

Als Natascha verschwindet, zieht er in die sowjetische Ölmetropole Baku in Aserbaidschan und verspürt nach einer kurzen erotischen Beziehung zu einer französischen Reisenden, die ihn für einen Geheimpolizisten hält, wieder den Wunsch, nach Hause zurückzukehren.

Das Buch zeichnet Tundas Aufenthalte an verschiedenen Orten nach. Er trägt ein verblassendes Foto der Frau bei sich, mit der er 1914 verlobt war, während er ein Europa durchreist, das er kaum wiedererkennt. In Wien, einer unbenannten Stadt am Rhein, Berlin und Paris legt der Blick des Außenseiters die Anmaßungen der städtischen Nachkriegsgesellschaft frei. Die Beschreibung seiner Zugfahrt von Wien ins Rheinland ist blumig:

Westeingang des Bahnhofs Saint-Germain in Paris. Bleistift, Aquarell und Gouache von Victor Marec, Anfang des 20. Jahrhunderts.

> Er sah von Deutschland nur die Bahnhöfe, die Schilder, die Reklametafeln, die Kirchen, die Gasthöfe in der Nähe der Bahn, die stillen und grauen Straßen der Vorstädte und die Vorortbahnen, die an müde, dem Stall entgegentrabende Tiere erinnern.

Tunda – ein Antiheld, der die entfremdeten Protagonisten von Camus und Handke vorwegnimmt – verkörpert dieselbe „verlorene" und traumatisierte Generation, die auch andere Autoren der 1920er-Jahre behandeln, insbesondere Hemingway und Fitzgerald. Vor dem Grab eines unbekannten Soldaten in Paris sinniert der Protagonist über sein eigenes Dasein und das seiner Zeitgenossen:

> Manchmal war es Tunda, als läge er selbst dort unten, als lägen wir alle dort unten, die wir aus einer Heimat auszogen, fielen, begraben wurden oder auch zurückkehrten, aber nicht mehr heimkehrten […] Wir sind fremd in dieser Welt, wir kommen aus dem Schattenreich.

Gegen Ende spielt er mit dem Gedanken, nach Sibirien zurückzukehren, womit er seinen „Kampf ohne Ende" von Neuem beginnen würde. Im letzten Abschnitt treffen wir ihn allein in Paris an, wo er sich völlig überflüssig fühlt. Bei aller Trostlosigkeit strotzt der Roman aber vor klugem Humor, geschrieben von einem der größten deutschsprachigen Reiseautoren am Zenit seines Schaffens.

Halldór Laxness

Der grosse Weber von Kaschmir (1927)

In Anlehnung an eine mittelalterliche Pilgerschaft beschreibt Der große Weber von Kaschmir *die wirkliche wie allegorische Europareise eines Isländers auf der Suche nach Wahrheit, Liebe, Glauben und Frieden.*

Laxness wurde 1955 als bislang einziger Isländer mit dem Literaturnobelpreis ausgezeichnet.

Die Geschichte des Romans weist Parallelen zu seinem Leben auf, besonders sein Bekenntnis zum katholischen Glauben 1923. Er wollte sich ordinieren lassen, hatte es sich aber zu Beginn der Arbeit an *Der große Weber von Kaschmir* bereits anders überlegt; das Buch mit dem Originaltitel *Vefarinn mikli frá Kasmír* wurde als sein Rückzug aus dem exaltierten Mönchsleben interpretiert.

1921, als er 18 Jahre alt ist, sieht sich der kluge und leidenschaftliche, aber auch ausschweifende und ichbezogene Stein Ellidi nach einer Gottesoffenbarung außerhalb Reykjaviks wiedergeboren und gelobt Keuschheit. „Ich habe mit Gott einen Vertrag darüber geschlossen, dass ich der vollkommenste Mensch auf Erden werde“, verkündet er seiner 16-jährigen Kindheitsfreundin Dilja, die bei seiner Großmutter aufgewachsen ist. Gott habe ihm persönlich gesagt, er könne eine „neue Epoche der Weltliteratur herbeidichten“ wie ein zweiter Dante, falls er redlich genug sei.

Der große Weber von Kaschmir handelt vom Streben nach Vervollkommnung und den damit verbundenen Anstrengungen. Stein sticht am folgenden Tag in See; in den nächsten Jahren bereist er England, Frankreich, Belgien, Italien inklusive Sizilien und die Schweiz, während Dilja daheim in Reykjavik bleibt. Schließlich verliert er sein Ziel aus den Augen und findet sich auf einem Berg in Belgien in dem Benediktinerkloster Sept Fontaines ein. Dort gibt er eine Lebensbeichte ab und bekennt sich zum Katholizismus, doch die Verlockungen lassen ihn nicht los, und er beschließt, nach Island zurückzukehren, bevor er ordiniert wird. Im Sommerhaus der Familie in Thingvellir (symbolisches Herz und Tagungsort des alten Parlaments Islands) arbeiten Dilja und er die Vergangenheit auf. Sie gestehen einander ihre Liebe, doch er hält an seiner Entscheidung fest, Gott gegenüber irdischer Liebe vorzuziehen, weshalb er Dilja und Island zum zweiten Mal verlässt. Sie folgt ihm nach Rom, wo er in einem Konvikt lebt. In der letzten Szene lehnt sie an einer Säule am Petersplatz, während die Morgenglocke läutet.

Laxness war Anfang zwanzig, als er *Der große Weber von Kaschmir* zu schreiben begann, und noch keine fünfundzwanzig, als das Buch 1927 herauskam. Er selbst hatte Island erstmals 1919 verlassen, um das zerstörte und aufgeheizte Nachkriegseuropa zu erkunden. Währenddessen schrieb er seiner Mutter, die Reise komme seinem Wunsch entgegen, sich Wissen über die Völker der Welt anzueignen, um ein richtiger Schriftsteller zu werden, was er für seine wahre Berufung hielt.

Zu seinen literarischen und geistigen Einflüssen gehörten August Strindberg und Otto Weininger; sein avantgardistischer Stil und Umgang mit Themen war unter Islands Schriftstellern nahezu beispiellos, weshalb er kontrovers rezipiert wurde. Einige Kritiker verteidigten sein Werk im Wissen um die Notwendigkeit kreativer Experimente und neuer Formen für die Literatur des Landes, wohingegen sich konservativere Stimmen mit der gleichen spießigen Engstirnigkeit, die Stein im Roman verspottet, über Laxness' philosophische und religiöse Ideen sowie die vermeintliche Sittenlosigkeit der Figuren empörten.

„Þingvellir" von Þórarinn B. Þorláksson (1900). Þingvellir war der Ort, an dem ab 930 n. Chr. das Alþingi, die jährliche Sitzungsperiode des isländischen Parlaments, stattfand. Nach wie vor ist Þingvellir ein Ort von großer spiritueller und historischer Bedeutung für die Isländer.

Der Autor selbst konzipierte *Der große Weber von Kaschmir* als großes, außergewöhnliches Buch für die ganze Welt, das den jüngsten Entwicklungen seiner Zeit in der Kunst der Form Rechnung trug. Das reiche Erbe der isländischen Literatur des Mittelalters – Eddas und Sagas – hatte auf dem Weg zur Unabhängigkeit von Dänemark im späten 19. und frühen 20. Jahrhundert eine Schlüsselrolle eingenommen. Laxness wollte sich jedoch unbedingt von der Vergangenheit lösen, obgleich er später einräumte: „Ein isländischer Schriftsteller kann nicht leben, ohne beständig über die alten Bücher nachzudenken."

Anfangs bestand sein Ziel zwar darin, etwas völlig Neues zu schaffen, aber sich entschieden von seinem literarischen Erbe loszusagen gelang ihm nicht. Er zitiert aus mehreren Sagas sowie dem mythologischen Gedicht Völuspá über Ragnarök, das Ende und die anschließende Neuschöpfung der Welt. Dieser Einfluss, auf den er sich verschiedentlich beruft, scheint sich auch in der Erzählstruktur in *Der große Weber von Kaschmir* niedergeschlagen zu haben, denn einige Sagas handeln etwa von isländischen Dichtern, die ihre Geliebte verlassen, um es im Ausland zu etwas zu bringen, und manchmal auch zum Christentum konvertieren. Bei ihrer Rückkehr ist die Geliebte nicht mehr verfügbar, obwohl beide noch Gefühle füreinander hegen.

Da Island eine Insel ist, dürfte eine Handlung vom Erwachsenwerden eines jungen Isländers, der sein Zuhause verlässt, um in der weiteren Welt profane wie geistige Wahrheiten kennenzulernen, zwangsläufig ein wesentliches Gestaltungsmittel sein. Die Saga als Genre behandelt Fragen der Identität und Bedeutung Islands beziehungsweise seiner Bewohner in der Welt: In diesem Zusammenhang ist darauf hinzuweisen, dass sich das Motiv der Heimat durch *Der große Weber von Kaschmir* zieht. An mehreren Stellen heißt es, Stein habe nie ein richtiges Familienzuhause gehabt, doch der Prior von Sept Fontaines empfängt ihn mit den Worten: „Stellen Sie sich vor, Sie seien nach Hause gekommen." Im Frühling denkt er aber an Island und bekommt Heimweh „wie ein Isländer aus der Sagazeit". Die Landschaft seiner Heimat beeinflusst Steins Gemüt am stärksten, und Laxness' Naturbeschreibungen gehören zu den zauberhaftesten Passagen im Buch:

> Er dachte an die blauen Sunde bei Reykjavik und an die Berge, die über diese Sunde wachen. In der Erinnerung sah er diese Landschaften mit derselben Herrlichkeit vor sich wie als Kind, und er träumte vom Hochland wie ein Jüngling, der vom Busen seiner Geliebten träumt, die Erinnerung an längst verklungene Lieder ließ ihn nicht schlafen. Das Hochgebirge, dachte er, die Stille des Hochgebirges, die Gletscher, das Licht der Gletscher; denn er liebte die Unberührtheit der öden Hochflächen seiner Heimat, den tiefen, weiten Himmel, der sich über diese majestätische Landschaft spannt.

Natürlich möchte Stein vor allem Dilja sehen, doch seine Sehnsüchte nach den Bergen, nach dem Gefühl, zu Hause zu sein, und nach der Illusion von Zeitlosigkeit verschmelzen miteinander; der Erzähler sagt, das Land der Erinnerung übe einen starken Zauber aus. Was aber bedeutet dies einem Isländer? Wie kann er die Welt kennenlernen und erreichen, solange er zu Hause bleibt? Wie überlebte er außerhalb seiner Heimat? Laxness-Biograf Halldór Guðmundsson schreibt, der Autor sei zeit seines Lebens in zwei Richtungen gezogen worden. Er wollte Isländer bleiben und zugleich ein Mann von Welt sein, was nie einfach gewesen sei.

Was das Thema Reise in *Der große Weber von Kaschmir* auf besonders fesselnde Weise verdeutlicht, ist die Gegensätzlichkeit zwischen Island und dem Rest der Welt: das Verhältnis seiner Bewohner – ihrer Geschichte und Kultur, ihres Glaubens, ihrer Werten und Anschauungen – zu anderen Nationen, anderen Ländern. Für Isländer ist Island, eine Insel am Rand von Karten und der internationalen Wahrnehmung, der Nabel der Welt.

EINE LANGE BEERDIGUNGSPROZESSION NACH JEFFERSON, MISSISSIPPI

WILLIAM FAULKNER

ALS ICH IM STERBEN LAG (1930)

Die bekannteste von Faulkners Erzählungen aus dem Yoknapatawpha County etablierte ihn als Meister der US-Romanliteratur des 20. Jahrhunderts und besitzt als Porträt des tiefen Südens die Kraft einer biblischen Geschichte.

Der kurze, düstere und mitreißende Roman spielt im „apokryphen" County Yoknapatawpha, worin viel von Faulkners Heimat, dem Bundesstaat Mississippi, steckte. Als Kind des tiefen Südens sah er sich verpflichtet, seine Sicht auf den Sklavenstaat und dessen dunkle Seiten wiederzugeben. Seine Fiktion wurde ein ausdrucksstarker Teil seines Lebenswegs. Als der Erfolg im Zuge von Schall und Wahn ausblieb, nahm er sich eine „Tour de Force" vor.

Als ich im Sterben lag entstand wie viele großartige Werke unter extremen Bedingungen. Faulkner behauptete, den Roman über sechs Wochen hinweg täglich von Mitternacht bis zum Morgengrauen niedergeschrieben zu haben, während er in einem Kohlekraftwerk arbeitete, um finanziell über die Runden zu kommen – angeblich ohne ein Wort zu verändern. Dass dies stimmt, lässt sich wie die Existenz des besagten Countys bezweifeln.

Der Buchtitel spielt auf eine Stelle in Homers Odyssee an. Der Bezug zur Antike unterstreicht die Schwermut und Abschiedsstimmung des Romanklassikers, der jedoch uramerikanisch bleibt. Vor Faulkner hatte kein US-Schriftsteller seine Leser so tief in die Dialektsprache und Kultur einer Gesellschaft eintauchen lassen, die der amerikanischen Erfahrung fremd war und es womöglich bis heute ist. Auch ihre Religion hat ihn inspiriert; die Ausdrucksweise und Klangfülle der Bibel ist in viele der kurzen Kapitel eingewoben, die zu einem Höhepunkt hin ausgerichtet sind. „Als man mir sagte, sie liege im Sterben", sagt der Prediger Whitfield, „rang ich die ganze Nacht mit Satan und ging siegreich aus dem Kampf hervor." Der Tod und die Bestattung der Südstaaten-Erzmutter Addie Bundren wird aus ungefähr 15 verschiedenen Blickwinkeln erzählt, auch jenem der sterbenden Frau selbst.

Die Stimmen des örtlichen Arztes und Predigers, von Nachbarn und Freunden unterbrechen die Gedankenströme der Familie Bundren. Der Leser findet sich von der ersten Zeile an im tiefen Süden wieder: „Jewel und ich gehen hintereinander den Weg hinunter [...] Jeder, der uns vom Baumwollschuppen beobachtet, [kann] sehen, dass Jewel mit seinem ausgefransten, eingerissenen Strohhut einen ganzen Kopf größer ist als ich."

William Faulkner (1897–1962) gewann 1949 den Literaturnobelpreis.

As I Lay Dying begründete die Southern Renaissance mit, ein in den 1920er- und 1930er-Jahren im Süden der USA entstandenes Literaturrevival. Viele Werke dieser Phase, von unter anderem Tennessee Williams, Zora Neale Hurston und Margaret Mitchell, drehten sich um Existenzialismus und die Metaphysik des täglichen Lebens.

Faulkner starb im Juli 1962 nach einem Sturz vom Pferd.

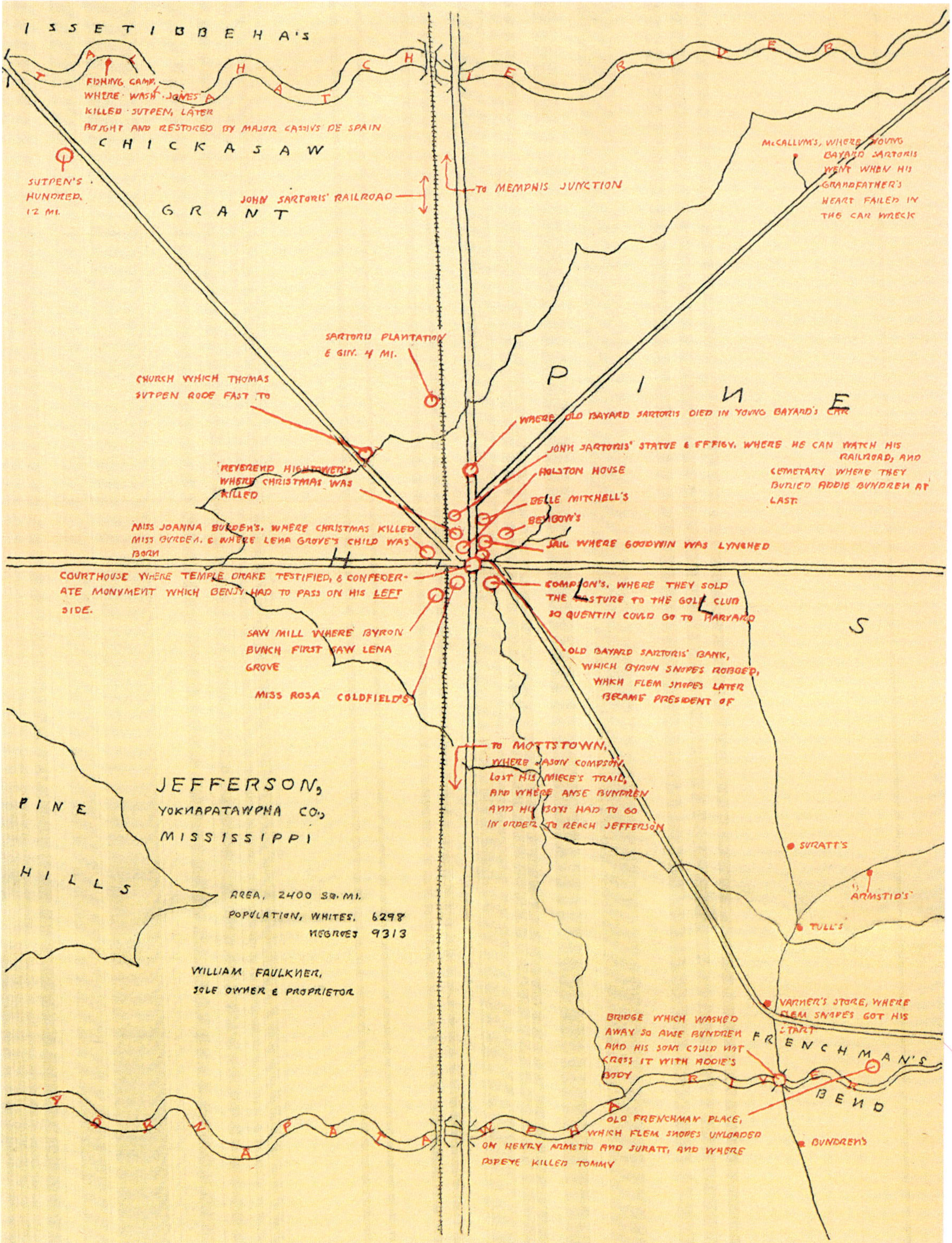
ISSETIBBEHA'S
TALLAHATCHIE RIVER
FISHING CAMP WHERE WASH JONES KILLED SUTPEN, LATER BOUGHT AND RESTORED BY MAJOR CASSIUS DE SPAIN
CHICKASAW GRANT
SUTPEN'S HUNDRED. 12 MI.
JOHN SARTORIS' RAILROAD
TO MEMPHIS JUNCTION
McCALLUM'S, WHERE YOUNG BAYARD SARTORIS WENT WHEN HIS GRANDFATHER'S HEART FAILED IN THE CAR WRECK
SARTORIS PLANTATION & GIN. 4 MI.
CHURCH WHICH THOMAS SUTPEN RODE FAST TO
PINE HILLS
WHERE OLD BAYARD SARTORIS DIED IN YOUNG BAYARD'S CAR
JOHN SARTORIS' STATUE & EFFIGY. WHERE HE CAN WATCH HIS RAILROAD, AND CEMETARY WHERE THEY BURIED ADDIE BUNDREN AT LAST.
REVEREND HIGHTOWER'S. WHERE CHRISTMAS WAS KILLED
HOLSTON HOUSE
BELLE MITCHELL'S
BENBOW'S
MISS JOANNA BURDEN'S. WHERE CHRISTMAS KILLED MISS BURDEN. & WHERE LENA GROVE'S CHILD WAS BORN
JAIL WHERE GOODWIN WAS LYNCHED
COURTHOUSE WHERE TEMPLE DRAKE TESTIFIED, & CONFEDERATE MONUMENT WHICH BENJY HAD TO PASS ON HIS LEFT SIDE.
COMPSON'S. WHERE THEY SOLD THE PASTURE TO THE GOLF CLUB SO QUENTIN COULD GO TO HARVARD
SAW MILL WHERE BYRON BUNCH FIRST SAW LENA GROVE
OLD BAYARD SARTORIS' BANK, WHICH BYRON SNOPES ROBBED, WHICH FLEM SNOPES LATER BECAME PRESIDENT OF
MISS ROSA COLDFIELD'S
TO MOTTSTOWN, WHERE JASON COMPSON LOST HIS NIECE'S TRAIL, AND WHERE ANSE BUNDREN AND HIS SONS HAD TO GO IN ORDER TO REACH JEFFERSON
JEFFERSON, YOKNAPATAWPHA CO., MISSISSIPPI
PINE HILLS
AREA, 2400 SQ. MI.
POPULATION, WHITES, 6298
NEGROES 9313
WILLIAM FAULKNER, SOLE OWNER & PROPRIETOR
SURATT'S
ARMSTID'S
TULL'S
VARNER'S STORE, WHERE FLEM SNOPES GOT HIS START
BRIDGE WHICH WASHED AWAY SO ANSE BUNDREN AND HIS SONS COULD NOT CROSS IT WITH ADDIE'S BODY
FRENCHMAN'S BEND
OLD FRENCHMAN PLACE, WHICH FLEM SNOPES UNLOADED ON HENRY ARMSTID AND SURATT, AND WHERE POPEYE KILLED TOMMY
BUNDREN'S
YOKNAPATAWPHA RIVER

Ausschnitt aus Thomas Hart Bentons Wandgemälde „America Today" von 1930, das die von Faulkner beschriebene Lebensweise auf dem Fluss darstellt. Die zehn Original-Leinwände befinden sich im Metropolitan Museum of Art in New York.

Willkommen unter armen, hinterwäldlerischen Baumwollpflanzern am Mississippi in den 1920er-Jahren.

Ihrem letzten Wunsch gemäß soll Addie im Grab ihrer Familie beerdigt werden. Dazu karren die Angehörigen den Sarg nach Jefferson. Faulkners Narrativ begleitet die Trauernden auf ihrem Weg, schwungvoll dank seines geschickten Umgangs mit Bewegungen und beflügelt von Homers Eindringlichkeit: „Es war kurz vor Sonnenuntergang, als der Wagen die Straße raufkam. Fünf waren sie." Mitunter verklärt Faulkner die Geschehnisse betont mythisch: „Er ritt zu Pferd zu Armstid und kam zu Pferd zurück und führte Armstids Gespann. Wir schirrten es an und legten Cash oben auf Addie."

Die Reise der Bundrens zur Bestattung wird zu einem Übergangsritual mit Feuer (einer brennenden Scheune) und Wasser (eine gefährliche Flussüberquerung). Während er als Autor auf eine zeitlose Erzählweise achtet, lässt Faulkner uns als Leser nicht vergessen, dass wir in den modernen USA sind: „Wir sind schon seit einiger Zeit an Schildern vorbeigekommen: an Drugstores, Bekleidungsläden [...] und die Schilder mit den Entfernungsangaben werden immer weniger".

Die Brillanz des bisweilen schwierigen Romans besteht darin, dass Faulkner Addies dunkle Vergangenheit zwingend offenbart – das Verhältnis zu ihrem geliebten Sohn Jewel, der aus ihrer Affäre mit dem Geistlichen Whitfield hervorging. Zudem lernen wir ihre Familie kennen, einen Haufen verschrobener Südstaatler: Cash, Dark, Dewey Dell und Vardaman Bundren. Die Originalität des Autors macht sein Buch ungleich zeitgemäßer, als es Hemingway und Fitzgerald waren; für manchen ist er größer als sie beide.

Gegenüber:
Vom Autor handgezeichnete Karte der Stadt Jefferson im Bezirk Yoknapatawpha – dem fiktiven Schauplatz fast aller Romane Faulkners und von mindestens 50 seiner Kurzgeschichten.

VON VENEDIG NACH RAVENNA, FLORENZ UND ROM

ANTAL SZERB

REISE IM MONDLICHT (1937)

Ein Mann auf Hochzeitsreise in Italien. Es sind die 1930er-Jahre – eine Zeit, in der Europa zusehends von der zersetzenden Macht des Faschismus vereinnahmt wird.

Antal Szerb (1901–1945) war ein angesehener Literaturwissenschaftler und sprach mehrere Sprachen fließend.

1936 reiste Szerb durch Italien. Er schrieb eine Reihe autobiografischer Kurzessays, die im selben Jahr wie der Roman erschienen und die Grundlage der Geschichte bilden. Szerb starb im Januar 1945 in einem ungarischen Konzentrationslager.

Mihály führt von außen betrachtet ein behagliches Leben als vermögender Lebemann mit viel Freizeit. Auf seiner Hochzeitsreise in Venedig, Ravenna und Florenz fühlt sich Mihály nicht verzückt aufgeregt, sondern empfindet Druck – die Anforderung des Familienbetriebs, Kontrolle durch seinen Vater und nun auch seine Frau. Als sie wieder aufbrechen, gerät er in Panik und lässt seine Frau zurück – versehentlich oder absichtlich? –, indem er in den falschen Zug steigt, sodass sie ohne ihn gen Süden nach Rom fährt und er in die entgegengesetzte Richtung nach Siena.

Reise im Mondlicht ist ein mehrdeutiges modernistisches Meisterwerk. Mihálys eskapistische Reise der Selbstentdeckung entpuppt sich sozusagen als Ergebnis einer verführerischen Todessehnsucht. Der Autor beschreibt spielerisch launenhaft, wie der Antiheld leichtsinnig nach seinem früheren Selbst strebt, um seiner Zukunft einen Sinn zu geben – und indirekt auch einer zivilisierten Welt, die im Begriff ist, in historische Abgründe gerissen zu werden.

Im Sommer 1936 bereiste Szerb Italien, wo er sich der Sehnsucht nach vergangenen Epochen hingab, von denen noch so viele Monumente dort zeugten. Sein Protagonist teilt mit ihm diese nostalgische Grundstimmung.

Es hallt laut aus den Untiefen des Geistes, der Erinnerung und Fantasie: Sobald das Paar Ravenna mit seinen „byzantinischen Mosaiken" erreicht, fühlt sich Mihály wieder zum Alleinsein gezwungen. Später in einem Straßencafé treffen Mihály und Erszi auf den teuflischen János Szepetneki, der mit einem Motorrad heranbraust und ihre Unterhaltung dreist unterbricht, weil er will, dass Mihály ihn auf der Suche nach ihrem alten Freund Ervin begleitet, der nun in „einem Kloster in Umbrien oder in der Toskana" als Mönch lebe. Mihály lehnt ab und reibt sich an dieser Begegnung auf, die Folgen für seine bald zerbrechende Ehe haben wird.

Er reist fast wie ein Flüchtling ohne Geld und Besitz, zieht von einem heruntergekommenen Zimmer zum nächsten und lernt Menschen kennen. Das rauschhafte Hochgefühl, das er zunächst als erleichternd empfand, hat eine Leere hinterlassen. Während er weiter durch Italien bummelt, verwandelt sich die hinreißende Landschaft in ein inneres Leiden:

Er wusste, dass der Wanderer schon sehr lange durch immer verlassenere Gegenden zog, zwischen solchen aufgeregten Bäumen und stilisierten Ruinen, bedroht von Stürmen und Wölfen, und dass er vielleicht der einzige war, der in solcher Nacht so einsam wanderte.

„Reise zum Mittelmeer (Reisender und Mondlicht)" von dem ungarischen Künstler Gyula Batthyány.

Diese finstere Szene nimmt Szerbs eigenes tragisches Ende vorweg; während die 1930er- den düsteren 1940er-Jahren wichen, führte seine jüdische Herkunft zum Verbot mehrerer seiner Werke, und er verlor seine Arbeit. Nachdem Deutschland 1944 in Ungarn eingefallen war, landete er schließlich im Konzentrationslager Balf.

Am Ende der *Reise im Mondlicht* ist aber noch nicht alles verloren: Der körperlich wie geistig satte Mihály steht beispielhaft für die Verzweiflung einer Generation am Zenit nicht nur ihrer Jugend, sondern auch von Europas bis zuletzt aufgeklärter Geschichte. Er sieht endlich ein, dass er sich anpassen und Verantwortung übernehmen muss:

> Mihály starrte zum Fenster hinaus, wobei er versuchte, im Mondlicht die Umrisse der toskanischen Hügel auszumachen. Man musste am Leben bleiben […] Und solange man lebt, weiß man nicht, was noch geschehen kann.

John Steinbeck

Früchte des Zorns (1939)

Früchte des Zorns *ist John Steinbecks charakteristischstes Werk, ein kraftvoller Roman über enteignete Familien aus Oklahoma, die in den 1930er-Jahren auf der Route 66 nach Kalifornien zogen, um dort ein neues Leben zu beginnen.*

Steinbeck fuhr im Herbst 1937 auf der Route 66 von Chicago nach Kalifornien und tat dies möglicherweise auch bei seiner Recherche für den Roman gemeinsam mit Migranten. Ungeachtet des unmittelbaren Erfolgs von *Früchte des Zorns* nach seiner Veröffentlichung 1939 (Originaltitel *The Grapes of Wrath*) wurde es mancherorts wegen seiner deftigen Sprache sowie seiner Darstellung der Bewohner Oklahomas und der egoistischen kalifornischen Farmer verboten.

Bei der Verfilmung nannte John Ford das Buch aus Angst vor Kontroversen „Route 66", als er ein Kamerateam nach Oklahoma schickte.

Die Reise, die Familie Joad in *Früchte des Zorns* unternimmt, findet kein Ende. In diesem meisterhaften Roman über Vertriebene in den 1930ern ist jeder unterwegs – sei es körperlich oder seelisch – und möchte woanders neu anfangen. Wie wenn ein ganzes Land sich in Bewegung gesetzt hätte", so Jim Casy. Das Leben im von Dürre geplagten Oklahoma ist unerträglich geworden:

> Über das rote Land und einen Teil des grauen Landes von Oklahoma fiel sanft der letzte Regen; aber er drang nicht in die rissige Erde ein […] Die Sonne brannte hernieder auf das wachsende Korn, Tag für Tag, bis die grünen Speere an den Rändern braune Streifen bekamen.

Steinbeck führt eine landesweite Krise auf falschen Umgang mit der Natur zurück. In den 1930er-Jahren gaben Farmpächter und verarmte Familien im Südwesten der USA im Zuge von Staubstürmen und Missernten ihre Höfe auf. Monokultur und großflächiges Pflügen im Vorfeld mehrerer trockener Jahre hatten die Prärie ausgelaugt. Deshalb kamen „Landbesitzer", die Banken („Ungeheuer") vertraten, und nahmen den Pächtern die abgearbeiteten Felder. „Ihr müsst das Land verlassen", hieß es. Die „staubigen" Farmer machten sich auf, um Arbeit und eine neue Heimat im Westen zu suchen – vor allem in Kalifornien, dem Traumziel der Amerikaner seit Jahrzehnten, einem gelobten Land. „Dort gibt's Arbeit", Sonnenschein, „und die Leute leben dort, wo's am schönsten ist, in kleinen weißen Häusern, mitten unter Orangenbäumen."

Der Roman schildert sowohl diese nationale Saga der Verdrängung als auch das Los einer einzelnen Familie. Als erstes Mitglied lernen wir Tom Joad kennen, der aus dem Gefängnis entlassen wurde und per Anhalter nach Hause zurückkehrt. Dabei trifft er den ehemaligen Prediger Casy, der eine neue Berufung sucht. Die beiden trotten eine staubige Straße entlang zu Toms Familie, die nach ihrer Vertreibung bei seinem Onkel untergekommen ist und sich beeilt, einen ramponierten Hudson Super Six für die Fahrt nach Westen zu beladen. Elf Joads, Casy und ein Hund zwängen sich hinein. Überladene Wagen, mit Planen bespannt und mit aufs Gepäck gewuchteten Möbeln wurden zu einem typischen Motiv der Migration in den 1930ern. Man sieht es auf Fotos der Farm Security

Schutzumschlag für die Erstausgabe, die 1939 bei Viking Press erschien, mit der eindrucksvollen Illustration von Elmer Hader.

Administration (FSA) von Dorothea Lange und Russell Lee, die den regionalen Umbruch dokumentierten. Etwa 500 000 Menschen fuhren im Laufe des Jahrzehnts nach Kalifornien.

Der Highway 66 oder Will Rogers Highway verläuft von Chicago nach Santa Monica und verbindet auf fast 4000 Kilometern halb Amerika miteinander. Steinbeck nannte ihn „Mutterstraße, die Straße der Flucht", er ist ein ikonischer und mythischer Weg nach Westen. Als Route 66 wurde er zum Aufhänger für Lieder – „Get Your Kicks on Route 66" –, eine TV-Sendung in den 1960ern und für Straßenrennen. Die beschwerliche Fahrt nimmt mehr als ein Drittel dieses Romans ein. Nach dem Aufbruch der Joads in Oklahoma bilden Schnell- und Nebenstraßen das Rückgrat der Geschichte, Reisepausen gliedern das Narrativ, Fahrzeuge – Pkw, Lkw und Traktoren – haben eine bezeichnende Funktion. Traktoren, die das Land der Migranten überrollen, sind von Bankern in Bewegung gesetzte Monster, die ein „Maschinenmensch" bedient. Autos jeglicher Art gehören mächtigen, distanzierten Personen, die Kellnerin Mae „Drecksbande" nennt. Gebrauchtwarenhändler verkaufen den Migranten kaputte Wagen: „Hier habe ich das, was Sie brauchen. Sieht nach nichts aus, ist aber noch glatt für tausend Meilen gut." Die Joads wählen mit Bedacht, ihr uralter Hudson Super Six mit „Lastwagen-Aufsatz" ist „der neue Herd, das Lebenszentrum der Familie". An den Fahrzeugen der Figuren erkennt man, wie empathisch sie sind. Und für die heimatlosen Familien ist „die Straße [die] Heimat und Bewegung [das] Ausdrucksmittel"; es geht um Flucht und Träume, Leidensfähigkeit und Verzweiflung.

Jedem mit einem abgewrackten Wagen oder Arbeit an der Route 66 bedeutet sie etwas anderes. Großvater, Al Joad und Connie, der Ehemann von Rose of Sharon, denken nur ans Ziel: eine rosige Zukunft in Kalifornien, vielleicht Abendschule, ein Auto, ein Job beim Rundfunk. Für Tom, der gegen seine Bewährungsauflagen verstößt, indem er den Bundestaat verlässt, ist die Straße

Juni 1938: Eine Familie ist während der Weltwirtschaftskrise gezwungen, ihre Heimat in Pittsburg County, Oklahoma, zu verlassen.
Foto: Dorothea Lange.

eher gefährlich. Vater blickt auf Oklahoma als Land zurück, das ihn geprägt hat, und Mutter hält einfach nur durch. Ein Tankwart zeigt sich ratlos: „Jeder, mit dem ich gesprochen habe, hat seinen guten Grund, auf der Straße zu sein. Aber wo kommt das Land denn hin?“ Andere feinden die Migranten unverhohlen an. Kalifornische Grenzpatrouillen machen Androhungen, die 1936 tatsächlich von der Polizei von Los Angeles umgesetzt werden sollten.

Sowohl der Roman als auch John Fords Verfilmung aus dem darauffolgenden Jahr fußen auf den Dialogen der Enteigneten, Marginalisierten und Mächtigen, die die Machtlosen ausbeuten. Steinbecks Ehefrau Carol, die auch für ihn Manuskripte lektorierte, ermahnte ihn wiederholt zu Detailtreue, während er das Buch von Mai bis Oktober 1938 in hundert „Werktagen“ schrieb. Er hielt sich daran. Die Handlung sollte sich langsam vollziehen wie eine lange Autofahrt, wobei die Einzelheiten unterwegs nach Westen genau beschrieben wurden: das stete Motorengeräusch, die Wüstenhitze, Imbisse, Verkehrsschilder und Ortschaften.

Mancher überlebt die Reise nicht: Die Großeltern sterben von dem Land entwurzelt, das sie geprägt hat, bevor die Joads Kalifornien erreichen. Der Hund der Familie wird von einem gleichgültigen Raser überfahren. Noah Joad, der psychisch labile älteste Sohn, ertrinkt im Colorado, nachdem er sich geweigert hat, weiter als bis Needles zu fahren, und Connie kehrt nach Oklahoma zurück, weil er nicht daran glaubt, es in Kalifornien zu etwas zu bringen.

Ein großer roter Sonnentropfen hing am Horizont, dann fiel er herab und war verschwunden, und der Himmel leuchtete über der Stelle, wo er verschwunden war, und eine zerfetzte Wolke hing gleich einem blutigen Lumpen darüber. Und die Dämmerung kroch vom östlichen Horizont her über den Himmel.

Steinbeck maß die Überlebensfähigkeit einer Art an ihrem Anpassungsvermögen. Wer sich anpasst, kann es schaffen. Das berühmte dritte Kapitel verdeutlicht dies, wenn eine Schildkröte fast von einem Auto überfahren und vom nächsten erfasst wird, doch sie richtet sich wieder auf und „stieß sich vorwärts“. Wie sie „vom Straßendamm herunterkroch“, gibt Hoffnung, womit eine der Eigenschaften der weiteren Geschichte vorweggenommen wird.

Was Menschen außerdem mit anderen Spezies eint, ist ihr Gruppenverhalten. Bald nach Beginn ihrer Reise begegnen die Joads den Wilsons, woraufhin sich die Familien gegenseitig mit Lebensmitteln und anderen materiellen Gütern helfen. Nichts ist unterwegs wichtiger als Autoreparaturen, also wechseln Tom, Al und Casy die Pleuelstange der Wilsons. Die Einheit, die beide Parteien bilden, deuten auf den zentralen Gehalt des Romans hin: Aus dem „Ich“ wird ein viel stärkeres „Wir“. Wenn sich der Landverlust eines Einzelnen zu einem kollektiven Verlust wandelt, entsteht etwas Kraftvolles und möglicherweise Revolutionäres. 1939 vermittelte das mächtige „Wir“ manchen Lesern den Eindruck, es handle sich um ein gefährliches, kommunistisches Buch.

In Wirklichkeit war es Geschichte, die während ihrer Entstehung niedergeschrieben wurde, eine Erzählung über Entwurzlung und eine Gesellschaftskrise: Obdachlosigkeit in Kalifornien, Niedriglöhne und zu wenig Arbeit an Straßen ohne Ende, selbst nachdem die Joads ihr Ziel erreicht haben. Steinbeck wies dem Roman fünf Ebenen zu und bestand darauf, dass einfühlsame Leser diese ergründeten. Die Ursprünge sind journalistischer Art; im Herbst 1936 bat die *SF News* den Schriftsteller um Artikel über unzureichende Unterkünfte für Feldarbeiter und Migranten in Kalifornien. Ein Teil dieses Materials floss in Beschreibungen von Lagern am Straßenrand, Hoovervilles und dem Regierungscamp nahe Bakersfield ein, das sich tatsächlich bei Arvin befand. Die zweite Ebene ist die mythische – die Verstoßenen suchen wie im Bibelbuch Exodus das Land, in dem Milch und Honig fließen –, die dritte hingegen historisch: Der Titel stammt aus dem Bürgerkriegslied „The Battle Hymn of the Republic", und Steinbeck verlangte, den gesamten Text aufs Vorsatzblatt zu drucken. Amerikanische Konflikte gehen weiter, wie er suggeriert, und der Roman pflanzt sich in die Zukunft fort, wenn Tom Joad verschwindet, um gegen Ungerechtigkeit zu kämpfen, egal an welchem Ort. 1995 veröffentlichte Bruce Springsteen das Album *The Ghost of Tom Joad*, in dessen Titelsong ein Obdachloser in der Gegenwart sein Lager am Rand eines Highways aufschlägt.

Pkw und Lastwagen auf dem Weg durch die Wüste nach Los Angeles. Während des Dust-Bowl-Exodus in den 1930er-Jahren verließen 2,5 Millionen Menschen die Staaten der Großen Ebenen (Great Plains) – viele, um sich in Kalifornien eine neue Existenz aufzubauen.

Die Bedeutung von *Früchte des Zorns* bleibt auch im 21. Jahrhundert ungebrochen, weil die geschilderten Probleme weiterbestehen: Umweltzerstörung, Völkerwanderung und Obdachlosigkeit, prekäre Arbeitsverhältnisse und Leid, das die Bemittelten den Mittellosen zufügen. In diesem Werk bedeutet „unterwegs" zu sein nichts anderes, als arbeits- und heimatlos, hungrig und verzweifelt zu sein.

ANNA SEGHERS

TRANSIT (1944)

Der kurz nach Seghers Ankunft in Mexiko geschriebene Roman thematisiert Flucht und Entwurzelung. Er wurde durch Walter Benjamins Suizid in Spanien beeinflusst, dem man ein Ausreisevisum in die USA verweigerte.

Anna Seghers (1900–1983) stammte aus einer jüdischen Mittelschichtfamilie. 1929 trat sie der KPD bei und veröffentlichte *Aufstand der Fischer von St. Barbara* (ausgezeichnet mit dem Kleist-Preis).

Sie zog 1933 nach Frankreich um, wo sie die deutsche Besetzung 1940 zu einer Flucht nach Marseille zwang. 1941 konnte sie mit ihrem Mann und beiden Kindern nach Mexiko fliehen. Nach dem Krieg kehrte sie nach Ostberlin zurück. Ihr Roman *Das siebte Kreuz"* gehört zu den wenigen Büchern, welche die Konzentrationslager schon während des Krieges thematisierten.

> Die „Montreal“ soll untergegangen sein zwischen Dakar und Martinique. Auf eine Mine gelaufen. Die Schifffahrtsgesellschaft gibt keine Auskunft. Vielleicht ist auch alles nur ein Gerücht. Verglichen mit den Schicksalen anderer Schiffe, die mit ihrer Last von Flüchtlingen durch alle Meere gejagt wurden und nie von Häfen aufgenommen, die man eher auf hoher See verbrennen ließ, als die Anker werfen zu lassen, nur weil die Papiere der Passagiere ein paar Tage vorher abliefen, […], dann ist doch der Untergang dieser „Montreal“ in Kriegszeiten für ein Schiff ein natürlicher Tod.

Anna Seghers’ wunderschöner, mit autobiografischen Elementen durchsetzter Roman ist eines der bedeutendsten fiktionalen Werke des Zweiten Weltkriegs, gleichzeitig ein Polit-Thriller und ein Werk des Existenzialismus. Er behandelt minutiös das tägliche Leben der Flucht und des Exils und fängt nicht nur die adrenalingetränkte Angst ein, sondern auch die tödliche Langeweile beim Warten auf Entscheidungen der Bürokratie.

Der Handlungsverlauf ist einfach: Da die deutschen Armeen auf dem Vormarsch sind, versuchen zahlreiche Flüchtlinge in sichere Häfen zu entkommen. Der Handlungsort ist Frankreich und die Erzählung beginnt 1937. Ein junger unbenannter Mann, wie Seghers Kommunist und dadurch Feind des Nazi-Regimes, konnte einem Konzentrationslager entkommen und flüchtete nach Frankreich, dem Zielort für viele Deutsche:

> Wie die meisten Menschen in diesen Tagen hatten wir das kindische Ziel, über die Loire zu kommen. Wir vermieden die großen Städte, wir liefen über Felder. Wir kamen durch verlassene Dörfer, in denen die ungemolkenen Kühe brüllten. Wir suchten etwas zum Beißen, aber alles war ausgefressen, vom Stachelbeerstrauch bis zur Scheune.

Sie erschien mir so kahl und weiß wie eine afrikanische Stadt. Ich wurde endlich ruhig. Die große Ruhe kam über mich, die dann immer über mich kommt, wenn mir etwas sehr gut gefällt. […] Ich lief mit der Menge hinunter im Wind, der Licht und Schatten über uns trieb in rascher Folge.

Vorherige Seite:
„Refugees" von Josef Herman, Gouache auf Papier, 1941. Nach der Invasion von Belgien sieht sich der polnisch-jüdische Maler zur Flucht aus Brüssel gezwungen. Er findet in Schutz in Glasgow.

In Paris angelangt, trifft er den deutschen Schriftsteller Paul, der ihn bittet, einem Mann namens Weidel einige Dokumente zu überbringen. Im Hotel, in dem Weidel lebt, erfährt der Erzähler, dass der Mann Selbstmord begangen hat. Neben Ausreisepapieren nach Mexiko (Seghers eigenes Ziel) gehört ein unvollendetes Manuskript zu den Hinterlassenschaften. Der Erzähler reist nach Marseille, wo er Weidels Frau begegnet und sich in sie verliebt. Er nimmt die Identität eines Mannes namens Seidler an, obwohl er bei den Behörden als Weidel geführt wird, was einem kafkaesken Verweis auf die Themen Identität und Anonymität gleichkommt. Weidels Frau weiß nichts vom Tod ihres Mannes und sucht weiter nach ihm.

Der erste Eindruck des Erzählers von Marseille ist unvergesslich. Der im Süden liegende Hafen wurde seit der Kapitulation Frankreichs zum Dreh- und Angelpunkt für die Menschen mit einem schwer erhältlichen Transit-Visum.

Das sich schnell verändernde Wetter reflektiert die unstete Situation der ausgemergelten Geflüchteten. Sie sind hoffnungsvoll und kurz danach verzweifelt, voller manischer Vorfreude und werden dann erneut von der Langeweile betäubt.

Dem Erzähler, Zeuge dieser zerbrochenen Leben, bieten sich durch die verschiedenen angenommenen Namen mehrere Optionen. Seine Wahl, die eine oder andere Identität auszuleben, erzeugt ständige Furcht. Er ist „der Hauch eines Schattens" in einer Welt voller Leid, in der die „sagenumwobenen Städte anderer Kontinente" oft nur eins sind – Sehnsuchtsorte.

PAUL BOWLES

Himmel über der Wüste (1949)

Bowles' Roman beschreibt drei ziellose Reisende, deren Beziehungen zueinander auf die Probe gestellt werden, während sie die nordafrikanische Wüste durchstreifen.

Der Autor und Komponist Paul Bowles lebte mehr als 50 Jahre außerhalb der USA. Er schrieb in seiner Autobiografie *Rastlos* (1972): „Ich spürte immer eine unterschwellige Bestimmung, dass ich irgendwann in meinem Leben zu einem magischen Ort gelange, der mir, nachdem ich seine Geheimnisse enthüllt habe, Weisheit und Glückseligkeit bringt – und vielleicht auch den Tod."

Himmel über der Wüste erläutert in vielerlei Hinsicht die Sehnsucht danach, einen „magischen Ort" zu finden, und das Scheitern daran, dem Leben durch eine Reise einen Sinn zu verleihen. Die Handlung beschreibt drei Amerikaner, die Eheleute Port und Kit und ihren Freund Tunner, die die algerische Sahara durchziehen, wobei sie zu immer entfernteren Orten aufbrechen und schwierige Lebensumstände ertragen. Nach zwölf Jahren der Reise scheinen Port und Kit einen Stillstand in ihrer Ehe erreicht zu haben, und Tunner versucht die Entfremdung auszunutzen, indem er Kit verführt. Während sie richtungslos von Ort zu Ort ziehen, sieht Port zu, dass er Tunner loswird, um Kit für sich allein zu haben. Er hofft, dass die Beziehung noch gerettet werden kann. Doch kaum sind die beiden unter sich, verstirbt Port an Typhus, woraufhin Kit allein in der Wüste weiterwandert.

Obwohl ein überwiegender Teil der Handlung die Zerrüttung der Beziehung beschreibt, ist der Roman eine feinfühlig ausgearbeitete Analyse der Reise und der Identität des Reisenden. Zu Beginn wird dem Leser so etwas wie Ports Manifest nahegebracht:

> Er sah sich nicht als Touristen; er war ein Reisender und erklärte, dass die Zeit dabei eine wichtige Rolle spielt. Während ein Tourist am Ende von wenigen Wochen oder Monaten nach Hause eilt, hat der Reisende keine Heimat. Er bewegt sich meist langsam im Laufe von Jahren von einem Teil der Erde zum anderen. Es wäre ihm sicherlich schwergefallen, einen Ort unter all den Orten, an denen er gelebt hat, zu benennen, an dem er sich heimisch gefühlt hätte.

Paul Bowles (1910–1999) verbrachte den Großteil seines Lebens in Tanger, Marokko, reiste aber auch ausgiebig. Der Autor erwarb sogar eine Insel in Sri Lanka, wo er und seine Frau, die Schriftstellerin Jane Bowles, die Sommer genossen.

1950 stand *The Sheltering Sky* über zehn Wochen auf der *New York Times*-Bestsellerliste; allein 1951 wurden 200 000 Exemplare der Paperback-Ausgabe verkauft.

Port will eine klare Trennlinie zwischen sich als Reisendem und den weniger ernsthaften Touristen ziehen. Er trifft die bewusste Entscheidung, sich auf einen Weg ohne Ziel zu begeben, immer weiterziehend, ohne darüber nachzudenken, woher er kam, oder zurückzuschauen. Der Reisende ist zugleich ein Suchender, der authentische Erfahrungen machen möchte. Während des Romans macht sich Port zu Streifzügen auf, erkundet die Städte, in denen sie sich aufhalten, aber ist niemals zufrieden mit dem, was er vorfindet.

Doch wo ist die Heimat? Wodurch nährt sich das Bedürfnis, zu reisen? Bowles verweigert Antworten darauf, doch es scheint, als würde es für den Autor und seinen Protagonisten kein klar erkennbares Zuhause geben. Die drei Amerikaner eilen von Stadt zu Stadt, ohne sich daran wirklich zu erfreuen oder sich näher mit den anzutreffenden Gegebenheiten zu verbinden. Somit ist der Roman kein klassischer Reisebericht, sondern behandelt die Tatsache, dass die unaufhörliche Bewegung zu einer Art Vermeidungsstrategie werden kann, mithilfe derer die Reisenden vor den wahren Problemen des Lebens und seinen Komplexitäten zu fliehen versuchen.

Durch die Sahara auf der Suche nach einem „magischen Ort" – aus der Filmversion von Bernardo Bertolucci (1990) mit Debra Winger und John Malkovich in den Hauptrollen.

VILHELM MOBERG

Die Auswanderer (1949)

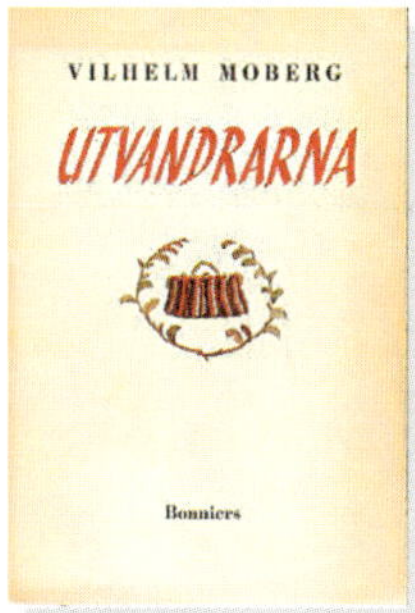

Dieser Roman erzählt die Geschichte einer Gruppe von Menschen, die 1850 ihre Heimat in der Gemeinde Ljuder in der schwedischen Provinz Småland verließen und nach Amerika auswanderten. Sie waren Bauern und Teil der Bevölkerung, die jahrtausendelang in der Region Ackerbau betrieben hatte, der sie nun den Rücken kehrten.

Damit lässt Vilhelm Moberg (1898–1973) *Die Auswanderer* beginnen, den ersten seiner vier Romane über eine schwedische Ansiedlung in Minnesota. An Hunger leidend, mit geringer Bildung und primitiven Transportmöglichkeiten machten sich die fiktionalen Charaktere auf eine Reise, die sie von der Armut der Alten Welt befreien sollte. Die Überfahrt warf allerdings schwelende Fragen hinsichtlich der Möglichkeiten von Selbstverwirklichung in der neuen Heimat auf.

Die Niederschrift stellte sich für Moberg als aufreibend heraus, da er sich selbst als zurückgezogenen Einsiedler beschrieb. Das verallgemeinernd als „Emigrantenroman" beschriebene Epos umfasst beinahe 1400 Seiten, die sich auf die vier Einzelromane *Utvandrarna* (1949), *Invandrarna* (1952), *Nybyggarna* (1956) und *Sista brevet till Sverige* (1959) verteilen. Das Werk beschreibt zutiefst religiöse Schweden, die von Naturkatastrophen heimgesucht werden und sich mit Verfolgung aufgrund ihres Glaubens, Diskriminierung und oftmals Alkoholismus auseinandersetzen müssen.

Das Schicksal der einzelnen Figuren stellt in dramatischer Ausprägung kollektive soziale Probleme dar. Karl Oskar Nilsson ist ein in Not geratener Bauer in Småland, auch das Königreich der Steine genannt, der mit bloßen Händen die Felsbrocken von seinem Acker entfernt. Nur durch diese mühsame Arbeit können er und seine Frau Kristina mit ihrer Familie überleben. Als eine Tochter stirbt und ein Blitz seine Scheune in Brand setzt, verflucht er Gott und entscheidet sich mit seiner Frau zum Auswandern. Robert, sein Bruder, ein Träumer und schlechter Arbeiter folgt ihm wie auch Ulrika, die Dorfprostituierte, die den Geistlichen ihre Dienste zur Verfügung stellt und im Gegenzug als Hure denunziert wird.

Als die Gruppe mit Per Danjel, einem freikirchlichen Pastor, Schweden verlässt, prophezeit Karl Oskar, dass ihm seine Söhne eines Tages dafür danken werden, dass er in die USA ausgewandert ist. Einer langen Fahrt mit dem von einem Ochsen gezogenen Karren folgen zehn Wochen auf dem Atlantik, wo viele krank werden oder sterben. Die Auswanderer ziehen in den USA an den Großen Seen vorbei und nehmen auf dem Mississippi einen Schaufelraddampfer, der sie zu den aufblühenden Siedlungen in

Zwischen 1825 und 1930 wanderten 1,2 Millionen Schweden auf der Flucht vor Armut aus. Vilhelm Moberg sah in diesem Exodus das bedeutendste Ereignis in der Geschichte des Landes.

Als Sozialdemokrat und Monarchiekritiker wurde er häufig vom politischen und literarischen Establishment des Landes ausgestoßen, was ihn möglicherweise den Nobelpreis für Literatur kostete. Moberg wurde vom allgemeinen Lesepublikum geliebt und war 55 Jahre höchst populär. Krank und erschöpft nahm er sich 1973 das Leben.

Minnesota bringt. Dort finden sich 1850 nur wenige Europäer, und von denen stammen gerade mal eine Handvoll aus Schweden. Vor ihnen liegt das noch nicht besiedelte Land von Chisago County, dessen sich lang erstreckende Hügelketten an Schweden erinnern. Unbeeindruckt von den Beschwernissen bahnt sich Karl Oskar den Weg durch den unberührten Wald und entdeckt ein Terrain, das im Gegensatz zu seinem schwedischen Acker nicht von Felsbrocken durchzogen ist. Hier steckt er sich auf dem dunklen und reiche Ernten versprechenden Lehmboden einen Claim ab, und wie sich zeigt, lohnt sich die schwere Arbeit. Karl Oskar und seine Frau Kristina bringen es zu einem Gehöft und ihre Familie gedeiht. Per Danjel findet gleichgesinnte Gläubige, während Ulrika an Respekt gewinnt und ausgerechnet einen Pastor heiratet. Chisago County wird zu einer Art Schwedisch-Amerika.

Hier könnte die Erzählung enden, doch wie ein Kritiker bemerkte, dringen langsam Schlangen in das Paradies ein. Robert und andere verfallen der „Wanderlust" gen Westen oder verschwinden auf der Suche nach Goldminen. Einige versagen bei der Bestellung des Bodens oder werden Alkoholiker. Kristina wird nicht wirklich in Amerika heimisch; sie stirbt im Kindbett, woraufhin Karl Oskar erneut Gott verflucht. Er verbringt seine letzten Jahre in Melancholie: Anhand eines Ortsplans von Ljuder versinkt er in Erinnerungen an die Orte, an der er ihr in der Jugend den Hof machte. Die Söhne blühen in den USA regelrecht auf, doch das hat seinen Preis. Als Amerikaner sprechen sie kein Schwedisch mehr und kennen das Land nur noch von den nostalgisch überhöhten Erzählungen ihrer an Heimweh leidenden Mutter. Für sie als Erwachsene ist ihr Vater nur ein altmodischer Amerikaner, dem sie niemals danken. Nun ist Karl Oskar nahezu isoliert in einem Land, das er selbst auserwählte. Bis zu seinem Tod 1890 klammert er sich an seine Farm in Minnesota.

Anders als seine Hauptfigur verstand Vilhelm Moberg die oftmals ironischen Wendungen des Lebens. Auch er stammte aus Småland und durchstreifte die USA von 1948 bis 1965, um für diesen und andere Romane zu recherchieren. Zuerst lobte er das Nachkriegsamerika als Bastion der Freiheit und des fortschrittlichen Denkens. Doch die politische Hexenjagd eines Joseph McCarthy, die Verhaftung von Charlie Chaplin aufgrund seiner Sympathie für die politische Linke und der Vietnamkrieg weckten Zweifel an seiner romantischen Verklärung. Später schrieb Moberg, dass er – ähnlich wie der alternde Karl Oskar – so unbeweglich sei wie ein schwedischer Granitblock und sich nicht an die Größe und Vielgestaltigkeit der USA anpassen könne.

Bei einer unter Schweden durchgeführten informellen Leserbefragung wurde *Die Auswanderer* am häufigsten als das bedeutendste schwedische Werk des 20. Jahrhunderts genannt. Das war ein Zeichen der Anerkennung sowohl für Mobergs feines Gespür für die Befindlichkeiten seines Volkes als auch für seine Einsicht in universelle menschliche Erfahrungsmuster.

Flucht aus dem harten Leben auf dem Bauernhof. Zeittypisches Gemälde zum Thema „Ernte in Närke, Svealand (südliches Mittelschweden)" aus dem 19. Jahrhundert von einem unbekannten Künstler.

Und jenseits der Reichweite ihrer Blicke kämpften ihre Gedanken weiter. Sie wagten sich auf nie befahrene Straßen, hinab zu einem nie gesehenen Meer und sogar auf die andere Seite des Ozeans.

Alejo Carpentier

Die verlorenen Spuren (1953)

Mitte des 20. Jahrhunderts machte sich der kubanische Autor Alejo Carpentier nach Südamerika auf, um herauszufinden, ob es in den Wäldern noch unerforschtes Terrain gab.

Alejo Carpentier machte sein ganzes Leben falsche Angaben zu seinem Geburtsort. Er behauptete, in Havanna geboren zu sein, kam aber tatsächlich in Lausanne in der Schweiz zur Welt.

Santa Elena de Uairén, das Vorbild des entlegenen venezolanischen Außenpostens seines Romans, wurde 1927 von einem spanischen Goldsucher gegründet. 1935 befanden sich dort vier Diamantminen.

Der südamerikanische Dschungel wirkte auf Reisende lange Zeit durch den Reiz des Unerforschten. Jahrhundertelang vermuteten spanische Konquistadoren in seinen Tiefen El Dorado, das verlorene Königreich des Goldes. Am Ende des Zweiten Weltkriegs standen die tropischen Wälder Südamerikas kurz davor, seine Anziehungskraft zu verlieren. Der Ölboom Venezuelas regte das Interesse an Flugreisen an, woraufhin man bislang unbekannte Teile des Dschungelterrains erschloss.

Der kubanische Autor Alejo Carpentier, der in der durch Öl reich gewordenen Stadt Caracas in der Werbung arbeitete, wollte noch einen Blick auf Venezuelas Wildnis werfen, solange sie existierte. 1947 reiste er nach Santa Elena de Uairén und stellte sich dort die Frage: „Ist es in dieser modernen Ära immer noch möglich, Abenteuer in der Wildnis zu erleben?" Das auf diesen Erfahrungen basierende Buch wurde 1953 unter dem Titel Los Pasos Perdidos (Die verlorenen Spuren) publiziert.

Der namenlose Protagonist des Romans ist ein gescheiterter Komponist und Musikwissenschaftler, der des hektischen, aber seelenlosen Lebens in New York City überdrüssig ist.

Freudig unternimmt er auf Anfrage des nordamerikanischen Museums eine Reise ins südamerikanische Hinterland, um seltene Musikinstrumente der Ureinwohner aufzuspüren. Er bereist die ausgedehnten Landstriche Venezuelas mit Flugzeug und Bus und schließlich mit einem Kanu die gewundenen Flüsse. Auf dem Weg in das Dickicht des Dschungels stellt er sich vor, eine Zeitreise zu unternehmen. Er spielt mit dem Gedanken, ein Konquistador zu sein, und gibt vor, mit seinen Gefährten El Dorado zu suchen, das auch unter dem Namen Manoa bekannt ist:

> Wir alle spürten ein Drängen, aufzustehen, aufzubrechen und noch vor Morgenanbruch das Tor zu diesem Zauber zu erreichen. [...] Erneut ragten die Türme von Manoa in die Luft. Die Möglichkeit, dass die Stadt existierte, wurde wieder lebendig, da sich der Mythos immer noch in den Köpfen derer fand, die am Rande des Dschungels lebten – also nahe dem Unbekannten.

Zwar fand Carpentier nicht das Königreich aus Gold, doch er gelangte mit dem Flugzeug in nur wenigen Stunden an Orte, für die er früher Wochen oder sogar Monate an Reisezeit benötigt hätte. In *Die verlorenen Spuren* findet der Protagonist schließlich die Musikinstrumente, entscheidet sich aber, für immer im Hinterland zu bleiben, verzaubert durch die bescheidenen Möglichkeiten, die eine kürzlich erbaute Siedlung wie Santa Mónica de los Venados bietet. Von Carpentiers zurückgezogenem Blickwinkel aus gesehen bestand die Chance, in diesem wilden Utopia eine neue Zivilisation zu gründen.

Die verlorenen Schritte wurden nach Erscheinen der Originalausgabe 1953 in mehr als 20 Sprachen übersetzt.

Was den Roman so fesselnd macht, sind nicht die schon oft gehörten Allgemeinplätze über einen Garten Eden im Dschungel, sondern die Erkenntnis des Protagonisten, dass dieses Paradies eine Schimäre seiner Vorstellungskraft ist. In seinen Tagebuchaufzeichnungen berichtet der Autor von Ölfeldern und Diamantenminen, die er auf seiner Fahrt in den Dschungel sieht. Tatsächlich war Santa Elena de Uairén, das Vorbild für die Stadt im Roman, für ein beachtliches Diamantenvorkommen bekannt, und Flüge nach Caracas fanden dreimal wöchentlich statt. In der Erzählung platzt der Traum von einer ursprünglichen Wildnis schnell, denn nahe der Stadt wird ein riesiger Diamant gefunden, Vorbote eines folgenden Booms. Carpentiers Protagonist wird in seine alltägliche Welt des Jobs, der zu bezahlenden Rechnungen und seiner Frau zurückgerissen, die auf ihn wartet. Er ist nicht mehr in der Lage, die *verlorenen Spuren* zur idyllischen Wildnis zu finden. Das unberührte Territorium, das Carpentier und seine Hauptfigur ersonnen haben, ist nicht mehr zugänglich, außer in der Literatur. In der Gegenwart – und das ist eine Erkenntnis, die der Roman impliziert - verbergen sich die spannendsten Abenteuer nicht mehr in einem Landstrich, sondern auf den Seiten eines Buches.

1954–1999

3 Postmoderne Neue Wege

Das Auto erleichterte den Aufbruch zu neuen Horizonten und brachte eine völlig neue Infrastruktur mit asphaltierten Autobahnen, Tankstellen und Motels hervor.

Frau am Steuer im Rückspiegel … von dem Dokumentarfotografen Homer Sykes, Los Angeles, 1969

Motels in den USA

VLADIMIR NABOKOV

LOLITA (1955)

Der überwiegende Teil von Nabokovs erstem amerikanischen Roman ist ein Zickzack-„Road Trip" durch die USA, seine neue Heimat. Mit von der Partie: ein krimineller und psychisch labiler Erzähler und seine gefangene Stieftochter – die namengebende Lolita.

Angeblich spürte Vladimir Nabokov den „Anfangsschmerz" von *Lolita* 1939 in Paris, nachdem er die Nachricht über einen Affen gelesen hatte, der „nach Monaten der Anleitung durch einen Wissenschaftler die erste Zeichnung eines Tieres produzierte – sie zeigte die Gitterstäbe des Käfigs der unglückseligen Kreatur".

Nach der Auswanderung in die USA unternahm Nabokov auf der Suche nach seltenen Schmetterlingen ausgiebige Reisen, bei denen er den Roman niederschrieb, während seine Frau Véra am Steuer saß.

Der Erzähler von Vladimir Nabokovs berüchtigtem Roman heißt Humbert Humbert. Er ist ein europäischer Auswanderer, Möchtegern-Schöngeist, Erz-Narzisst und ein vollkommen gestörter Zwangscharakter, dessen Obsession sich auf eine bestimmte Art junger Mädchen im Alter zwischen neun und vierzehn Jahren richtet. (Oder Nymphlein, um Humberts lächerlichen Neologismus zu verwenden.) Sich von einem seiner zahlreichen Nervenzusammenbrüche erholend, zieht Humbert nach Ramsdale (New England), wo er bei der einsamen Witwe Charlotte Haze und ihrer „wertvollen" zwölfjährigen Tochter Dolores (alias Lolita) logiert. Humbert heiratet Charlotte beinahe augenblicklich, mit dem Plan sie zu ermorden, um an ihre Tochter zu gelangen. Dann entdeckt Charlotte das Tagebuch ihres Ehemanns und ist so verzweifelt und panisch, dass sie flieht und bei einem Verkehrsunfall ums Leben kommt. Nun ist Humbert „befreit" und macht sich mit seinem ihm ausgelieferten Mündel zum ersten von zwei „Road Trips" durch die USA auf. Jede einzelne Reise wirkt durch eine immanente Textur, die den weiteren moralischen und psychischen Verfall einer der monströsesten literarischen Kreationen dokumentiert.

Eine so ausgedehnte Fahrt zwingt die Teilnehmer zwangsläufig zu großer Nähe und somit kommt Nabokovs Analogie des „Road Trips" zur Ergründung der Missbrauchsbeziehung seiner Protagonisten einem Geniestreich gleich. Humbert und Lolitas intimes Verhältnis widerspricht normalen Maßstäben und ist zudem strafbar. Die Grenzüberschreitung vom Gedanken zur tatsächlichen Tat bedeutet für Humbert, dass es keine Rückkehr mehr gibt. Die Reise zu beenden, würde das Risiko der Entdeckung in sich bergen und zudem Lolitas Schuldgefühl zerstören, sie trage an allem die Schuld, was ihr von Humbert eingeredet worden war.

Wie sein geschwätziger Erzähler stammte auch Nabokov aus der Alten Welt. Das erlebte Gefühl der Fremde durchzieht den gesamten Roman und wird bei Humberts Flucht besonders deutlich. Das Befremdliche und Verstörende wird zudem durch Nabokovs Schachzug verstärkt, einen psychisch instabilen und moralisch verkommenen Erzähler einzusetzen, der sich weit von den Normen und Werten einer zivilisierten Gesellschaft entfernt. Das neue und „unheimliche Amerika" (mit seinen realen und fiktionalen Handlungsorten) wird durch eine rasant anmutende Erzählung lebendig beschrieben, angemessen für ein Leben im Übergang. Der Erzähler betrachtet es durch die Windschutzscheibe oder durch das Fenster eines Motels:

Nachfolgende Doppelseite: Folgende Seite: „Billiges Zimmer zu vermieten, 1,25 Dollar pro Nacht." Durch den Boom der Motels – das erste hieß Milestone Motel – konnte eine neue Generation von Reisenden beherbergt werden.

> Nous connûmes (was eine königliche Freude es doch ist), all diese vermeintlichen Verlockungen mit ihren sich wiederholenden Namen [zu sehen] – all diese Sunset Motels, U-Beam Cottages, Hillcrest Courts, Pine View Courts, Mountain View Courts, Skyline Courts, Park Plaza Courts, Green Acres, Mac's Courts.

Jedes Sunset Motel oder U-Beam Cottage bedeutet für Lolita eine Nacht des sexuellen Missbrauchs. Dass der sexuelle Akt nicht explizit beschrieben wird, verstärkt den Effekt der Beklemmung und des Unbehagens. Statt deskriptiver Aussagen „erotisiert" Nabokov Humberts Sprache so sehr, dass der Missbrauch fast schon abstrakt wirkt. Eine schlichte Reiseerzählung wird durch Humberts unterschwellige Wortwahl pervertiert. Ihre Route begann mit einem „[Po]-Wackeln und [sich] Winden", wonach sie sich „nach Süden schlängelten" und „tief [in das Herz von Dixieland] vorstießen" – eine Reise, die damit endet, dass sie in den „Schoß des Ostens" zurückkehrten.

Nach einem Jahr auf der Straße bekommt Humbert Angst, dass die „schuldvolle Weiterreise" möglicherweise ihr „Geschick im Vortäuschen beeinträchtigen" kann. Doch nach Monaten verkrampfter Bemühungen eines „normalen" Zusammenlebens übermannt Humbert die Paranoia und das Paar macht sich erneut auf den Weg. Diesmal fahren sie Richtung Westen, wobei Humbert die geheime Hoffnung verspürt „einen Abstecher nach Kalifornien zu machen, zur mexikanischen Grenze, zu den mythischen Buchten, der Saguaro-Wüste mit ihren Fata Morganen", weil „ein Ortswechsel die traditionelle Kur für verzweifelte Liebende und Lungen ist". Wenn Humberts erster „Road Trip" ein schlüpfriger Fiebertraum von verbotenen Früchten und erfüllter Lust ist, wird sein zweiter zu einer nicht enden wollenden Reise der Paranoia und schlimmsten Verzweiflung.

Humbert Verfolgungswahn hat sich auch in der fixen Idee manifestiert, dass sie verfolgt werden. Während unser unzuverlässiger Erzähler mit jeder Meile wirrer erscheint, kreiert Nabokov eine geschickte Ambiguität hinsichtlich der Frage, ob dieser Verfolger nun existiert oder ob er nur ein Trugbild, ein Zeichen für Humberts zunehmenden psychischen Verfall ist. Damit nähert sich der Roman in einer Stimmung der obsessiven Verblendung seinem unvermeidbaren Ende. Allerdings finden sich Abschnitte, in denen Humberts Fassade des Solipsismus einstürzt:

> Ich erwische mich immer bei dem Gedanken, dass unsere Reise nur von einer widerwärtigen Spur von Schleim verdreckt wurde, der dieses liebenswerte, vertraute und verträumte und riesengroße Land durchzog, das [...] damals nicht mehr als ein Haufen von Landkarten mit Eselsohren, zerstörten Reiseführern, alten Reifen und ihrem Schluchzen in der Nacht war [...], beginnend in dem Moment, wenn ich den Schlaf vortäuschte.

SUNSET
MOTEL
PANEL RAY HEAT
VACANCY
AAA
MOTEL
"The Friendly Place
U.S. HIGHWAYS 60 and 70 . . . East Cit

op''
its . . . BLYTHE, CALIFORNIA

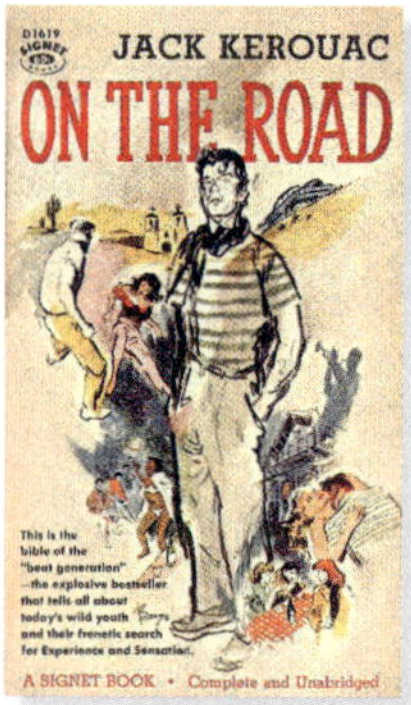

JACK KEROUAC

UNTERWEGS (1957)

Eine hedonistische Fahrt durch den amerikanischen Westen Mitte des 20. Jahrhunderts – von San Francisco bis nach Mexiko – macht Kerouac über Nacht zur Stimme der Beat- und Gegenkultur der Fünfziger.

Kerouac wurde unter dem Namen Jean-Louis Lebris de Kerouac geboren und erzogen und lernte erst im Alter von sechs Jahren Englisch.

Der Besitzer des Indianapolis Colt Football Teams erstand das Originalmanuskript von *Unterwegs* 2001 für 2,2 Millionen Dollar.

Schon vom Augenblick der Publikation an sah man den Roman als allumfassenden Klassiker der amerikanischen Literatur. Er war ohne Unterbrechung lieferbar und stellt eine sublime Version des „American Dream" dar.

Wie *Moby-Dick* und *Die Abenteuer von Huckleberry Finn* ist *Unterwegs* ein Roman, in dem die kreative Reise des Autors zu einer schwierigen, mühseligen und ausgedehnten Niederschrift in jeder Nuance wurde. Jack Kerouac folgte den Fußstapfen von Herman Melville und Mark Twain, und aus dem obsessiven Kampf mit seinem Meisterwerk entwickelte sich eine persönliche Suche, die sich in das Innenleben der literarischen Seele Amerikas erstreckt.

Unterwegs lässt sich als eine lyrische Beschwörung der Kindheit und Jugend und des herausragenden Geistes des ewigen Pioniers beschreiben, die sich zu einer „deliriumhaften" Lobpreisung des Erwachsenwerdens des Autors wandelt. Durchzogen von den Ambitionen und Wünschen, die eine neue Welt mit sich bringt, spricht die Erzählung mit ihrer fieberhaften Aufregung gleichzeitig Leser und Autoren an, die sich den Grenzen des menschlichen Bewusstseins nähern. Darüber hinaus ist *Unterwegs* aufgrund des italienisch-amerikanischen Protagonisten Salvatore „Sal" Paradise auch ein Einwandererroman. Sals Erzählung beginnt mitten im Winter 1947 in New York, wo der junge Paradise „fühlt, dass alles tot war". Der Möchtegern-Autor hängt mit einigen „Beats" sowie ruhelosen und entfremdeten Bohemiens nahe der Columbia University ab. Zu ihnen gehören Carlo Marx (alias Allen Ginsberg) und Dean Moriarty (Neal Cassady).

Als Kerouac die erste Fassung in seine Schreibmaschine hämmerte, beabsichtigte er das „nicht Auszudrückende auszudrücken", ein Ansatz, der das Buch charakterisiert, das zum Urtext der James-Dean-Dekade wurde. Eine große Reise regt die Vorstellung der Leserschaft an, und Kerouacs wiederholte Nutzung der Phrase „das gelobte Land" erinnert an die Hoffnungen der Pioniere, aber auch der Nachkriegsgeneration, die das Grauen des Zweiten Weltkriegs verdrängte. Unterwegs pulsiert im Rhythmus der amerikanischen Fünfziger: Jazz, Sex, Drogen und der dringliche Hunger junger Frauen und Männer nach leidenschaftlichen, überschwänglichen und lebendigen Erfahrungen des Moments bestimmen den Text. Die Erzählung ist eine zeitlose Romanze, eine aktuellere Version von Huck Finns Bestreben, neues Terrain zu erkunden. Für Kerouac bedeutete das Buch einen Spiegel seines Selbst und ein Sinnbild des harten Individualismus der Pioniere.

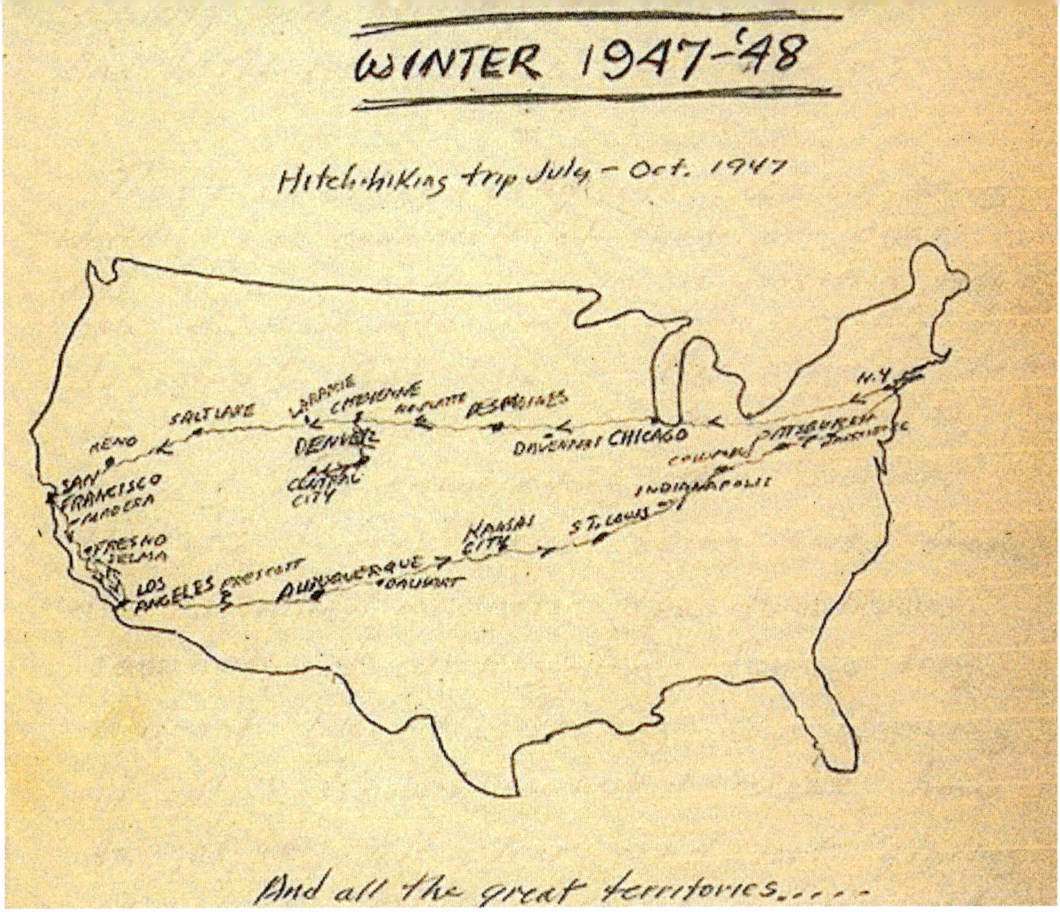

Jack Kerouacs handgezeichnete Karte des Trips „zu allen großartigen Gegenden“.

Auf den Seiten von *Unterwegs* spüren alle Protagonisten den „Lockruf der Wildnis“, ein Drängen, in den Westen zu ziehen. Auf einen Satz reduziert handelt der Roman von der Suche nach der ultimativen Erfüllung, bevor die Finsternis anbricht. Für Kerouac und all die Beatniks bedeutete die Reise alles und die Ankunft nichts. Sal Paradise jagt Mädchen hinterher, trinkt bis tief in die Nacht und wählt den harten, wilden Weg, doch das mystische „Es“ bleibt ihm immer verwehrt. Der Leser folgt ihm (und dem charismatischen Dean Moriarty), die für deutliche Erinnerungen an eine vergessene Jugend stehen, all die magischen Jahre, als sich alle unsterblich fühlten.

Die erste der fünf Reisen in den Westen (und schließlich Mexiko) wurde in einer Sprache ausgestaltet, die Kerouacs Vision glaubwürdig erscheinen lässt, so ungewöhnlich sie auch anmuten mag: „Und so begann meine Erfahrung auf der Straße und das, was noch kam, war zu fantastisch, um es nicht zu erzählen.“ Bei Sals Trip in den „so lang ersehnten Westen“, trifft er alle nur erdenklichen Pioniere der Nachkriegszeit:

> Schon bald stand die größte Fahrt meines Lebens an, auf der Ladefläche eines Trucks mit sechs oder sieben Jungs, die sich da ausgebreitet hatten, und die Fahrer lasen jede Seele auf, die sie fanden ...

Gegenüber:
Das erste UK-Cover von *Unterwegs*, veröffentlicht 1958 von Andre Deutsch.

Aber es ist Dean Moriarty, „der gelobte Durchgeknallte", in dessen Bann Sal steht, ein Charakter mit „der unglaublichen Energie eines neuen Heiligen Amerikas". Er ist es, der die bedeutendsten Seiten von *Unterwegs* mit Leben erfüllt: „Er war BEAT – die Wurzel und die Seele eines Glückseligen." Nachdem die beiden Carlo Marx getroffen haben, entwickelt sich der Roman zu einem historischen Dokument. Nach Ende der ersten Reise vergeht ein Jahr, bevor sich Sal auf die Suche nach Moriarty begibt, dabei in Frisco endet und Ausschau nach „Gurls, Gurls, Gurls" hält. Weiter geht es nach Mexiko, damals der ultimative Trip für jeden jungen Amerikaner, wo sie „Alk" hinterherjagen, „Gurls" und Drogen. Schließlich endet der Weg in Newark. Für Sal, der sich mit den „einsamen Lumpen des Älterwerdens" auseinandersetzen muss, war Moriarty „der Vater, den wir niemals fanden".

Die „innere Reise" von *Unterwegs* ist der quälenden Komposition geschuldet. Nur wenige Manuskripte von Klassikern haben eine solch seltsame Entstehungsgeschichte. Kerouac begann mit der Niederschrift als Seemann eines Handelsschiffes im Zweiten Weltkrieg. Seine erste fiktionale Arbeit *The Town and the City* erhielt schlechte Besprechungen, brachte ihn aber in Kontakt mit Neal Cassady. Ihr Treffen 1947 in Harlem wurde zur Eröffnungssequenz seines zweiten Buchs.

Zu dem Zeitpunkt war *Unterwegs* als Roman eines Suchenden konzipiert, ähnlich John Bunyans *Die Pilgerreise*. 1949 machte sich Kerouac nach San Francisco auf, ein Ausflug, der sich zum dritten Abschnitt seiner Arbeit entwickelte. 1950 nahm Cassady ihn mit nach Mexiko (vierter Teil). Zwischenzeitlich schuftete Kerouac weiter und schloss Freundschaft mit William Burroughs und Allen Ginsberg, die beide eine großen Einfluss auf den finalen Text hatten. Damals entwickelte der Autor einen Nonstop-Tipp-Stil auf der Schreibmaschine („kick-writing"), um den Schwung seiner Darstellung aufrechtzuerhalten. Dabei – und das ging in die Geschichte ein – klebte er circa vier Meter lange und zurechtgeschnittene Bögen von Zeichenpapier aneinander und spannte sie in seine Schreibmaschine, wodurch er kontinuierlich weiterschreiben konnte. Kerouac ernährte sich von Bohnensuppe, warf Benzedrin ein und startete im April 1951 einen dreiwöchigen Tipp-Marathon auf, bei dem die essenzielle Vorlage für *Unterwegs* (fast 90 000 Wörter) fertiggestellt wurde.

Nach der ekstatischen Frühjahrsarbeit schrieb er weiter an der Rolle. 1956, nach zahlreichen Gefühlsschwankungen, überarbeitete er den Text erneut für die Veröffentlichung im September 1957. Seine Verleger, die mit einem in einer Obsession gefangenen Autor zu tun hatten, schickten ihm aus Panik vor weiteren Veränderungen niemals Korrekturbögen.

Nach dem Erscheinen des Buches wachte Kerouac auf und war berühmt! Die *New York Times* erklärte, dass die Veröffentlichung „einem historischen Augenblick gleichkommt, denn die Publikation authentischer Kunst bedeutet eine große Zäsur in einem Zeitalter, in dem die Aufmerksamkeit fragmentiert und die Vernunft von modischen Superlativen vernebelt ist". Der Rest ist Geschichte.

DOWN TOWN CARWASH 9
ON THE ROAD
Liquor
Girls
Fun
JAZ
BUS STOP
OLA
LOANS
Len Deighton
JACK KEROUAC

Im australischen Outback

PATRICK WHITE

VOSS (1957)

Der viel gelobte Roman erzählt das Schicksal des archetypischen Forschers Friedrich Wilhelm Ludwig Leichhardt (hier Voss genannt) und seinen Kampf mit der gnadenlosen Natur des Kontinents nach.

Der in London als Kind australischer Eltern geborene Patrick White (1912–1990) war Romanautor, Dramatiker und Dichter. Seine Familie wanderte nach Australien aus, wo er den Großteil seines Lebens in Sydney verbrachte. 1973 wurde ihm als bislang einzigem Australier der Nobelpreis verliehen.

Voss wurde seit 1957 in 23 Sprachen übersetzt.

Das Werk gilt heute als Klassiker, löste aber bei der Erstveröffentlichung ein geteiltes Echo aus.

Die Forschungsreise in Voss ist auf zwei Ebenen angelegt: als eine tatsächliche Expedition, die die Physis des Protagonisten fordert, und als Innenreise zum Fundament seiner Seele. Diese Erkundungen spielen sich in der Wildnis Australiens ab, die allgemein als „Outback" oder „der Busch" bezeichnet wird. Sie symbolisieren die Essenz der Lebensreise eines Individuums und zugleich der gesamten Menschheit.

Das „Outback" hat eine überragende Präsenz in den Vorstellungen der Australier, denn hinter den bewohnten Ausläufern des Kontinents beginnt eine riesige, überwältigende Landschaft, dürr, karg und beinahe unbewohnbar. Dennoch zog das fremdartige Terrain, das ebenso faszinierend wie beängstigend ist, die ersten Siedler geradezu magisch an. Sie fühlten sich herausgefordert, diese unendlichen Landstriche zu bezwingen und an die am entferntesten gelegenen Orte zu gelangen, fast als würde dieser Versuch schon Autorität und Herrschaftsanspruch verleihen.

Patrick White bewahrte diese Dichotomie in seinem Roman Voss, der 1957 erschien und internationale Anerkennung erlangte. Als ihm 1973 der Nobelpreis verliehen wurde, lobte man seine einzigartige Beschreibung der australischen Landschaft, mit der er durch eine „episch und psychologisch narrative Kunst … der Literatur einen neuen Kontinent vorstellte".

In seinem Heimatland empfanden viele Leser Whites ungewöhnlichen Satzbau als befremdlich, den ein Kritiker als „über-literarische Arabeske" verunglimpfte. White kreierte einen neuen Stil und versuchte, das Metaphysische zu vermitteln, kämpfte in eigenen Worten darum, „neue Formen aus Steinen zu formen und Worte aus Ästen". Somit wurde der Autor selbst zu einem Forscher, der in einem neuen stilistischen Territorium kämpfte, inspiriert durch die Landschaft, der er eine eigene Stimme zu geben versuchte. Einige Leser empfanden den kompromisslosen deutschen Mystizismus als undurchdringlich, der einen Charakter beschreibt, der von nietzscheanischen Ansprüchen und hitlerischer Gigantomanie verzehrt wird. Voss macht sich mit geradezu ketzerischer Arroganz dazu auf, die Natur durch die eigene Willensanstrengung zu besiegen. Auf die Frage, ob er eine Landkarte studiert habe, antwortet er, der Erste zu sein, der sie zeichnet. In einer nahezu gottähnlichen Haltung

Mich überwältigt dieses Land [...] Ich werde den Kontinent von einem Ende zum anderen durchqueren. Mir liegt alles daran, ihn mit meinem Herzen zu kennen.

begegnet er der Landschaft mit einer Feinseligkeit, da er sie als einzigen ihm würdigen Opponenten ansieht. Laut Whites Angaben kam er während des Blitzkriegs in London auf die Idee zum Roman, die durch seine Erfahrungen im Wüstenkrieg untermauert wurde. Die direkte Inspirationsquelle war die australische Landschaft, dazu aber auch der preußische Forscher Ludwig Leichhardt (1813–1848), der bei dem Versuch ums Leben kam, den Kontinent von Ost nach West zu durchqueren. Während der Erzählung manifestiert sich die Beobachtung der bereisten Landschaft in Voss' Innenleben, das er als sich entfremdend, „stachelig" quälend und unbarmherzig empfindet. Das „Outback" wird selbst zu einem Protagonisten, während Voss zum Horizont des bekannten „Selbst" vordringt und danach in ein „ähnlich verwirrendes Land". Whites „Wüsten-Metaphern" haben biblische Untertöne, wurzeln aber auch in den archetypischen Reisen von Odysseus. Letztendlich wird das Land zu einem Ort des Verlusts statt eines Gewinns, denn Voss kann die Natur aufgrund seiner Arroganz nicht bezwingen.

Cover-Artwork für die Erstausgabe 1957, designt von Sidney Nolan – einem der international gefeiertsten australischen Künstler und Patrick Whites lebenslanger Freund und Mitarbeiter.

Zu Beginn der Expedition hatte das Vorhaben bei den Männern einen geradezu mythischen Status. Sie starteten in einer fruchtbaren Küstenlandschaft und unternahmen von da aus einen „Abstieg in die Hölle", wo sie ihre „eigene Legende schrieben". Der erste Handlungsort des Romans steht für das Oberflächliche und Endliche, während im weiteren Verlauf das Mystische und das Unendliche dominieren. Kritiker erkannten darin die Atmosphäre bei William Wordsworth oder auch Charaktere aus Thomas Hardys „Wessex"-Romanen wieder.

Schließlich werden die durch Voss' Kampf gegen die Natur gewonnenen Erkenntnisse von Laura ausgesprochen: „Wissen wurzelte niemals in der Geografie ... es überflutet alle existierenden Landkarten ... und taucht nur durch den Foltertod im Land des Bewusstseins auf." Hier wird der Forscher zu einer Metapher für alle Menschen, deren Leben eine unerkundete Wüste darstellen und deren Leid und Demütigung die Voraussetzungen für ein spirituelles Durchdringen sind.

BORIS PASTERNAK

DOKTOR SCHIWAGO (1957)

Während des Ersten Weltkriegs verliebt sich ein talentierter Arzt aus Moskau in eine Krankenschwester, die ihren Mann sucht, einen Soldaten. Im Laufe der Jahre reist er durch Russland, und diese Liebe verwandelt und zerstört ihn.

Der in Moskau geborene Boris Pasternak (1890–1960) sollte Komponist werden, wandte sich aber der Dichtkunst zu. Seine Arbeiten waren so beliebt, dass einige Generationen die Gedichte auswendig lernten.

Als er politisch in Ungnade fiel, wurde das Manuskript des Romans nach Italien geschmuggelt und dort 1957 veröffentlicht.

Pasternak erhielt dafür den Nobelpreis, musste ihn jedoch aus politischen Gründen zurückgeben.

Doktor Schiwago ist gekennzeichnet durch viele Reisen, bei denen die Charaktere Russland auf der Suche nach Sicherheit durchqueren und ideologische oder persönliche Träume verfolgen. Eine Schlüsselszene spielt sich bei einer dreitägigen Zugfahrt durch den Schnee ab, in so erbärmlichen Waggons, dass sie Tonia Schiwago als „nicht besser als ein Stall auf Rädern" beschreibt. Für den jungen Arzt Juri Schiwago, der das verarmte, revolutionäre Moskau mit Tonia und ihrem Sohn verlässt, sind die vielen Unbequemlichkeiten ein hinnehmbarer Preis, um Tonias einstiges Familienanwesen in Warykino, Sibirien, zu erreichen. Obwohl es nun kollektiviert ist, erhoffen sie sich dort Schutz und Nahrungsmittel und vermeiden zugleich die Überprüfung durch die paranoiden Revolutionäre der Hauptstadt.

Es sind Zeiten der Verzweiflung: Nach der Revolution von 1905 und dem Schrecken des Ersten Weltkriegs bestimmt die Russische Revolution 1917 das Leben. Schiwago sympathisiert mit den Bolschewiki, empfindet aber eine brennende Leidenschaft für die Poesie und Lara Antipow. Während des Krieges begegneten sie sich in einem Militärkrankenhaus, ignorierten jedoch ihre Gefühle. Erst als sie sich zufällig nach Schiwagos Ankunft in Warykino treffen, gestehen sie sich ihre Liebe ein.

Während der Krieg und die Revolution toben – „über den Feldern explodieren Kanonenkugeln und schießen wie feurige Regenschirme hinab" –, erzählt der Autor eine Liebesgeschichte wie kein anderer.

Pasternak beschwört emotionale Wirren und Angst herauf, gespickt mit einer realistisch glamourösen Note, zeigt jedoch ein tiefes Verständnis für jeden seiner Charaktere. Schiwago ist ein anständiger Mann und liebt seine Frau, doch mit Lara verbindet ihn eine unvergleichliche intellektuelle und geistige Beziehung. Lara liebt immer noch ihren abwesenden Mann Pascha, für den sie sich zum Fronteinsatz meldet und der angeblich gefallen sein soll, jedoch eine unbarmherzige Rebellengruppe anführt.

Der von seinen Gefühlen hin und her gerissene Schiwago wird von den Partisanen gefangen und wieder freigelassen, aber Tonia und ihre Familie werden deportiert und Lara ist unmittelbar gefährdet, da ihr Mann auf der „Abschussliste" der neuen Machthaber steht. Schiwagos ungelöste und

quälende Gefühlswelt lässt sich als Analogie des Übergangs des alten Russlands zur damaligen Sowjetunion interpretieren.

Julie Christie und Omar Sharif auf dem Weg zum Zug. Filmfassung 1966.

Aber auch Pasternaks eigene Beziehung beeinflusst das Buch, da seine Assistentin und Geliebte Olga Ivinskaja die Inspiration für den Roman gewesen sein soll. Nach der Publikation des Buches denunzierte sie Pasternak beim KGB.

Die Handlung des Romans ist von Reisen durchzogen, die die persönlichen Krisen der Protagonisten widerspiegeln und die hektische Transformation des Landes hin zu einer menschenfeindlichen Zukunft. Obwohl Liebe und Verlust eine zentrale Rolle spielen, ist die Erzählung auch ein Manifest für die Kunst. Doktor Schiwago reflektiert: „Kunst hat zwei Konstanten, zwei niemals endende Hauptanliegen: Sie ist eine Meditation über den Tod und kreiert dabei immer das Leben.“ Dieser Roman, dessen Botschaft sich im Laufe der Zeit als zunehmend dringlicher erwiesen hat, steht für die Verkörperung dieses Glaubensbekenntnisses.

Und denken Sie daran: Sie dürfen niemals verzweifeln, unter keinen Umständen. Hoffen und handeln, das sind unsere Pflichten im Unglück.

JOHN UPDIKE

HASENHERZ (1960)

Ein desillusionierter ehemaliger Highschool-Basketballstar entflieht dem trostlosen Leben als Ehemann und Vater in einer Kleinstadt, kehrt jedoch zurück und beginnt eine Beziehung mit einer anderen Frau.

Updike verfasste vier „Rabbit"-Romane: *Hasenherz* (1960), *Unter dem Astronautenmond* (1971), *Bessere Verhältnisse* (1981) und *Rabbit in Ruhe* (1990), und später noch *Rabbit, eine Rückkehr* (2001), der von den Kindern der Hauptfigur handelt.

In Harvard wurde Updikes Bewerbung für den prestigeträchtigen Kurs „Kreatives Schreiben" zweimal abgelehnt.

Als junger Mann träumte er davon, Comic-Zeichner zu werden und studierte an der Ruskin School of Art der Oxford University, bevor er in die USA zurückkehrte und für den *New Yorker* schrieb.

„Um irgendwohin zu gelangen, muss man sich ausmalen, wohin man will, bevor man loszieht." Diese weisen Worte werden von Harry „Rabbit" Angstrom ausgesprochen, dem jungen und sexuell begierigen Helden von Updikes *Hasenherz (Rabbit, Run)*, bei einer Unterhaltung mit einem unwirschen, angetrunkenen Tankwart. Rabbit ist gerade seiner schwangeren Frau und seinem Sohn entflohen. Er schlich sich mit seinem 1955er Ford aus der Stadt, mit der „halbgaren" Idee, die ganze Nacht über die „weiten, sanften Ausläufer des Landes" zu fahren, um am Morgen Floridas weiße Sandküsten zu erreichen. Die Warnung des angetrunkenen Mannes ignorierend, fährt Rabbit weiter und verirrt sich.

Updike erklärte einmal, *Hasenherz* sei partiell eine Antwort auf die romantisierten Helden von Kerouacs *Unterwegs*, um zu zeigen, „was geschieht, wenn ein junger amerikanischer Mann sich auf den Weg macht – es verletzt die Zurückgebliebenen". Sechs Jahrzehnte nach der Publikation liest sich Updikes Roman immer noch als eine fein ausgearbeitete Moralgeschichte, die die Sinnlosigkeit einer Flucht als Mittel zur Selbstverwirklichung darstellt. Updike drückt aus, dass Rabbit überallhin fliehen kann, doch niemals vor sich selbst.

Am Anfang des Romans lernen wir Rabbit kennen, einen alternden Highschool-Basketballstar, der seine Tage damit verbringt, Küchengeräte in einem Billigladen zu verkaufen, und in der Nacht in einer lieblosen Ehe mit einer unscheinbaren Frau und Alkoholikerin gefangen ist. Er sehnt sich nach einem Leben, das seinem gedanklich überhöhten Potenzial entspricht. Trotz mangelnder Bildung und fehlender Vorstellungskraft fühlt er sich zur Flucht gezwungen.

Hinter dem Lenkrad seines Fords verlässt er die Heimatstadt Brewer in Pennsylvania – eine Anspielung auf Updikes Wohnort Reading in Pennsylvania – in Richtung Osten. Allerdings ist Rabbit Angstrom kein Dean Moriarty, sondern ein Kleinstadtbewohner, der noch nirgendwo anders gewesen ist, sich nach 20 Meilen verfährt und befürchtet, dass ihm die Staatspolizei auf den Fersen ist.

Er fährt meist nach Gefühl durch Lancaster nach Maryland, hört die Radiosender der Kleinstädte und träumt davon, unter „der weißen Sonne

Richtung Süden. „Benzin" von Edward Hopper (1940).

des Südens [aufzuwachen], die wie ein großes, weißes Kissen erscheint". Er verfährt sich jedoch immer weiter.

In West Virginia sucht Rabbit nach einer Abkürzung, nimmt eine unbenannte Straße, die sich verengt und auf einen „Liebesparkplatz" mündet.

Verirrt, einsam, frustriert und verängstigt fährt er zurück, und seine große Flucht endet in einem demütigenden Fiasko. Statt zu seiner Frau zurückzukehren, beginnt er eine Beziehung mit einer ehemaligen Prostituierten, die schließlich ein Kind von ihm bekommt. Rabbit wirkt wie ein großer Junge und ist Gefangener des unersättlichen Appetits auf Sex und seines übergroßen Egos. Doch wie eine Spinne ist er in einem aus fehlgeleiteten Ambitionen gewobenen Netz gefangen, und so verheddert er sich mit jeder Bewegung noch enger in seiner unausweichlichen Durchschnittlichkeit.

Updike schrieb noch drei weitere Rabbit-Romane, die seinen Protagonisten im Liebeskummer und in einer Phase finanziellen Erfolgs zeigen. Harry „Rabbit" Angstroms Leben findet durch einen Herzinfarkt ein frühes Ende. Doch die Richtung, die dieses Leben nimmt, wird von der im ersten Roman dargestellten Nacht bestimmt, in der er egozentrisch davon träumt, seinem eintönigen Leben zu entfliehen. Allerdings wird er hier schon mit der Erkenntnis konfrontiert, dass er nichts weiter ist als ein ganz gewöhnlicher Mensch.

Ein Wildwest-Abenteuer in Arkansas und Oklahoma

CHARLES PORTIS

TRUE GRIT (1968)

Im Jahr 1870, wenige Jahre nach Ende des Bürgerkriegs, macht sich die vierzehnjährige Mattie Ross auf die Suche nach dem Mann, der ihren Vater erschossen hat. Mit einem ungewöhnlichen Partner wagt sie sich von der Grenzstadt Fort Smith in das „Indianergebiet" in Oklahoma.

Charles Portis arbeitete zunächst als Journalist für die *New York Herald Tribune*, bevor er sich ganz dem Schreiben von Romanen widmete.

True Grit war Portis' zweiter Roman und sein bei Weitem bestverkaufter. Zuerst wurde er als Serie in der *Saturday Evening Post* veröffentlicht, bevor er in Buchform publiziert wurde. Auf Deutsch erschien er 1969 unter dem Titel *Die mutige Mattie*, ab 2012 überarbeitet als *True Grit*.

Die Verfilmung von 1969 mit John Wayne wurde nicht in Oklahoma, sondern in den Colorado Rockies gedreht, das Remake der Coen-Brüder (2010) in New Mexico.

Mit bewundernswerter Offenheit erklärt Mattie Ross, was sie vorhat: „Ich suche den, der meinen Vater getötet hat. Sein Name ist Tom Chaney, und ich suche jemanden, der ihn findet." Damit beginnt die gefährliche Reise zweier ungleicher Partner in einem Klassiker der amerikanischen Literatur.

Der Mann, der den Tod ihres Vaters rächen soll, ist ein einäugiger ehemaliger US-Marshall namens Reuben „Rooster" Cogburn – „ein erbarmungsloser Mann, der keine Angst kennt". Er schlägt sich als freischaffender Gesetzeshüter von zweifelhafter Moral durch, weit mehr vom Adrenalinschub des Abenteuers motiviert als von irgendeiner Leidenschaft für Gerechtigkeit. Tom Chaney soll sich mit einer Bande von Dieben und Mördern in den Bergen der Choctaw Nation im heutigen Oklahoma verschanzt haben. Für hundert Dollar willigt Rooster ein, ihn auszuräuchern.

Begleitet von einem großspurigen Texas Ranger namens La Boeuf überqueren die beiden den Arkansas River, reiten über die bewaldeten Hügel des heutigen östlichen Oklahomas und erklimmen die steilen Hänge der Winding Stair Mountains, wo sich Chaney versteckt. Matties Pony hat große Mühe, mit den Pferden der Männer mitzuhalten. Es ist Winter, Wind und Schnee sind unerbittlich, aber Mattie ist fest entschlossen, die Kälte und das unwegsame Gelände klaglos zu ertragen, um vor den Männern nicht als „Weichei" zu gelten.

True Grit lebt von Matties unbedingter Entschlossenheit, handelt aber auch von der ungewöhnlichen Freundschaft zweier der hartnäckigsten Querköpfe, deren Abenteuer jemals zu Papier gebracht wurden. Rooster gilt als Mann von „echtem Schrot und Korn (true grit)", niemals bereit aufzugeben, und Mattie hat eine ähnliche Hartnäckigkeit, die sie „Mumm" nennt. Obwohl Rooster und LeBouef immer wieder versuchen, sie zurückzulassen, nötigt ihnen ihre Beharrlichkeit Respekt ab. Die schroffe Kameradschaft, die sich zwischen der strengen Kirchgängerin und dem wettergegerbten, trinkfesten Revolverhelden entwickelt, ist nicht nur sehr lustig, sondern auch wunderbar berührend.

Ihre Suche nach Chaney führt sie in die Wildnis von Oklahoma. Zu dieser Zeit war Oklahoma als „Indianergebiet" ausgewiesen, wodurch es faktisch außerhalb der Zuständigkeit staatlicher Behörden lag und zu einem

Zufluchtsort für Kriminelle wurde. Kopfgeldjäger wie Rooster und La Boeuf repräsentierten angeblich die Bundesregierung, waren aber in Wirklichkeit einfach eine andere Klasse von Gesetzlosen. Matties Erwachsenwerden in dieser Welt der Selbstjustiz stellt sich entsprechend episch dar. Sie durchquert den reißenden Arkansas River auf ihrem Pony, eine Art Feuertaufe der Abtrünnigen, und wird in die hohe Kunst des Hinterhalts eingeführt. Zum spannenden Ende gehören eine Schlangengrube, der Biss einer Klapperschlange und ein verzweifelter Wettlauf gegen die Zeit zurück nach Fort Smith.

Heutzutage glaubt kein Mensch mehr, dass ein vierzehnjähriges Mädchen mitten im Winter sein Elternhaus verlassen könnte, um den Mord an seinem Vater zu rächen; aber damals erschien einem das nicht so seltsam – wenn ich auch sagen muss, dass es sicher nicht alle Tage vorkommt.

Charles Portis verbrachte fast sein ganzes Leben in Arkansas und seine profunde Kenntnis der Region, ihrer Menschen und deren Sprache machte ihn dort zu einer Ikone. Vor nicht allzu langer Zeit würdigte ihn der Staat mit der Einrichtung des „True Grit Trail", eines Abschnitts einer Landstraße, der die Route symbolisiert, die Mattie von ihrer Farm in der Nähe von Dardanelle nach Fort Smith und schließlich durch die grünen Ausläufer der Winding Stair Mountains zurückgelegt haben könnte, wo das große Finale des Romans stattfindet. Eine einzigartige Landschaft in einem oft übersehenen Teil Amerikas – und der Schauplatz eines der großartigsten Western, die je geschrieben wurden.

Mattie Ross zieht die Waffe ihres Vaters (Szene aus der Verfilmung von *True Grit* aus dem Jahr 2010). Hailee Steinfeld erhielt eine Oscar-Nominierung für ihre Leistung in dieser Rolle.

VENEDIKT EROFEEV

Moskau – Petuški. Ein Poem (1970)

Wir fahren in einem Pendlerzug mit dem gebildeten, aber vulgären Alkoholiker Wenedikt und jagen einem „Schluck Alk" hinterher; das alles in einer stagnierenden Sowjetunion in der Breschnew-Ära auf einer Reise, die ebenso spirituell wie reich an Spirituosen sein wird.

Der 1970 verfasste Roman zirkulierte während der Breschnew-Jahre in Manuskriptform. In der Sowjetunion erschien das Buch erstmalig 1989.

Erofeev, in anderer Transkription auch Jerofejew (1938–1990), wurde von der Moskauer Universität und dem Vladimir-Institut für Pädagogik mit nicht näher genannten Begründungen verwiesen, zu denen vermutlich der Besitz einer Bibel gehörte und die Weigerung, an militärischen Übungen teilzunehmen. Während der Autor *Von Moskau nach Petuški* verfasste, arbeitete er als Fernmeldetechniker in Moskau.

Der Alkoholiker Wenedikt (der mit dem Autor den Namen und den Hang zu Hochprozentigem teilt) erzählt von seinem Versuch, die 125 Kilometer zur Stadt Petuški mit einem Zug zurückzulegen. Es ist ein mythischer Ort, an dem immer Jasmin wächst und wo sein geliebtes Kind wartet.

Der Reisebericht wirkt überschwänglich humorvoll, aber auch tragisch und verzweifelt. Wenedikts Monolog, den er wie ein Betrunkener vorträgt, verdichtet sich zu halluzinatorischen Szenarien (darunter Gespräche mit Engeln, einer Sphinx und Satan), und am Ende gelingt es ihm nicht, nach Petuški zu gelangen. Das – und die Frage, ob er Moskau jemals verlassen hat – wird im Unklaren gelassen. Am Ende des Romans spaziert er in der Nähe des Kremls, wo er von vier Angreifern attackiert – erinnernd an die vier Reiter der Apokalypse – und getötet wird.

Die Themen des angetrunkenen Vortrags von Wenedikt variieren und beinhalten unter anderem: existenzielles Grübeln, sexuelles Verlangen, romantische Sehnsüchte, Kants Philosophie, eine Analyse des Schluckauf, die Produktivität der Arbeiter in der Sowjetunion und den Komponisten Modest Mussorgsky (einen weiteren berühmten Trunkenbold der russischen Kultur). Dazu kommen noch Rezepte für Parfüms und Gedanken zu Socken-Deodorant. Was zwischen den Stationen „Hammer und Sichel" und Karacharovo geschieht, wird als unaussprechlich erwogen und zwischen den Abschnitten Kilometer 61 und Kilometer 65 erzählen sich Mitfahrende (real oder imaginär) Liebesgeschichten im Stil von Iwan Sergejewitsch Turgenew. Die Kapitelüberschriften werden nach den Stationen benannt, doch der Erzählstrang schweift regelmäßig ab. Der Leser erfährt nichts über Landschaften, ausgenommen die Visionen Wenedikts. „Ist das Leben eines Mannes nicht die momentane Trunkenheit der Seele?", fragt er sich.

Auf der Reise finden sich zahlreiche literarische Referenzen. Das von Erofeev gewählte Genre wird im Englischen als „Poema" bezeichnet (ein langes, erzählendes Gedicht), erinnert partiell an Gogols *Die toten Seelen* und kann zugleich als Parodie auf den pikaresken Roman interpretiert werden. Auch lässt sich Erofeevs Arbeit als eine moderne Fassung von Alexander Nikolajewitsch Radischtschews *Journey from St Petersburg to Moscow* (1790) verstehen, eine

Das Moskauer U-Bahn-Netz im Jahr 1964.

„alkoholisierte" Antithese zum Glauben der Aufklärung an die Vernunft. Neben der russischen Kultur ist Laurence Sternes *Eine empfindsame Reise durch Frankreich und Italien von Mr. Yorick* ein weiterer Referenzpunkt. Wenedikt spielt sogar kunstvoll auf *Tristram Shandy* an.

In *Moskau – Petuški* kommt der Protagonist nicht an seinem Ziel an, sondern am Ausgangpunkt der Fahrt, womit der Text im Widerspruch zum marxistischen Model von der Geschichte als Fortschritt steht, das der offiziell gutgeheißenen realistischen Kunst zugrunde lag. Gegenläufig zur Kultur der Sowjetunion sind auch die spirituellen Konnotationen: Punktiert mit Verweisen auf das Evangelium kann die Reise als blasphemische Anspielung auf die Stationen des Kreuzwegs gedeutet werden.

Neben den Referenzen auf die Literatur finden sich auch Kultur allgemein und Philosophie – neben dem Vulgärem und den Delirien – in Wenedikts Anekdoten und manchmal gleichgültige Bemerkungen. Dadurch zeigt sich der Reichtum des intellektuellen Lebens, das von der Sowjetunion ausgehöhlt wurde. Der Leser wird zu einem engen Freund des Protagonisten. Trotz der Anspielung und der Freiheit der Imagination lassen sich Leere und Verzweiflung erkennen. Moskau ist ein tristes Zentrum, und Wenedikt hat trotz all der dort verbrachten Jahre noch niemals den Kreml gesehen, wohingegen Petuški einem unerreichbaren Eden gleicht. *Moskau – Petuški. Ein Poem* ist zugleich Anklage und literarisches Monument des vorletzten Kapitels der Sowjetunion, einer Phase, die Gorbatschow als „Ära der Stagnation" bezeichnete.

J. M. COETZEE

Leben und Zeit des Michael K. (1983)

Ein Gärtner versucht, seine Mutter zu der Farm zu bringen, auf der sie aufgewachsen ist, und durchquert eine vom Bürgerkrieg verwüstete Landschaft.

J. M. Coetzee ist erst der zweite Südafrikaner, der den Literatur-Nobelpreis gewann (2003). 1940 in Kapstadt geboren, folgten seinem ersten Roman *Dusklands* (1974) eine Reihe origineller und schonungslos kritischer Werke, Memoiren und Aufsätze zur Literaturkritik.

Für *Life & Times of Michael K* wurde ihm 1983 der Booker Prize verliehen, 1999 nochmals für *Schande*.

Der Autor bezog eine offene Anti-Apartheid-Position und ist leidenschaftlicher Verfechter von Tierrechten. Heute lebt er in Australien.

Michael K. wird mit einer Lippen- und Gaumenspalte geboren, was seine Mutter so abstößt, dass sie ihn in ein Pflegeheim abgibt. Er ist nicht dumm, doch seine Intelligenz zeigt sich auf einer von der Norm abweichenden Ebene. Seine Mutter, der er trotz der frühen Abweisung unterwürfig zugetan ist, will er ins Landesinnere bringen, wo sie ihren Lebensabend friedlich verbringen kann.

Allerdings befindet sich das Land im Krieg, wobei nicht klar wird, wer gegen wen kämpft. Polizei und Armee versuchen die Kontrolle aufrechtzuerhalten, während Rebellen sich einer zerfallenden Regierung widersetzen. Die Bevölkerung steht zwischen zwei Fronten und manchmal direkt im Kreuzfeuer. Michael K. baut einen Handkarren und macht sich mit seiner Mutter auf die Reise. Die albtraumartige Stimmung dieser Unternehmung wird durch Krankheit und Tod der Mutter verstärkt, obwohl „er sie nicht vermisste, wie er fand, abgesehen von dem Gefühl, sie schon das ganze Leben lang zu vermissen". Statt sich in die Stadt zurückzuziehen, macht sich Michael in die Sicherheit der Berge auf. Hier führt er ein freies Leben, pflanzt Melonen und Kürbisse an, lebt aber in ständiger Furcht, gefangen genommen zu werden. Er isst kaum etwas, und bei seiner Entdeckung und Internierung in ein Lager für Guerillas ist er stark abgemagert.

Coetzees Schreibstil ist so nüchtern und unverblümt, dass das Unerträgliche banal wirkt. Trotz des flüssigen Erzählstils gab er einmal zu: „Ich mag das Schreiben nicht und muss mich dazu drängen. Es ist schlimm, wenn ich schreibe, doch schlimmer, wenn ich es nicht mache." Die Tragikomödie hat einen leicht humorvollen Unterton, da der schwächliche Protagonist sich weit von der Gesellschaft entfernt hat und trotzdem als Gefahr wahrgenommen wird. Wie Coetzee schrieb: „Er war so seltsam und hätte fast schon ein Wunderkind sein können."

Michaels Weg führt ihn durch die verschiedenen Stadien des Konflikts, von sich versteckenden Rebellen zu einem Arzt in dem sogenannten Wiedereingliederungslager, der ihn zum Essen bewegen will. Als er sich verweigert, wird offensichtlich, dass seine Reise eher spiritueller und nicht geografischer Natur ist. Nach der Flucht kehrt er zu seinem Zuhause zurück und erreicht somit am Ende der Erzählung wieder den Aufbruchspunkt. Doch

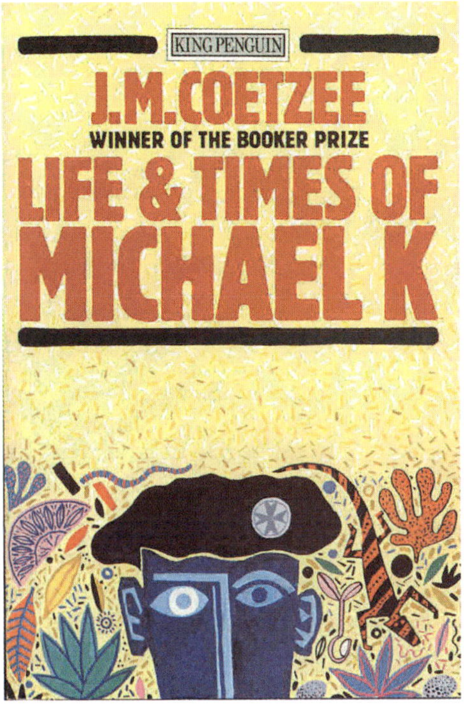

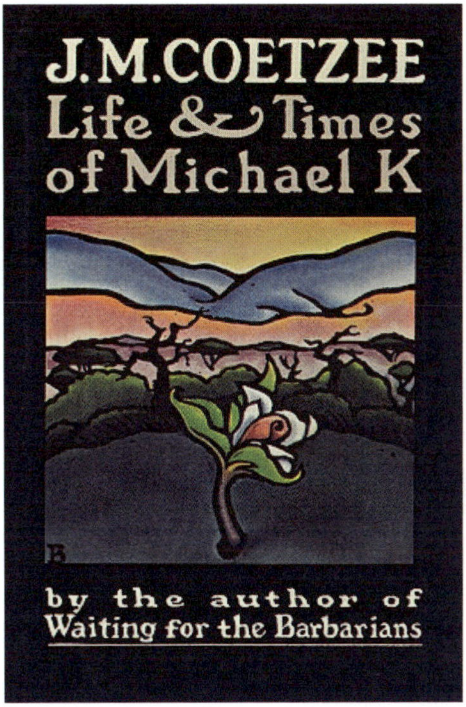

„Wie weit würdest du gehen, um frei zu sein?" Illustrierte Buchcover von Ausgaben, die bei Penguin erschienen sind.

nun haben sich die tumultartigen Zustände in der Stadt verschlimmert. Obwohl er aufgrund des Hungers kaum mehr bei Sinnen ist, hat die Reise in ihm ein Bewusstsein für die Bedeutung des Lebens und die damit einhergehenden komplizierten Beziehungen hervorgerufen. Durch die Fortbewegung im Schneckentempo hat sich Michael emotional mit seinem Heimatland verbunden. Es ist kein Zufall, dass er als Gärtner die Erde zum Blühen bringen und den Menschen Nahrung bringen kann. Sein sich selbst auferlegtes Verhungern ist eine leidenschaftliche Anklange an ein Land, das die Verbindung zu seinen Wurzeln verloren hat.

Er empfand sich nicht als etwas Schweres, das Spuren hinterließ, sondern eher als Fleck auf der Erdoberfläche, der zu tief schlief, als dass er das Kratzen von Ameisenfüßen und Schmetterlingszähnen oder das Taumeln des Staubes hätte bemerken können.

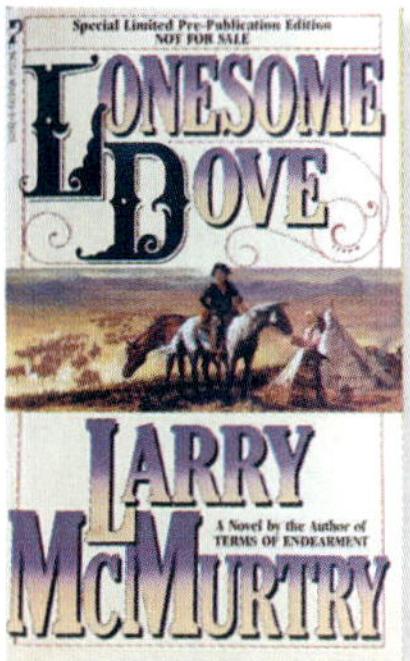

Larry McMurtry

Weg in die Wildnis (1985)

Der mit einem Pulitzer-Preis ausgezeichnete Western, dessen Originaltitel Lonesome Dove *lautet, handelt von rastlosen Männern. Er schildert die turbulente Reise zweier Texas Rangers Richtung Norden*

Weg in die Wildnis hat eine eigene, lange Reise hinter sich. Zuerst als Drehbuch verfasst (mit Peter Bogdanovich), verbrachte der Text über ein Jahr in der „Hölle der Entstehung", wonach McMurtry die Rechte zurückkaufte und einen Roman daraus machte.

Obwohl sich Ähnlichkeiten zu historischen Figuren wie Charles Goodnight finden, besteht McMurtry darauf, dass die Inspirationsquelle bei *Don Quijote* und *Sancho Panza* zu finden ist.

Die großen Viehtriebe des 19. Jahrhunderts verwandelten das Gesicht der USA. Durch diese Unternehmungen bildeten sich neue Routen im Land, neue Städte wurden errichtet, die bereits an bestimmten Orten lebenden Bewohner mussten umgesiedelt werden, und auch die natürliche Umwelt änderte sich. In symbolischer Hinsicht stellten Viehtriebe die ultimative Metapher für die Manifestation des Schicksals und das Erwachsenwerden von Männern dar. Vor dem Hintergrund politischer, geografischer und kultureller Gegebenheiten beschreibt McMurtrys Roman ein Unterfangen, das zu einem katastrophalen Misserfolg wird.

Der Roman spielt in den Siebzigerjahren des 19. Jahrhunderts und dreht sich um den hedonistischen Augustus „Gus" McCrae und den stoischen Woodrow Call, beide pensionierte Texas Ranger, sowie circa ein Dutzend Nebenfiguren. Die zwei Männer haben sich im beinahe ausgestorbenen Lonesome Dove niedergelassen, das nahe der mexikanischen Grenze liegt. Es ist ein sprichwörtliches Höllenloch. Call schuftet den ganzen Tag auf der fast ruinierten Ranch, ohne wirkliche Fortschritte zu machen. Der faulere Gus ist in seiner eigenen Routine gefangen – er bäckt Plätzchen, trinkt, spielt und vergnügt sich mit Huren. Call kämpft mit einem klaustrophoben Gefühl des Gefangenseins und der eher extrovertierte Gus sehnt sich nach mehr zwischenmenschlichem Kontakt. Beide Cowboys spüren, dass das Leben „kleiner erscheint".

Als ein alter Kamerad zu ihnen geritten kommt und Geschichten über die üppigen Grasflächen in Montana erzählt, braucht es nicht viel Überzeugungsarbeit, bis sich die Cowboys in Bewegung setzen. Unverzüglich stehlen sie eine Herde in Mexiko und beginnen den Ritt gen Norden.

Doch schon bald schlägt das Schicksal zu, als ein vielversprechender junger Cowboy in ein Nest giftiger Schlangen reitet. Er ist nicht der Einzige, der ums Leben kommt. Auf Hunderten von Seiten lässt Weg in die Wildnis biblische Plagen auf Gus und Call niedergehen, was bis zu den sprichwörtlichen Heuschrecken reicht. Nahezu jedes Erlebnis – mit den Elementen oder anderen Menschen – endet in einer Horrorsituation.

THE LONESOME DOVE TRAIL
THE COMANCHE MOON WARS
AND THE
GREAT CATTLE TRAILS
SECOND EDITION
1881 Lonesome Dove Trail
Main Trail, Texas to Montana
Gus' Blue Duck Trail
Call's Return Trail
July Johnson's Trail
Lonesome Dove Markers
1857-1866 Comanche Moon Wars
Comanche Moon Markers
1866-1895 Great Trails
Chisholm Trail
Shawnee Trail
Western, Dodge City or Fort Griffin Trail
Goodnight-Loving Trail
Butterfield Overland Mail
Great Trail Markers
Longitude West from Greenwich
Longitude West from Washington

Vorherige Seite:
Die Karte des Viehtriebs entlang dem Comanche Moon Trail.

Handkolorierter Holzschnitt, der Cowboys darstellt, die eine Herde entlang dem Chisholm Trail von Texas nach Kansas treiben, 1870.

Das Grab ist unsere Bestimmung. Die, die sich auf ihrem Weg beeilen, kommen dort meist schneller an als die, die sich Zeit lassen.

Als sie Montana erreichen, leben nur noch wenige. Call erkennt, dass er den materiellen Erfolg nicht mehr will und Gus, der von einer alten Geliebten zurückgewiesen wird, stirbt während einer sinnlosen Auseinandersetzung.

Der Ritt zurück ist erstaunlicherweise ereignislos. Call reitet mit Gus' Leiche, muss sich aber keiner Gefahr mehr stellen. In Texas angekommen, begräbt er seinen Freund und kehrt nach Lonesome Dove zurück.

Bei einer der vielen Zufallsbegegnungen, die im Buch geschildert werden, bemerkt der umherziehende Insektenkundler Mr Sedgwick, dass „das Grab unsere Bestimmung ist. Die, die sich auf ihrem Weg beeilen, kommen dort meist schneller an als die, die sich Zeit lassen". Wie die Geschehnisse in dem Provinznest zeigen, geht jede Ambition mit einem Risiko einher. Sich auf die Suche zu begeben – nach Land oder nach der Liebe – bedeutet, sich selbst in Gefahr zu bringen. Obwohl der Tod unvermeidbar ist, stellt sich die Frage, wie man ihm begegnet. Gus sagt: „Das Leben ist 'ne kurze Angelegenheit. Warum sollen wir es hier verbringen?"

Für Männer wie Gus und Call steht Stillstand für Sinnlosigkeit. Weder die Reise noch das Ziel bedeuten etwas – nur der Reisende. Diese Männer müssen sich beeilen, müssen Antrieb fühlen, da sie Getriebene sind. Die Konsequenzen mögen brutal sein und die Aufgabe sinnlos, aber das war niemals der Punkt und wird es nie sein. Wenn die Welt „kleiner erscheint", kann man sich reduzieren oder etwas Größeres daraus machen, egal, was es kosten mag.

Von Moskau nach Venedig

Jeanette Winterson

Verlangen (1987)

Henri und Villanelles Geschichte spielt während der napoleonischen Kriege. Die beiden begegnen sich in einem Armeelager in Russland und beginnen eine Reise von Moskau nach Venedig – zu Fuß.

„Bevor ich Venedig besuchte, verfasste ich einen Roman darüber", schrieb Jeanette Winterson. Vor Verlangen las ich drei Bücher über die Stadt. 20 Jahre später sind diese drei Bücher immer noch meine erste Wahl, um den Ort zu finden, wie er gefunden werden soll – fantasievoll."

Der Begriff „fantasievoll" umfasst die meisten im Roman vorkommenden Reisen. Er spielt in Frankreich, Russland und Venedig während der Napoleonischen Kriege. Obwohl die Handlung so einen großen Platz auf der Landkarte einnimmt, verdeutlicht Winterson, dass die wichtigsten Reisen in der Vorstellungskraft stattfinden: „Die Städte des Inneren finden sich auf keiner Karte."

Der 1987 mit dem John-Llewellyn-Rhys-Preis ausgezeichnete Roman alterniert zwischen zwei Erzählern. Er beginnt mit Henri, einem begeisterten Napoleon-Anhänger, der sich dem kleinen Feldherrn so sehr verschrieben hat, dass er den Traum verfolgt, ihm als Armeetrommler zu dienen. Allerdings landet er beim Küchendienst und muss für Bonapartes Mahlzeiten Hühner töten.

Als sich Napoleons Kriegshunger über ganz Europa erstreckt, bleibt Henris Passion ungebrochen: „Wir lieben ihn", erklärt er Frankreichs Hingabe. „Würde uns Bonaparte befehlen, Flügel anzuschnallen und zum St James Palace zu fliegen, würden wir uns so zuversichtlich aufmachen wie ein Kind, das einen Drachen steigen lässt."

Der zweite Erzähler ist Villanelle, eine bisexuelle Spielkasino-Angestellte, die sich gern wie ein Mann kleidet und magische Besitztümer hat, weitergegeben von Generationen venezianischer Gondolieri. Die Geschichten der beiden verweben sich im eiskalten Russland, wohin Villanelle von ihrem Mann zur Prostitution verkauft wurde. Napoleons große Armee gerät zu der Zeit ins Wanken, da sich die Kriege als nahezu endlos erweisen.

Henri verliebt sich schnell in Villanelle, wobei sich seine blinde Hingabe von Bonaparte zu der mysteriösen Venezianerin verschiebt. Die beiden und ein des Amtes enthobener Priester flüchten aus dem Kriegslager und machen sich auf eine Wanderschaft von Moskau nach Venedig.

Jeanette Winterson publizierte ihren ersten Roman *Orangen sind nicht die einzige Frucht* im Alter von nur 26 Jahren. *Verlangen (The Passion)* erschien zwei Jahre später.

Die Autorin wuchs in einem evangelikalen Haushalt auf und weist darauf hin, dass ihr Stil stark von der Bibel beeinflusst ist. In einem Radiointerview 1988 erklärt sie: „Denkt man an den Stil, in dem die Bibel aufgezeichnet wurde, immer in wenigen Worten und Versen, lässt sich alles verstehen. Die Menschen und der Handlungsort sind bekannt und etwas Wundersames ist geschehen."

Eine realitätsferne, handkolorierte Darstellung von Venedig im 18. Jahrhundert (1750).

Die circa 2000 Kilometer entlang von Grenzen, durch Polen und Österreich über die Donau und nach Italien stellen die am deutlichsten fassbare Reise dar, doch Winterson weist darauf hin, dass der Zielpunkt schwerlich kartografierbar ist. „Die Stadt, aus der ich komme, ist eine sich verwandelnde Stadt", sagt Villanelle über Venedig. „Sie hat nicht immer dieselbe Größe. Straßen tauchen auf und verschwinden wieder über Nacht, und neue Wasserwege zwingen sich über das trockene Land." Die Reise zu einem Bestimmungsort wird zu einer spielerischen Suche.

In der labyrinthartigen Stadt angekommen, nimmt Wintersons Handlung einen verschlungenen Pfad und ahmt damit die Geografie und den nichtlinearen Lauf des Lebens nach. „Gerade Straßen folgen Bonaparte, wohin er auch geht", erklärt Henri. „Doch nicht mal Bonaparte könnte Venedig in eine Bahn lenken." Bonaparte konnte auch seinen eigenen Lebensweg nicht linear verfolgen, denn er wurde schließlich gefangen genommen und verstarb auf einer entfernt gelegenen Insel. Alle Straßen finden ihr Ende.

Am Ende von Verlangen ist Villanelle dazu bestimmt, ihr Leben auf den Wasserwegen Venedigs zu verbringen. „Wo ich sein werde, wird nicht

sein, wo ich bin“, bemerkt sie kryptisch. Henri hingegen wird ins Gefängnis geworfen. Beide haben ihre physischen Reisen beendet und richten ihr Augenmerk auf die kartenlose Welt des psychischen Lebens.

Ein wichtiges Element des Romans ist Wintersons Zeitreise. 1988 erläuterte sie ihr Bedürfnis, die Handlung in der Vergangenheit anzusiedeln: „Die Vergangenheit gestattet [der Autorin] in eine beinahe märchenhafte Welt einzudringen, wo die Beschränkungen der Gegenwart keine Rolle spielen. Das ähnelt dem Schwimmen, denn das gewohnte Gefühl der Schwerkraft ist nicht da. Man kann [in der Vergangenheit] irgendwohin reisen und Lektionen lernen, die nicht möglich wären, würde man in seinem Haus oder im Wohnzimmer sitzen und etwas über zeitgenössische Personen lesen. Folgt man dem Verlangen seines Herzens, gelangt man an jeden Ort.“

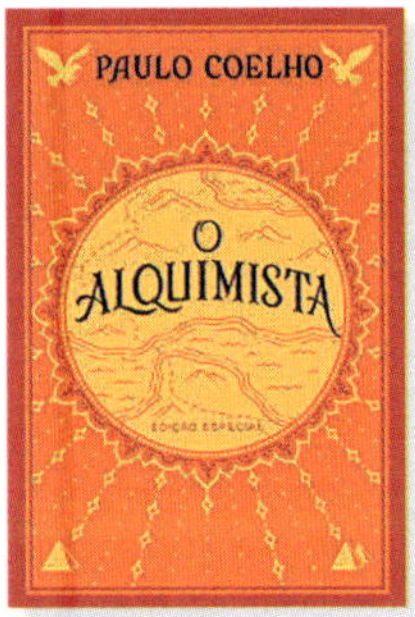

PAULO COELHO

Der Alchimist
(1988)

In dieser simplen Fabel reist ein spanischer Schäfer von der andalusischen Küste nach Ägypten, auf der Suche nach einem Schatz. Verschiedene Gestalten haben ihn in einem Traum dazu gedrängt

Wie auch die Hauptfigur Santiago im Roman wurde Paulo Coelho religiös erzogen, doch widersetzte er sich den Plänen seiner Eltern. Er träumte davon, Schriftsteller zu werden. Statt ihm ihren Segen zu geben, ließen sie den Sohn in eine psychiatrische Einrichtung einweisen, um seine Depressionen und Aggressionsprobleme zu behandeln.

Der Alchimist fand sogar Eingang ins Buch der Guinness World Records. Während der Frankfurter Buchmesse 2003 „signierte der Autor die meisten Übersetzungen (53) eines einzelnen Werks während einer Sitzung".

Die Erzählung von *O Alquimista* handelt von dem andalusischen Schäfer Santiago, der an einem Abend mit seiner Herde neben einer Kirche rastet. Im Schlaf hat er einen wiederkehrenden Traum. Ein Kind nimmt ihn an beiden Händen und bringt ihn zu den ägyptischen Pyramiden: „Wenn du hierhin kommst, wirst du einen versteckten Schatz finden", sagt es. Tief beeindruckt sucht er eine Wahrsagerin in Tarifa auf, die ihm rät, einfach dem Traum zu folgen. Kurz darauf bestärkt ihn ein alter Mann – es ist König Melchisedek aus der biblischen Stadt Salem – in diesem Vorhaben und erklärt ihm, dass der Traum Santiagos persönliche Legende symbolisiert. „Das wolltest du immer erreichen. Jeder kennt seine persönliche Legende, wenn er jung ist." Im Laufe der Zeit vergessen die meisten Menschen diese Träume, führt er weiter aus. Mit dem Segen des Königs reist Santiago von der spanischen Küste nach Tanger und dann zu den Pyramiden von Gizeh, trotz aller Hürden, die er dabei überwinden muss. Als ein Stammeskrieg seine Karawane zu einer Rast bei einer Oase zwingt, findet er seine Liebe und einen mysteriösen Alchimisten, dessen Lehren ihm beim Überleben auf der restlichen Strecke helfen.

Coelhos Sprache ist direkt und ähnelt der eines Erzählers am Lagerfeuer. Das resultiert in einer Fabel mit zahlreichen Wendungen und offensichtlichen Widersprüchen. Melchisedek warnt Santiago vor „der größten Lüge der Welt", denn „an einem bestimmten Punkt unseres Lebens verlieren wir die Kontrolle über das, was uns geschieht, und unser Leben wird vom Schicksal gelenkt". Dennoch beschreibt der König die persönliche Legende als die Mission des Einzelnen auf der Erde, deren „Ursprung in der Seele des Universums liegt". Später instruiert er Santiago über die „Natur" von Zufällen und Problemlösungen. „Um einen Schatz zu finden, musst du den Omen folgen. Gott hat für jeden einen Weg vorbereitet, dem er folgen muss."

Ein arabisches Wort taucht wiederholt im Text auf: Maktub – es steht geschrieben. Die eigentlich widersprüchlichen Aussagen stehen für einen universellen Konflikt innerhalb der Erzählung: Dem Kampf des Helden gegen ein auferlegtes Schicksal, um seine eigenen Entscheidungen zu einem neuen Schicksal werden zu lassen – was geschrieben steht, muss neu geschrieben werden.

Um die Omen zu erkennen, muss Santiago verstehen, was das Reisen bedeutet, und ihm werden zwei Perspektiven zum Thema geboten.

Von Tanger zur Oase. Santiagos Weg durch die Wüste. Illustration von Rodica Prato.

Nachdem er den Mut gefasst hat, den Eltern von seinen Absichten zu erzählen, scheint das den Vater nicht zu beeindrucken. „Menschen aus der ganzen Welt sind durch dieses Dorf gezogen. Sie kommen auf der Suche nach dem Neuen, doch wenn sie weiterziehen, sind sie im Grunde immer noch die Menschen, die sie waren. In der Sahara lernt Santiago vom Alchimisten, welcher Unterschied dazwischen besteht, einen Ort zu durchqueren und an einem Ort zu sein. Von Ralph Waldo Emerson inspiriert, wird der Protagonist in *Der Alchimist* dazu ermutigt, das Ende der Reise bei jedem Schritt auf der Straße zu finden.

Santiagos Schatz ist lediglich der Beginn.

Doch du bist in der Wüste. Tauche in sie ein. Die Wüste wird dir das Verständnis der Welt schenken, so wie alles, was sich auf dem Antlitz der Erde befindet, es tun wird.

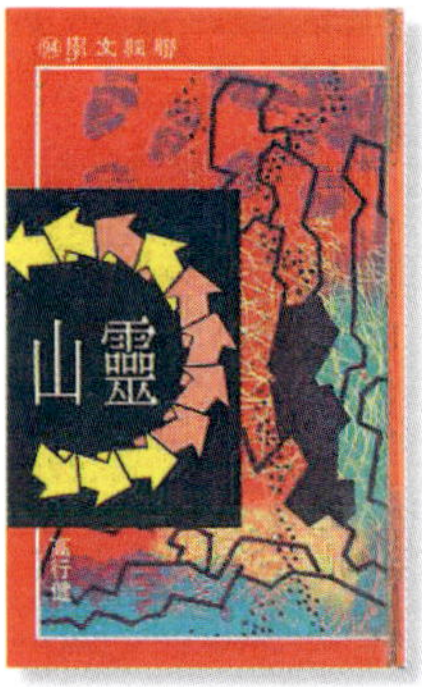

15 000 KILOMETER DURCH CHINA

GAO XINGJIAN

DER BERG DER SEELE (1990)

In diesem auf den Reisen des Autors beruhenden Roman wird die Suche nach dem sagenumwobenen Língshān, dem Berg der Seele, zu einer epischen Reise durch das inoffiziell moderne China, auf der ein Mann sich selbst, Erinnerungen, Freiheit und inneren Frieden finden möchte.

Der Romanautor, Dramatiker, Regisseur und Künstler Gao Xingjian erhielt 2000 als erster Chinese den Literaturnobelpreis.

Im Zuge des erneuten Widerstands gegen westlichen Modernismus wurden seine experimentellen Theaterstücke von den Bühnen verbannt.

Die Volksrepublik China hat sein gesamtes Werk 1989 verboten (fast alle Titel erschienen auf Chinesisch in Taiwan), als er das Tian'anmen-Massaker verurteilte und in Frankreich politisches Asyl beantragte.

Die halb autobiografische Erzählung *Língshān* entstand im Zuge von Gao Xingjians Reisen durch die alten Hochlandwälder der Provinz Sichuan im Südwesten Chinas. Der in Beijing lebende Schriftsteller folgte dem Jangtse von der Quelle an fünf Monate lang 15 000 Kilometer weit vom großen Wolong-Reservat nach Osten zum Chinesischen Meer, wobei er durch acht Provinzen und sieben Naturschutzgebiete kam. Unter dem Vorwand, über den Alltag und die Volkslieder von Holzfällern zu recherchieren, suchte Gao nach einem Zufluchtsort, wie er in einem Interview sagte. Es sei auch eine spirituelle Reise zum von Politik freien Ursprung der Kultur Chinas gewesen.

Alles beginnt an einem Busbahnhof, wo der ledige Erzähler mittleren Alters von einem Fremden im Zug hingeführt wurde, der ihm den Weg zur unberührten Wildnis des Bergs der Seele auf eine leere Zigarettenschachtel gezeichnet hat. Dieser führt ihn von Orten am Flussufer mit schwarzen Dächern zu Wasserstraßen an der Küste, daoistischen Klausen und dicht bevölkerten Städten voller Radfahrer. Dabei entstehen auch mystische Landschaften, etwa während einer halluzinierten Nahtoderfahrung auf einem Gletscher.

Der Roman gleicht einem Monolog ohne Handlung, den der Autor nicht Gedankenstrom, sondern Sprachstrom nennt. Pronomen ändern sich, so wie Facetten des Protagonisten an die Stelle unterschiedlicher Figuren treten. „Ich" ist ein Schriftsteller, dem irrtümlich Lungenkrebs diagnostiziert wurde, und der ein „authentisches" Leben sucht, indem er durch die reale Welt reist. „Du" begeht eine eher mystische oder fantastische Reise, „Sie" entsteht aus „Ich" und bringt später ein „Er" hervor, was einen zänkischen Dialog zwischen der männlichen und weiblichen Seite des Erzählers nach sich zieht. Die polyphone Technik verstärkt den Eindruck einer Selbstbetrachtung, wobei der Romancier die menschliche Sehnsucht nach Gesellschaft reflektiert (Schreiben, weil man Einsamkeit nicht ertragen kann) und einsieht, dass jeder Beziehung zu anderen auch Machtkämpfe innewohnen.

Man liest über erotische Momente, rätselhafte Träumereien, Überlegungen zur Rolle des Schriftstellers und Begegnungen mit Förstern oder mönchischen Ärzten, Kindheitserinnerungen und Menschen, die sich

„Am Rande der Realität". Tuschezeichnung des Autors

während der Kulturrevolution gegenseitig verraten haben. Dabei erhält man eine unbeschreibbare Ahnung dessen, was sowohl kulturell (die Yangtse-Kultur ging der Han-Periode voraus) als auch in der Natur verlorengegangen ist. Ein Botaniker sagt, der Mensch sei imstande, nahezu alles zu schaffen, und würde trotzdem täglich zwei bis drei Spezies ausrotten. Darin liege seine Widersinnigkeit.

Der Erzähler selbst behauptet, dies sei kein Roman, sondern mit selbst erdachtem Unsinn zusammengeworfene Reisenotizen, moralische Fingerzeige, Gefühlsbeschreibungen und Liedtexte. In der zwei Jahrtausende alten Romantradition Chinas fallen allerdings auch Zeitungsartikel, Protokolle, romantische und schöngeistige Texte, Unterhaltungen auf der Straße und Moralstücke allesamt unter Fiktion. Heraus kommt ein alles verarbeitendes Kompendium, das vor lebhaften Beschreibungen, Momentaufnahmen und Humor strotzt, aber auch die Freuden und Unannehmlichkeiten des Reisens illustriert, beispielsweise köstliches Straßenessen oder langweilige Phasen und Lebensmittelvergiftungen.

Wer keine Bedeutung in *Der Berg der Seele* erkennt, dem erscheint Gott am Ende als kleiner grüner Frosch mit unerschrockenem Blick. Der Roman bricht eine Lanze für das Einzel-Ich gegen das Kollektiv der blinden Masse, die es erdrücken will. Man kann die Wahrheit unter dem Schleier der Fiktion sagen, wie Gao selbst meint.

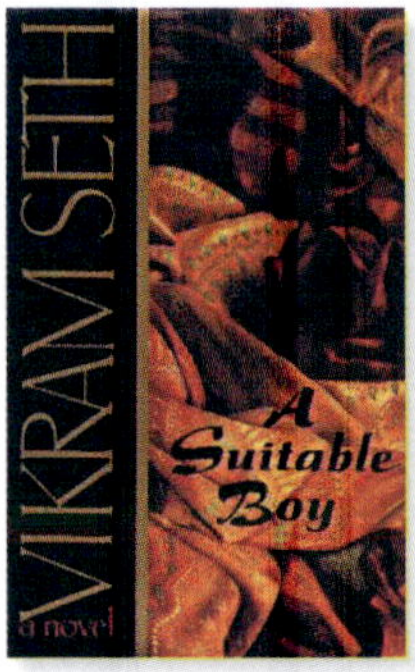

Eine Wallfahrt quer durch Indien

VIKRAM SETH

Eine gute Partie (1993)

Frau Rupa Mehra bricht zu ihrer jährlichen „Wallfahrt" durch den Norden und Osten des jüngst unabhängig gewordenen Indiens auf, um einen geeigneten Ehemann für ihre Tochter Lata zu finden.

Der indische Schriftsteller Vikram Seth hat außerhalb seiner Heimat in London, Kalifornien und China gelebt. Außer Romane, Gedichte und Sachbücher stammen auch Übersetzungen chinesischer Lyrik von ihm.

Als *Eine gute Partie* herauskam, galt das Buch als längster Roman in englischer Sprache; das 1349 Seiten dicke Manuskript wurde in einem Whiskeyfass nach Großbritannien zum Verlag geschickt.

Die Fortsetzung *A Suitable Girl* sollte bereits 2013 erscheinen, wartet aber (2021) immer noch auf ihre Fertigstellung.

Eine gute Partie (Originaltitel *A Suitable Boy*) gleicht einer umfangreichen Saga und bringt die indische Identität prägnant wie kein anderer Roman auf den Punkt. Die Gesellschaft des Landes mit ihren labyrinthischen Verwicklungen und Widersprüchen wird linear anhand von Bahnstrecken und vier miteinander verbundenen Familien beschrieben.

Die Handlung setzt zu Beginn einer Zugreise ein, die Frau Rupa Mehra jedes Jahr begeht, um Freunde und Verwandte in nordindischen Städten zu besuchen. Diesmal tut sie es allerdings gezielt und in Panik: Sie sucht einen passenden Ehemann für ihre Tochter Lata. Mit arrangierten Ehen, Brautwerbung und emotionalem Pragmatismus ist die Geschichte ein indisches Pendant zur konventionellen Lovestory. Die Mutter verlangt, dass Lata den für sie Auserkorenen heiratet, und hört sich in ihrem persönlichen Umfeld nach möglichen Kandidaten um.

Der Roman spielt größtenteils in der fiktiven Stadt Brahmpur (angelehnt an Patna) im Osten des Landes, die als Mikrokosmos für Gesamtindien steht. Abgesehen von der gebildeten Familie Mehra aus der oberen Mittelschicht begegnen wir den Sippen, in die sie eingeheiratet hat: den weltgewandten Chatterjis, den politischen Kapoors und den aristokratischen Khans. Dieses zarte Beziehungsgeflecht droht zu zerreißen, als sich Lata in Kabir verliebt, der zu Rupas Entsetzen Moslem und deshalb völlig untauglich ist.

Sie flieht nach Kalkutta, wo sie in Panik gerät, als sie erfährt, dass Amit, der Bruder ihrer Schwiegertochter, Lata liebt. Von seinem Fehler abgesehen, sich als Dichter zu verdingen, statt seinen Oxford-Universitätsabschluss in Jura zu nutzen, möchte Rupa nicht doppelt mit den Chatterjis verwandt sein, die sie alle für ziemlich verrückt hält.

Ihre Anforderungen an einen ordentlichen Schwiegersohn sind in problematischem Maß konkret: Er muss nicht nur derselben Kaste angehören, sondern auch im Gegensatz zu Lata helle Haut haben und darf nicht so reich sein, dass er Mitgift verlangt. Rupa plant eine Suche, die sie durch Kanpur, Lakhnau und Benares führt, wobei sie Haresh Khanna begegnet, der ihre Kriterien erfüllt. Sie bestellt Lata nach Kanpur, um sie mit ihm bekannt zu machen.

B.N.R. 792
CALCUTTA
NAGPUR
BOMBAY
MADRAS
Calcutta - Bombay
via Nagpur
SUPER
SERVICE
By
BENGAL NAGPUR RAILWAY

Das Geheimnis des Lebens hast du zu akzeptieren. Akzeptiere Glück, akzeptiere Leid, akzeptiere Erfolg, akzeptiere Scheitern, akzeptiere Ruhm, akzeptiere Schande, akzeptiere Zweifel und akzeptiere sogar den Eindruck der Gewissheit.

Eine gute Partie mäandert gemächlich, weitschweifig und unterhaltsam durch das idyllische Leben in den frühen 1950er-Jahren wie der Fluss und die Bahnstrecken, gleichmäßig wie viktorianische Romane und ohne die Komplexität des Verstandes oder des Lebens allgemein. Nichtsdestoweniger handelt es sich um ein genaues Porträt des jungen unabhängigen Indiens.

Obwohl alle vier Familien fest verwurzelt sind, bricht mindestens ein Mitglied zu einer alleinigen Reise auf. Der nichtsnutzige Maan Kapoor, der in Ungnade fällt, nachdem er sich in eine bekannte singende Kurtisane verliebt hat, wird aufs Land geschickt, um Urdu zu lernen. Der erlauchte Nawab Sahib von Baitar schwelgt in Erinnerungen, um seine Sonderrechte und sein Anwesen im Zuge der Abschaffung des Zamindar-Systems zu retten. Dipankar Chatterji, der eine andauernde spirituelle Krise durchmacht, wird erleuchtet, während er scheinbar ziellos auf der Pul Mela herumgeht; später sagt er, die spirituelle Quelle Indiens sei weder null noch Einheit, Zwei- oder Dreiheit, sondern die Unendlichkeit.

Mithilfe sich kreuzender Reisewege zeichnet Seth ein Bild Indiens zur Mitte des 20. Jahrhunderts. Kastenpolitik, innergemeinschaftliche Kräfteverhältnisse, religiöse Spannung und die Kluft zwischen Arm und Reich, Stadt und Land. Amit, der einen langen Roman schreibt, vergleicht seine Arbeit mit einem Banyanbaum, was sich auch auf *Eine gute Partie* selbst übertragen lässt: „Es sprießt und wächst und breitet sich aus und treibt Äste, die zu Stämmen werden oder sich mit anderen Ästen verschlingen."

Der Roman, der an der Schnittstelle zwischen Historie und Politik steht, ist reich an Beschreibungen gesellschaftlicher Manierismen und Machtverhältnisse. Er zeigt uns Indien bis ins kleinste Detail:

> Auf dem Bahnhof drängten sich wie immer Reisende mit Freunden, Verwandten und Dienstboten, Hausierer, Eisenbahnpersonal, Kulis, Landstreicher und Bettler. Babys schrien, und schrille Pfiffe ertönten. Streunende Hunde schlichen verstohlen herum, und Affen fletschten aggressiv die Zähne. Ein stechender Gestank hing über dem Bahnsteig. Es war ein heißer Tag, und die Ventilatoren in den Waggons standen still.

Verteidiger des Empire halten die Eisenbahn, die zur Kontrolle des Landes eingeführt wurde, neben der Demokratie für eines der größten Geschenke

Vorherige Seite:
Eine Durchquerung des Subkontinents von Ost nach West. Plakat der Eisenbahngesellschaft.

Großbritanniens an den indischen Subkontinent. Demzufolge sind Züge und Demokratie zentrale Aspekte des Buchs, mit dem Seth den Leser durch das Jahr vor der ersten allgemeinen Wahl 1952 geleitet. Zu der Zeit ist Indien im Erwachsenwerden begriffen und auf der Suche nach seinem eigenen Weg. Viele Figuren – Demokraten, Sozialisten, Landeigner, Bauern, Hindus, Moslems, Angehörige niederer Kasten – halten große Stücke auf ihr Land und seine weitere Entwicklung. Bei seiner Recherche las der Autor Zeitungen, Gesetzesdokumente, Karten und Interviews, während er sich in die Musik und das Kino jener Ära vertiefte. Alle erdenklichen Kleinigkeiten tauchen auf: Silberfische krabbeln über die Tische der Bibliothek der Khans, die Chatterji-Schwestern tragen Chiffon-Saris über bauchfreien Blusen, womit sie die Welt außerhalb Kalkuttas empören, Politiker streiten sich über ein Gesetz zur Übereignung des Landes von Besitzern an Pächter, und ein aggressiver Hund beißt alles und jeden. Man streift durch Jazzbars und alte Kolonialclubs, wohnt Kricket-Spielen und gesetzgebenden Versammlungen bei, begeht Schuhfabriken, Bordelle und weite Felder.

Eine gute Partie ist mit fast 100 Charakteren – knapp zwei Dritteln von ihnen sind Nebenhandlungen gewidmet – eine aufwendige Darstellung sich überschneidender Lebensreisen.

Am Bahnhof von Kalkutta. Straßenhändler warten mit Nahrungsmitteln auf den nächsten Zug.

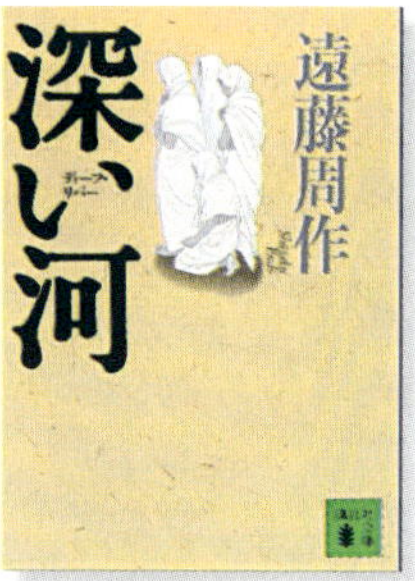

SHŪSAKU ENDŌ

WIEDERGEBURT AM GANGES (1993)

Die Reise einer japanischen Gesellschaft zu buddhistischen Stätten in Indien wird vom Mord an Indira Gandhi überschattet, während jeder der Teilnehmer Bilanz über sein Leben zieht.

Endō wird wegen seiner Spiritualität, seines Schreibstils und katholischen Glaubens auch als „Graham Greene Japans" bezeichnet. Angeblich las er vor jedem neuen Schreibprojekt immer wieder Greenes Roman *Das Ende einer Affäre*.

Als Endō 1996 starb, war *Wiedergeburt am Ganges* eines von zwei Büchern, die man mit in seinen Sarg legte.

Martin Scorsese verfilmte seinen Roman *Schweigen* 2016 unter dem Titel *Silence*.

Die Reise japanischer Touristen zu berühmten buddhistischen Orten in Indien bildet das Rückgrat von *Wiedergeburt am Ganges*. Der einsame Witwer Isobe trauert um seine Frau Keiko, die ihm vor ihrem Krebstod sagte, sie sei überzeugt davon, irgendwo wiedergeboren zu werden, und er solle versprechen, nach ihr zu suchen. Nach anfänglicher Skepsis erfährt er mehr über Reinkarnation und fängt an, daran zu glauben. Dieser Glaube, der möglicherweise von tiefer Trauer herrührt, bewegt ihn zur Teilnahme an einer Reise, die ihn schließlich an den Ganges führt, den Fluss des Lebens und Todes. „‚Du!', schrie er wieder auf den Fluss hinaus. ‚Wohin bist du gegangen?' Der Fluss nahm seinen Schrei in sich auf und floss schweigend weiter."

Jeder aus der bunt gemischten Reisegesellschaft hat sein Päckchen zu tragen und hofft, es an den Ufern des heiligen Stroms ablegen zu können. Kiguchi, der im Zweiten Weltkrieg in Burma kämpfte, wird von Schuldgefühlen und Geistern geplagt; Numada, der in den von Japan besetzten chinesischen Gebieten der Mandschurei aufwuchs, schämt sich nach überstandener Gesundheitskrise dafür, wie er seine Mitmenschen und Tiere behandelt hat. Mitsuko, die zufälligerweise Isobes Frau pflegte, sucht den gesetzten Geistlichen Ōtsu, der als Student in sie verliebt war und in Indien katholischer Priester geworden ist. Ihr Reiseführer Enami liebt das Land und hasst seine Kunden, weil sie die Schönheit, die er sieht, nicht erkennen:

> Im Grunde verachtete er die japanischen Touristen […] Da gab es die Älteren, die zutiefst dankbar von einer heiligen Stätte des Buddhismus zur nächsten pilgerten, dann Studentinnen, die es genossen, sich wie Hippies herumzutreiben […] Und Enami stand an den Eingängen von Geschäften, wo früher Amerikaner und europäische Touristen die Regale leergekauft hatten, und beobachtete voller Verachtung die Japaner, die zwischen den Ladentischen herumschlenderten.

Die Sanjos, ein junges Ehepaar, verbringen merkwürdigerweise ihre Flitterwochen mit der Gruppe. Ihre egoistische Geistlosigkeit macht einen Großteil der Komik des Romans aus. Der Mann hat ein Vermögen für eine

Eine japanische Touristengruppe fotografiert Badende im heiligen Fluss Ganges, Varanasi.

neue Kamera ausgegeben und weder Erfahrung noch Talent, glaubt aber, er könne den Pulitzerpreis gewinnen, falls er das richtige Motiv findet, wozu er anscheinend lokale Tabus brechen muss:

> „Sie erinnern sich wohl, dass Herr Enami sagte, bei den Verbrennungsstätten am Ganges sei Fotografieren strikt verboten […] Gestern Abend sah ich, wie sie einen Sikh blutig schlugen! Meinen Sie nicht, dass Sie heute die Kamera besser im Hotel lassen sollten?" – „Robert Capra sagt, ein Fotograf, der kein Risiko eingeht, schießt auch keine Meisterwerke."'

Er macht seine Fotos und verschwindet, während jemand anders dafür bestraft wird.

Endō war ein Meister der Gegenüberstellung. Er spiegelte Geschichten, Situationen und Perspektiven, um ein Panorama des Lebens zu entfalten. Reisen finden in diesem Buch auf mehreren Ebenen statt.

Jedes Gruppenmitglied begeht einen anderen Lebensabschnitt. Einige sind dem Tod nahe, andere erhalten Aufschub, und wer noch jünger ist, wiegt sich in behaglicher Unwissenheit, was die eigene Lage betrifft. Unterschiedliche Reisen, ein Endpunkt. Mitsuko fasst das Ethos des Romans auf den letzten Seiten zusammen: „Ich weiß jetzt, dass es einen Fluss der Menschheit gibt. Wenngleich ich immer noch nicht weiß, was am Ende dieses Flusses liegt."

Wiedergeburt am Ganges ist ein globales, universelles Werk, das nach außen schaut und eine Vielzahl von Glaubensvorstellungen, Kulturen und Zukunftsaussichten einschließt. Trotz seiner düsteren Momente handelt es sich um ein warmherziges, nährendes Buch – Tod und Heiterkeit sind schon lange gesellige Reisegefährten –, das uns an die eine philosophische Maxime erinnert: Gib auf dich acht!

W. G. SEBALD

Die Ringe des Saturn (1995)

Sebalds vierte literarische Veröffentlichung ist ein Roman über Erinnerung und Bewegung, in dem ein anonymer Erzähler in stiller Einkehr an der englischen Ostküste entlangwandert.

W. G. Sebald (1944–2001) war ein deutscher Schriftsteller, Dichter und Wissenschaftler. Nach einem Studium der deutschen und englischen Literatur in seiner Heimat und der Schweiz emigrierte er nach Großbritannien, wo er von 1970 bis zu seinem Tod an der Universität von East Anglia lehrte.

Der 1995 im Eichborn Verlag erstveröffentlichte Roman *Die Ringe des Saturn* trägt den Untertitel *Eine englische Wallfahrt*.

Die Ringe des Saturn ist Reisebericht, Lebensbetrachtung und Fiktion zu gleichen Teilen, die fesselnde Schilderung der emotionalen und tatsächlichen Reise eines Mannes an der Küste von Suffolk. Dieser Landstrich bezaubert den namenlosen Erzähler, was man an ausführlichen Beschreibungen der Region und den nostalgischen Empfindungen erkennt, die sie fortwährend heraufbeschwört. Die Verbindung zwischen Ort, Bewegung und Zeit bildet die Grundlage von Sebalds Schaffen; er hebt diese Aspekte hervor, indem er den Leser durch eine Landschaft führt, die nicht nur ihre eigene Vergangenheit offenbart, sondern auch viele persönlichere Erinnerungen.

Am Anfang liegt der Erzähler in einem Krankenhaus in Norwich, wo er über einen Ausflug im vorangegangenen Sommer nachsinnt. Der Wunsch, jenen Ort zu erkunden, treibt ihn an, seine Eindrücke von der Reise aufzuarbeiten, wobei ihn der Leser unterwegs durch die verschlafene Küstengegend begleitet, während er sich anhand abgerufener Ereignisse und Überlegungen allmählich ein Bild seiner eigenen Identität macht.

Sebald beschreibt eine gleichermaßen physische wie gedankliche Reise, auf der jeder neue Ort zu tieferer Innenschau anregt: „Ich fühlte mich wie in einem leeren Theater, und es hätte mich nicht gewundert, wenn vor mir auf einmal der Vorhang aufgegangen […] wäre".

Der Autor sinniert durch die Bewegungen seiner Figur über Verlust und Auslöschung: verfallende Küstendörfer, das Eibenlabyrinth von Somerleyton und die verlassenen Strände von Dunwich, wo er die „Ruine von All Saints" beklagt. Eingeführt werden sowohl Menschen, die der Erzähler unterwegs kennenlernte, als auch historische Persönlichkeiten wie der Universalgelehrte Sir Tomas Browne aus dem 17. Jahrhundert, dessen esoterisches Musæum Clausum Sebald als Vorlage diente, um fließend zwischen Themen, Zeiten und Orten zu wechseln.

Er eröffnet jedes Kapitel mit einer poetischen Abhandlung über die einzelnen Haltepunkte des Protagonisten, bevor er in Überlegungen zu anderen Plätzen und früheren Ereignissen abschweift. So kann er nicht nur durch die materielle Kulisse wandeln, sondern auch eine Reihe von historischen Zusammenhängen erörtern, seien es die Seidenraupenzucht oder versunkene

Dörfer, Imperialismus oder chinesische Kaiser. Da Sebalds Held die Landschaft am Meer als formbar wahrnimmt, kann er sich woandershin denken, zwischen vergangenen und gegenwärtigen Orten und Geschehnissen springen:

> Derart leer und verlassen ist diese Gegend, dass einer, der ausgesetzt würde in ihr, kaum zu sagen vermöchte, ob er an der Küste der Nordsee sich befindet oder nicht vielleicht am Ufer des Kaspischen Meers oder am Golf von Lian-tung.

Die Wanderschaft dreht sich in gleichem Maß um Geschichte und Persönlichkeitsfindung wie um die Umgebung in Suffolk selbst. *Die Ringe des Saturn* bietet dem Leser ein komplexes Narrativ, das zwischen Zeiten, Orten und Erfahrungen changiert. Die Erkenntnis, dass die Zeit vergeht und die Natur unbeständig ist, steht im Mittelpunkt und spiegelt sich in den Veränderungen wider, die Sebald zur Abenddämmerung schildert, wenn „vom Horizont her langsam der Strick zugezogen" wird und man versucht, „durch das immer dichter werdende Wirrsal […] soeben noch da gewesene Merkmale […] zu erspähen, aber mit jedem Augenblick wurde der Raum enger."

Während die Wanderschaft des Erzählers von seinem Bedürfnis motiviert ist, seine Unruhe zu überwinden, handelt es sich bei Sebalds Geschichte um eine Reise der Selbstreflexion, des persönlichen Traumas und Verlusts. Tatsächlich suggeriert der Untertitel *Eine englische Wallfahrt,* dass er auf eine Erweckung spiritueller oder anderer Art hofft, obwohl die beschriebene Landschaft „nichts als graues Wasser, Marschland und Leere" ist. Die Hauptfigur des Buchs ist in vielerlei Hinsicht an Sebalds eigene Biografie angelehnt: ein von seiner Heimat und ihrer verworrenen Historie entfremdeter Mann. Vielleicht verstehen wir beim Lesen von *Die Ringe des Saturn* am besten, wie die abgehandelte Reise mit dem Hadern des Autors mit der Vergangenheit und mit von ihr am Leben gehaltenen Erinnerungen zusammenhängt: „Ich wusste wohl weder damals, noch weiß ich es heute, ob ich das einsame Gehen als eine Wohltat empfand oder als eine Qual."

Die weiten, verlassenen Landschaftszüge von Suffolk inspirierten Sebald. Dunwich Heath ist ein tief gelegenes Heideland im Küstengebiet, südlich des Dorfes Dunwich.

ALESSANDRO BARICCO

SEIDE (1996)

Bariccos Roman ist in der Mitte des 19. Jahrhunderts angesiedelt, einer Zeit, in der die Nosemaseuche die Seidenraupen dezimierte. Ein französischer Seidenhändler reist nach Japan und ist von der Kultur und den Frauen so begeistert, dass er mehrmals wieder dorthin zurückkehrt.

Der italienische Erzähler Alessandro Baricco (geboren 1958) ist ein bekannter Intellektueller, Lehrer und Mitbegründer der Literaturschule Holden in Turin, zu der auch ein Buchladen gehört.

Als leidenschaftlicher Verfechter der Bedeutung guter Geschichten kritisiert er die Trennung zwischen vermeintlicher Hoch- und Populärkultur.

Sein Bestseller *Seide* (*Seta*, 1996) erschien 1997 in der viel gelobten Übersetzung von Karin Krieger auf Deutsch.

Als *Seide* 1996 herauskam, wurde der Baikalsee, das älteste und tiefste Binnengewässer der Erde, zum UNESCO-Welterbe erklärt und Kathryn Gustafsons visionäre, von der französischen Regierung gerühmte Jardins de l'Imaginaire (Gärten der Fantasie) wurden in Terrasson-Lavilledieu eingeweiht. Dieser See und diese Stadt stehen im Roman neben einem fiktiven Park symbolisch dafür, wie der Protagonist zwischen Heimat und Ferne pendelt, indem er sich einen orientalisierten Zwischenraum schafft. Sein eigenes Leben bleibt für ihn genauso unergründlich wie der Baikalsee, den er achtmal sieht und zu keiner Zeit beschreiben kann.

Das Buch rekapituliert vier anstrengende Reisen, die der 32-jährige Hervé Joncour allein mit dem Zug, Pferd und Boot sowie zu Fuß von Europa nach Asien unternimmt, um Seidenraupeneier für die Textilindustrie seiner Heimatstadt Lavilledieu in Frankreich zu beschaffen, die von der Seuche betroffen ist. Zwischen 1861 und 1865 besucht er Japan „am anderen Ende der Welt" während der letzten Tage der isolationistischen Edo-Zeit (1603–1867). Er findet Gefallen an der namenlosen jungen Geliebten des Fürsten Hara Kei, deren Augen „nicht asiatisch geschnitten" sind. Diese Faszination, die den Japonismus widerspiegelt – Frankreichs Begeisterung für die Kultur Japans infolge florierender Handelsbeziehungen –, wirkt sich auf Joncours unglückliche Ehe aus, auch wenn sie deshalb nicht in die Brüche geht.

Er wird des Landes verwiesen, als wegen einer amerikanischen Militärintervention ein Bürgerkrieg ausbricht. Aus Nostalgie baut er in Lavilledieu einen von Japan inspirierten Park und bereist Europa mit seiner Frau Hélène, die „eine wunderschöne Stimme" hat, aber ironischerweise schweigt, bis ihre unerwarteten letzten Worte die ganze Geschichte umwenden.

„Wie ist das Ende der Welt?", fragt ihn sein Mentor und Arbeitgeber Baldabiou bei seiner Rückkehr. „Unsichtbar", antwortet er. Frauen sind für ihn kostbar und unkörperlich wie Seide, die sich laut Baldabiou anfühlt, „als hielte er das Nichts in Händen." Joncours Leben „regnete vor seinen Augen herab. Ein stilles Schauspiel", oder kommt ihm vor wie Wasser, das während eines Baderituals, das verschleierte Frauen durchführen, über seinen Körper fließt wie Öl.

Joncour ist ausdauernd und einfallsreich wie die Helden klassischer Reiseerzählungen, seine narzisstische Art steht in der Tradition des Orientalismus. Flauberts *Salammbô* (1862) wird in *Seide* wiederholt erwähnt. Das exotische „Andere" (Japan, die Frau) dient als Mittel zur Bestärkung des labilen Egos der männlichen Hauptfigur. Die Geschichte endet bezeichnenderweise mit zwei selbstzentrierten Szenen: einer Einladung zum Masturbieren, während Joncour von japanischen Frauen schwärmt, und einem Moment, in dem er auf die Oberfläche seines Sees schaut, eine Anspielung auf den Mythos von Narziss, der sich in sein eigenes Spiegelbild im Wasser verliebte.

Die Bewohner von Lavilledieu glauben, „er sei verändert und vielleicht krank aus Japan zurückgekehrt." Literaturwissenschaftler Robert Rushing erklärt, wie die unüberbrückbare Distanz, die Joncour zwischen sich und Japan wahrnimmt, eine innere Distanz wird. Er sieht sich auch in jener Schlüsselszene nicht und ist wie Narziss isoliert, entwickelt aber anders als dieser nie ein Bewusstsein seiner selbst. Ist er maskulin oder vage feminin, wie der Erzähler ihn beschreibt? Militär oder Landschaftsgestalter? Glücklicher Ehemann oder unglücklicher Freier? Fremd in Japan oder „der Japaner" in Lavilledieu? Misanthrop oder Gutmensch? Ungeachtet seiner Reiseerfahrungen bleiben Japan, Frauen und sein eigenes Leben unbegreiflich für ihn. Bei seiner Rückkehr geschieht allerdings etwas äußerst Wichtiges – er, der stille Mann, der nur „Ach!" auf den Grabstein seiner Frau meißeln lässt, fängt an, von seinen Reisen zu berichten: „Während sie ihm zuhörten, lernten die Leute aus Lavilledieu die Welt kennen, und die Kinder entdeckten, was Wunder sind."

Eine Schwäche für alles Japanische: „Frauen bei der Betrachtung japanischer Objekte". Ölgemälde von James Tissot, ca. 1869.

Seide erfüllt Bariccos Wunsch nach leicht zugänglichen, hochwertigen Erzählungen von hoher Qualität. In seiner Turiner Buchhandlung liest man ein Zitat von James Joyces Frau Nora: „Warum schreibst du keine Bücher, die die Leute lesen können?" Tatsächlich besteht einer der Vorzüge des Romans darin, dass er ein breites Publikum anspricht. Demzufolge kann man ihn als seichte exotische Romanze oder tiefsinnige Fabel über Orientierungslosigkeit, Kommunikationsmangel und die Kraft des Erzählens lesen – in Anbetracht der hypnotischen Verlockung seines tadellos poetischen Stils vermutlich in höherem Maß als andere Reisegeschichten.

Handelshaus eines Kaufmanns aus Yokohama. Holzdruck von Utagawa (Gountei) Sadahide, 1961. Sadahide malte häufig Fremde, die in Japan nach Ende der selbst auferlegten Isolation einkauften.

横濱商舘真圖
通音
一 二 三 四 五 六 七 八 九 十
横濱商舘真圖
通音
天 地 日 月 風 雨 山 海

RUND UM MEXIKO-STADT, NACH EUROPA UND DURCH DIE SONORA-WÜSTE

ROBERTO BOLAÑO

DIE WILDEN DETEKTIVE (1998)

Eine wilde, idiosynkratische Suche mit dem Ziel, die Geschichte der „Viszeralen Realisten" zu rekonstruieren, einer Gruppe radikaler Schriftsteller, die in den 1970er-Jahren durch Mexiko-Stadt wirbelte, wonach sie sich unter rätselhaften Umständen auflöste.

Roberto Bolaño, das chilenische Enfant terrible der spanischsprachigen Literatur, wurde ungefähr ab 2005 zu einer Sensation der Literaturszene, was er aufgrund des frühzeitigen Todes 2003 nicht miterlebte.

Der Autor modellierte Arturo Belano, einer der Hauptfiguren des Romans *Los Detectives Salvajes*, nach sich selbst.

Als junger, verarmter Lyriker unterbrach Bolaño die öffentlichen Lesungen anderer Autoren in Mexiko-Stadt, indem er lauthals seine Gedichte vortrug.

Die wilden Detektive, der Roman, der Roberto Bolaño in den spanischsprachigen Ländern (vor seinem Tod) und den englischsprachigen (nach seinem Tod) bekannt machte, ist die Geschichte multipler Reisen, sowohl physischer als auch metaphorischer Art.

Er beginnt als Tagebuch: 1975 schließt sich der 17-jährige, aufstrebende Dichter und Student Juan García Madero in Mexiko-Stadt Arturo Belano und Ulises Lima an, die eine neue Literaturbewegung gründeten, die „Viszeralen Realisten". Madero bricht das Jurastudium ab, um ein Dichterleben zu führen. Dabei nimmt er den Leser mit auf eine verrückte und haarsträubende Reise durch die Welt der Boheme von Mexiko-Stadt – sie reicht von Bars und Cafés über Buchläden bis zu Häusern, in denen die Dichter wunderschöne Frauen lieben.

Das wird gleichzeitig zu einer Initiationsreise: in die Welt der Sexualität und das Leben eines Dichters, das in Bolaños Fall dunkel, provokant, radikal, aber auch wunderschön ist. Am 30. Dezember endet das Tagebuch. García Madero hat sich von seinem früheren Leben in der Boheme gelöst und springt mit Lima, Belano und der Prostituierten Lupe in einen Wagen, um dem Zorn von Lupes Zuhälter, dem bedrohlichen Alberto, zu entkommen.

Der zweite und längste Abschnitt des Buches ist eine Abfolge von Monologen einer schwindelerregenden Zahl von Charakteren, die sich zwischen 1976 und 1996 abspielt und über drei Kontinente erstreckt. Zusammengefasst kreieren sie eine prismatische Nacherzählung der Reisen von Arture Belano und Ulises Lima während dieser Zeit, die nach dem Abbruch von García Maderos Tagebuch beginnt. Lima lässt sich in Paris blicken, Belano in Barcelona und danach ist Lima wieder in Mexiko. Ein durchgehendes Thema ist der Aufenthaltsort der lange vergessenen Dichterin Cesárea Tinajero, die die ursprüngliche Bewegung der „Viszeralen Realisten" in den Zwanzigern gründete. Scheinbar waren die beiden der legendären Figur schon dicht auf den Fersen, als sie Ende 1975 mit García Madero in einem Wagen flüchteten. Vermutlich ist bei dieser Suche etwas Schreckliches geschehen, etwas so Schreckliches, dass es Lima und Belano für den Rest ihres Lebens verfolgt.

Saguaro-Kakteen, die in der Sonora-Wüste wachsen. Es ist die heißeste Wüste Nordamerikas und erstreckt sich in die USA und nach Mexiko.

Der dritte und abschließende Abschnitt des Buches ist ein rasant erzählter und harter Road Trip von Mexiko-Stadt zu den Kleinstädten am Rande der Sonora-Wüste. Die Erzählung greift den direkt anschließenden Teil von García Maderos Tagebuch auf – also dort, wo es im ersten Teil endete. Die drei Männer sind Cesarea Tinajero dicht auf den Fersen, werden aber selbst von dem gewalttätigen Alberto verfolgt. Letztendlich kehren Belano und Lima, von der Erfahrung vollkommen verändert, in die Zivilisation zurück. Sie lassen García Madero zurück.

In dem Roman werden verschiedenste Reisen beschrieben: geografische wie Limas und Belanos Reisedestinationen über all die Kontinente oder der Road Trip am Ende. Doch essenziell handelt der Roman von der Dichtkunst als Reise, als einem Lebensweg. Er stellt eine Hommage an die wilde, leidenschaftliche Jugend dar, während der unserer Autor alles aufs Spiel setzte, um sich dem Schreiben hinzugeben. Sein Leben bestand aus Bücherdiebstahl, Drogenkonsum, konstantem Lesen und Schreiben, Diskussionen über Literatur, wilden Liebschaften und dem Kampf für eine bessere Welt. Es ist ein intensives Dasein voller Bedeutung. In dem Buch ist das Leben des Schriftstellers eine Reise, die ihn direkt zum Herzen einer Stadt bringt, danach in die ganze Welt und schließlich bis an den Rand des Todes. Die Lektüre offeriert uns das Privileg, an dieser atemberaubenden Reise teilzuhaben.

Das Leben hinterließ uns alle unserer Bestimmung oder dort, wo es einfach war, uns zu platzieren und danach zu vergessen. Und das ist so, wie es sein soll.

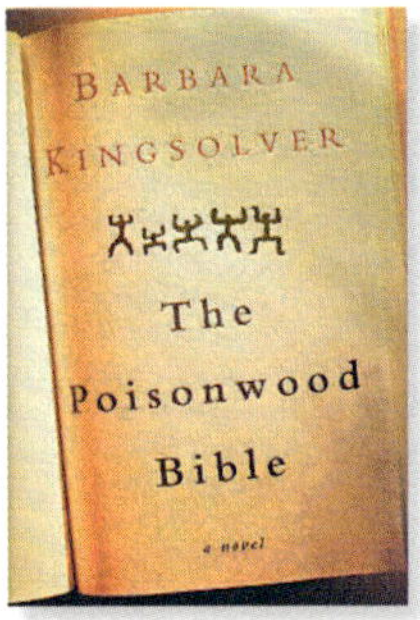

BARBARA KINGSOLVER

Die Giftholzbibel (1998)

Ein evangelikaler Baptist aus dem US-Bundesstaat Georgia übersiedelt mit seiner Frau und vier Töchtern 1959 nach Belgisch-Kongo.

Wie Kingsolver selbst sagte, schleppte sie *Die Giftholzbibel* zehn Jahre lang mit sich herum, ehe sie den Mut aufbrachte, den Roman auszuformulieren; das Material hätte als „Verdammtes Afrikabuch" gekennzeichnet in einem Aktenschrank gesteckt.

Die Schriftstellerin lebte als Kind zwei Jahre lang in einem kongolesischen Dorf, konnte aber während der Entstehung des Romans weder nach Kongo noch Zaire reisen. Sie war auf Erinnerungen, Reiseerlebnisse in anderen Teilen Afrikas und Berichte über die Natur-, Kultur- und Gesellschaftsgeschichte des Landes angewiesen.

Familie Price aus Bethlehem in Georgia nimmt Kuchenbackmischungen mit in den Dschungel. Der eifrige Missionar Nathan Price schickt sich an, jeden Menschen zu bekehren, dessen er habhaft werden kann; seine Töchter beobachten dies mal verwirrt, mal mit Verachtung und mal mit Hochachtung. *Die Giftholzbibel (The Poisonwood Bible)* wird aber nicht aus seiner Sicht erzählt und ist auch nicht seine Geschichte; Barbara Kingsolver wechselt zwischen den Perspektiven seiner Frau Orleanna sowie jenen der Mädchen – Rachel Leah, Adah und Ruth May –, während sie sich an den Kongo gewöhnen und in dessen Bann geschlagen werden, wie Rachel verdeutlicht, wenn sie sagt, man könne nicht einfach in den Dschungel hereinplatzen und ihn zum Christentum konvertieren, ohne selbst von ihm verändert zu werden.

Kingsolvers Amerika ist eine Welt aus Zackenscheren und Handspiegeln. Die Price-Frauen möchten sie in den Kongo tragen, doch ihr Vater – „unser" Vater, wie Adah ihn insgeheim verabscheuend nennt – erklärt ihnen, das entspreche nicht den Anforderungen ihrer neuen Heimat, die Lilien auf dem Feld bräuchten weder Handspiegel noch Aspirin. Der Kongo hingegen ist ein atmendes Lebewesen, das die Einwanderer mit endlosem Regen, Vipern und Getrommel zu überwältigen droht wie die biblischen Plagen. Die Familie hat nie zuvor so viel Tod gesehen, und auch das jüngste Kind stirbt.

Alle Mitglieder unternehmen ihre eigene Reise. Ruth Mays Tod ist ausschlaggebend dafür, dass sie sich an sehr verschiedene Orte begeben – zurück in die USA, nach Südafrika oder tiefer in den Kongo – und unterschiedliche Einsichten über die Welt gewinnen. Dieser Kongo ist nicht der gleiche wie in Joseph Conrads Buch *Herz der Finsternis,* das Chinua Achebe als anstößig und verwerflich kritisierte. Kingsolver schreibt im Dialog mit der postkolonialen Literatur der Vergangenheit; das „Herz der Finsternis", auf das sie sich bezieht – und sie verwendet den Begriff tatsächlich –, ist Orleanna vorbehalten, die damit ihre albtraumhafte Ehe mit einem geistesgestörten, kontrollierenden Ehemann beschreibt. Das Land wirkt in *Die Giftholzbibel* sowohl liebenswürdig und schön als auch hassenswert und tödlich. Es wird mit einer „barfüßigen" Braut verglichen, der man den Schmuck gestohlen und das Himmelreich versprochen hat; es sei aber auch ein Ort, an dem Böses belohnt und nichts Gutes bestehen würde.

Eine frühe Postkarte von Kikwit am Fluss Kwilu im südöstlichen Kongo, zugeschrieben Mr Benson und veröffentlicht von Marque Gevaert.

Die im Buch unternommenen Reisen sind gewaltig, ganz gleich, ob sie über den Abgrund der Trauer in ein beschauliches Leben weit weg von Afrika führen, wo man eines der eigenen Kinder verloren hat, oder auf den Wellen der Verheerung erfolgen, die das kongolesischen Volk in den 1960er- und 1970er-Jahren durchmachte. Einen krassen Kontrast dazu setzt Rachel, die älteste Price-Tochter, mit ihrem gefestigten Wesen, indem sie es allen Widrigkeiten zum Trotz schafft, bis zum Ende der Erzählung praktisch unverändert zu bleiben.

Die Giftholzbibel beeindruckt vor dem Hintergrund des kongolesischen Unabhängigkeitskampfs –in dem Patrice Lumumba kurz an die Macht gelangt und Mobutu schließlich seine Schreckensherrschaft beginnt – vor allem durch die Darstellung der Figur Leah, die sich auf die Einheimischen einlässt und mit ihrer zusehends verhassten weißen Hautfarbe hadert. Kingsolvers Absicht, die Verblendung und Unmenschlichkeit eines Mannes zu zeigen, der sich einbildet, der Wildnis Erleuchtung zu schenken, wird nirgends so deutlich wie während Nathans Predigten, in denen er der Gemeinde zu ihrer großen Verblüffung feierlich erklärt: „Tata Jesus ist bängala!" Bängala bedeutet auf Kikongo ungefähr „kostbar", aber auch „unausstehlich" und „Giftholz". Abermals begreift Nathan dieses Land und seine Menschen nicht im Geringsten.

LOBORTIS ALIQUI
PRAESENT FEUGAIT
VENIAM
US
BORDER
PATROL
SIEMPRE

2000–HEUTE

4 Reisen in der Gegenwart

Beim modernen Reisen geht es oft nicht um Tourismus, sondern um Migration, Flucht, Vertreibung, um den Aufbau einer neuen Existenz. Zugehörigkeit und Identität werden zu Themen des neuen Jahrhunderts.

Teil des Wandbildes „Paseo de la humanidad" (Passage der Menschheit) am Grenzzaun zwischen den USA und Mexiko in Nogales, Sonora. Dieser Abschnitt zeigt einen US-Grenzschützer mit Schlagstock, der mehrere Migranten jagt.

REISEN UND MALEN IN SÜDAMERIKA

CÉSAR AIRA

EINE EPISODE IM LEBEN DES REISEMALERS (2000)

Diese Novelle ist der fiktive Bericht über Landschaftsmaler Johann Moritz Rugendas' jäh abgekürzte Reise über die Pampas Argentiniens.

Aira gibt an, zwar sehr wenig zu schreiben, dafür jedoch täglich, und weil das Jahr viele Tage hat, würden sich am Ende 300 bis 400 Seiten ergeben, was in seinem Fall drei oder vier Bücher sind.

Der Autor wurde im argentinischen Pringles geboren und verschlang bis zu seiner Volljährigkeit Literatur aus der städtischen Bibliothek.

Außerdem hat er Titel aus Frankreich, England, Italien, Brasilien, Spanien, Mexiko und Venezuela übersetzt und redigiert.

César Aira folgt dem Augsburger Maler unterwegs durch Mittelargentinien, wo ein schreckliches Unglück geschieht. Die Konzentriertheit des Autors wirkt eigenartig und surreal, während er Rugendas' wirkliche Südamerika-Reise fiktionalisiert. Sie führt von Santiago nach Buenos Aires und beginnt zwar unter relativ simpler Prämisse, sprengt aber bald sämtliche Erwartungen und knistert vor Spannung.

Seelisch erdrückende Bedrängnis zieht sich durch die Familie Rugendas und trifft Johann Moritz am schwersten. Er wird durch Voyage pittoresque dans le Brésil bekannt, einen auf seinen Aufenthalten in Rio de Janeiro, Minas Gerais, Matos Grosso, Espiritu Santo und Bahia beruhenden Text. Wie mehrere seiner männlichen Vorfahren, von denen er auch in der Kunst unterrichtet wurde, ist er Maler und geht bei seiner Arbeit methodisch bedachtsam vor. Rugendas begreift sie als präzise Anordnung überlagerter Elemente, die dem Betrachter „ein intuitives Verständnis" ermöglichen: „Klima, Geschichte, Sitten und Gebräuche, Wirtschaft, Rasse, Fauna, Flora, Regen- und Windverhältnisse." Die entsprechende Technik entfaltet sich in der üppigen Natur der Tropen umso besser. Aira spricht von ihm als einem umtriebigen Reisenden, der unterwegs durch Mexiko, Chile und Peru, wieder Brasilien und Argentinien Hunderte, wenn nicht Tausende Werke anfertigte.

In *Un Episodio en la Vida del Pintor Viajero* geht es um Rugendas' ersten Abstecher nach Argentinien, wohin er von Chile aus über die Anden gelangt. Er plant, das warme Sommerwetter zur Überquerung der Pässe der Cordillera zu nutzen, wobei er zum Malen anhalten will, wann immer ihm etwas Interessantes ins Auge fällt. Wie abzusehen, macht ihn diese Methode sehr produktiv, doch die Route ist zermürbend.

> In der Nähe der Wasserscheide, auf zweitausend Metern Höhe inmitten von Gipfeln, die in den Wolken verschwinden, schien der Weg nicht mehr von A nach B zu verlaufen, sondern überallhin und ins Nirgendwo. Gefurchte Linien, unmögliche Winkel, Bäume, die aus Felsen herauswachsen, steile Hänge, die unter der sengenden Sonne von Schnee ummantelt sind.

Die Novelle ist zu gleichen Teilen Reiseschilderung und fiktive Erzählung: ein hybrides Werk, das sich durch ausgiebiges Betrachten zusammengefügt hat. Es entzieht sich der Kategorisierung und schlägt den Leser in seinen Bann, weil Aira Wert auf ein hohes Maß an Genauigkeit legt und alles ausführlich beschreibt, von den Feinheiten der hinreißend schönen und opulenten Landschaften bis zu den abscheulichen Details körperlicher Verletzungen.

Nachfolgende Doppelseite:
Die Landschaft in der Region Lima von Moritz Rugendas, 1843

Als er beim Reiten in der Nähe von El Monigote und Agua Hedionda von einem Blitz getroffen wird, empfindet er den Schmerz als „schrecklich, aber schnell vorbei", und noch während sowohl er selbst als auch das Pferd den lähmenden Stromschlag verwinden, trifft sie ein weiterer, noch stärkerer Blitz. „Sie flogen gut zwanzig Meter durch die Luft, knisternd wie ein kalt entflammter Scheiterhaufen." Erstaunlicherweise überleben sie, das Pferd steht auf und läuft weiter, doch Rugendas hat sich mit einem Fuß im Steigbügel verheddert. Morgens finden ihn Freunde als „blutige Masse"; er hängt immer noch fest, während das Pferd friedlich grast, atmet aber und „hätte nie gedacht, dass in seinem Nervensystem so viel Schmerz steckte".

Früher oder später würde zweifellos irgendjemand versuchen, ihre Reise zu wiederholen. Dieser Gedanke gab ihnen das Gefühl, sie dürften keinen Fehler begehen, der die Wiederholung unmöglich machen würde, und sie müssten waghalsig sein, damit es sich lohne, ihnen das Abenteuer nachzumachen.

Statt nach Buenos Aires führt ihr Weg nun zurück nach Santiago, weil es die nächste Stadt ist, in der sich Rugendas ordentlich verarzten lassen kann. Er ist nach dem Vorfall halb invalide und wird dauerhaft medikamentös behandelt, leidet ständig unter Migräne und zerrüttenden Nervenanfällen, besteht aber trotzdem darauf, jeden Tag einige Stunden lang die Natur zu malen, die ihn umgibt. Im Zuge der Blitzschläge, die seinen gesunden Körper innerhalb eines Augenblicks zu einem schmerzgeplagten und gekrümmten gemacht haben, wird sein Fokus noch fieberhafter. Er sieht die Welt nun anders, ist noch zielstrebiger und malt deshalb noch mehr. Der unvollständige Katalog von Rugendas' Werk umfasst über 3000 Ölgemälde, Aquarelle und Zeichnungen.

Eine Episode im Leben des Reisemalers vermittelt das Schwelgerische, Geduldige und Gedrungene eines typischen Aira-Romans. Der Autor schreibt im Wissen darum, dass eine Reise so, wie sie geplant wurde, ein guter Ausgangspunkt ist, wohingegen die unvorhergesehenen, lebensverändernden Abschweifungen unterwegs viel spannender sind.

TIM WINTON

Der singende Baum (2001)

Eine sich herrlich langsam entfaltende Geschichte über Liebe, Erinnerungen und Freiheit vor einer weitläufigen, bezaubernden Kulisse in Westaustralien.

Tim Winton wurde 1960 bei Perth geboren und hat etliche Bücher geschrieben. Er lebte schon in Frankreich, Italien, Griechenland und Spanien, ist aber mittlerweile nach Westaustralien zurückgekehrt.

Der singende Baum erhielt nach seiner Veröffentlichung mehrere Preise. Winton spendete 25 000 Dollar für eine erfolgreiche Kampagne zur Erhaltung des Ningaloo-Korallenriffs.

2012 feierte das Theaterstück *Signs of Life* Premiere, eine Fortsetzung der Geschichte von Lu Fox und Georgie Jutland aus dem Roman.

Der ehemalige Musiker Luther Fox, ein einzelgängerischer Buchliebhaber und illegaler Fischer, lebt in der fiktiven Stadt White Point nördlich von Perth. Die gemächliche Erzählung fördert eine grausame Vergangenheit zutage.

Die 40-jährige frühere Krankenschwester Georgie Jutland ist entwurzelt, rastlos und eigenwillig. Zu Beginn der Handlung fühlt sie sich verloren und hat kein Ziel. Sie stammt aus feinem Hause (eine der „Prinzessinnen aus der Dämchen-Schmiede") und lebt bei dem vorschriftsmäßig arbeitenden reichen Fischer Jim Buckridge, bahnt sich aber einen eigenen beschwerlichen Weg durch die Welt: „Wenn alle nach Norden gehen wollten, ging Georgie nach Süden." Die leuchtenden Dünen von White Point, „das Leck-mich-Gefühl und die Fisch-déco-Ausstrahlung" gefallen ihr, doch sie hat kein Verständnis für Menschen, die sich nostalgisch an die Vergangenheit klammern und „aus einem perversen Treuegefühl heraus in Häusern und Orten blieben." Im Gegensatz dazu bleibt Lu Fox im Bauernhaus seiner Familie neben einem Feld, auf dem Melonen verfaulen. Die beiden fahren ungeplant nach Perth, wo sie eine gemeinsame Nacht in einem Hotel verbringen, die ihr Leben verändert.

Als verärgerte Einheimische Luthers Hund töten und seinen Truck demolieren, trampt er nach Norden, wo er eine Inselwildnis vorfindet, wie Georgie sie beschrieben hat. Der Roman schildert diese Reise besonders lebhaft mit einer Fülle eigentümlicher Charaktere und eindrucksvoller Orte. Winton beschreibt die heiße, trockene Region Pilbara im Westen Australiens nahezu cineastisch: „Alles sieht groß und wie in Technicolor aus […] Dieses Land wirkt geträumt, gewollt, mächtig." In den Tälern kommt es Lu vor, „als würde er durch einen Film fahren. Einen Western. Tafelberge, Spitzkuppen, Steilhänge". Die Ophthalmia Range wird von kontrastierenden Farben bestimmt: orange Gipfel unter blauem Himmel, „Rinnenschatten violett", blutrotes Geröll, grellgrüne Gummibäume und weiße Kakadus.

Unterwegs kommt Lu durch die Geisterstadt Wittenoom, wo sein Vater früher Asbest abbaute. Broome, der letzte richtige Ort auf der Strecke, wirkt auf Georgie, die Lu mit Jim folgt, wie eine Selbstparodie mit „Wellblech-Ladenfronten und Palmen" und ein zum „Außenposten der Vorstadt" verkommener Tropentraum.

Am Flughafen von Broome zeigt eine große Wandkarte Westaustralien als Vielfaches der Fläche von Frankreich. Winton spielt oft auf die Größe des Landes an: Lus Ziel liegt genauso weit weg von Perth wie London von Moskau, und er fährt an Straßenschildern mit drei- oder vierstelligen Entfernungsangaben vorbei, wobei er sich „die unglaubliche Weite des Kontinents" vorzustellen versucht. Darüber hinaus behandelt der Roman die Grenzenlosigkeit menschlicher Trauer und Läuterung. Georgie macht sich darüber lustig, dass Lu den Schriftsteller Joseph Conrad mag, an dessen *Herz der Finsternis* auch Lus letzte Reise ins „herzlose Herz der Natur" denken lässt, doch Wintons Figuren finden nicht nur das Grauen, sondern auch Frieden.

Das legendäre Outback: Hamersley Range, Karijini National Park, Westaustralien.

Die „Wildnis innerhalb der Wildnis" auf der Insel, wo die Charaktere schließlich zusammentreffen, liegt im fiktiven Coronation Gulf („ein langer Schlauch milchig blauen Wassers, gesäumt von Stränden und Mangrovengürteln") und ist „eine archetypische australische Landschaft". Wir verweilen dort, während Lu seine Verbindung zur Natur und Musik wiederherstellt. Er baut ein Saiteninstrument und spielt darauf, bis er sich fragt, „ob er der Sänger ist oder das Gesungene". So erzeugt er Klänge und Gefühle, die aus der Erde des Landes stammen, wie der englische Romantitel *Dirt Music* andeutet. Das Buch ist wie Lus Musik zugleich ausgelassen und wehmütig. Es gibt die wechselhaften Muster der natürlichen Welt wieder und stößt in Wildnis jenseits von Sprache, Trauer und Erinnerung vor.

YANN MARTEL

SCHIFFBRUCH MIT TIGER
(2001)

Die außergewöhnliche Erzählung eines Schiffbrüchigen ist eine Geschichte des Unerwarteten, voll komplexer Ideen und zahlreicher Genüsse.

Schiffbruch mit Tiger, im Original *Life of Pi*, gewann den Booker Prize 2002. Der Roman hat sich weltweit über zehn Millionen Mal verkauft und wurde in 55 Sprachen übersetzt.

Der Roman wurde für eine Filmfassung 2012 mit der Regisseurin Ang Lee und für die Bühne adaptiert. Die Uraufführung von Lolita Chakrabartis Theater-Umsetzung fand 2021 im Londoner West End statt und gewann 2022 fünf Laurence Olivier Awards.

Die Handlung beginnt mit dem Entschluss eines Vaters, den Familienzoo zu veräußern und von Indien nach Kanada zu ziehen, wobei uns Martel retrospektiv durch die Geborgenheit der Kindheit des Protagonisten Pi im Zoo von Pondicherry führt. Damit bereitet er den Leser auf das fantastische Abenteuer eines Schiffbrüchigen vor.

Das zoologische Fachwissen ist so detailliert, dass man schnell den Eindruck gewinnt, Martels Vater habe tatsächlich einen Zoo geleitet. Von Beginn an vermenschlicht Pi die Tiere und verleiht ihnen Persönlichkeiten, ähnlich George Orwell in seinem Werk Farm der Tiere. Der bengalische Tiger wird Richard Parker getauft und der Orang-Utan trägt den Namen Orange Juice. Das Faultier sieht aus wie „ein auf dem Kopf stehender Yogi in tiefer Meditation" und das Kamel hat einen „senilen, lüsternen Blick".

Dennoch verrät Martel schon früh, dass es sich hier um keine Fabel handelt, sondern eine metaphysisch gefärbte Geschichte mit diversen Handlungssträngen, die alle einen Übergang thematisieren. Sie erzählen vom Erwachsenwerden, politischen Unruhen, der Übervölkerung und verschwindenden Habitaten, sich widersprechenden Religionen, dem Konflikt zwischen Mensch und Tier und dem problematischen Brauch, Wildtiere in einem Zoo zur Schau zu stellen. Der Roman zeigt eine Welt, in der alles auf den Kopf gestellt zu sein scheint, Fragmente einer Zivilisation, die nun mit allem Wilden gefangen ist, das sie einst einzusperren trachtete.

Pis Gefährten nach dem Schiffbruch sind eine Hyäne, ein Orang-Utan, ein Zebra und ein bengalischer Tiger sowie – wie Pi beobachtet – Gott! Seine Irrfahrt ist durch ein spirituelles Element gekennzeichnet, denn aufgrund der gemeinsamen Gefahr steht er mit jedem Lebewesen auf einer Stufe. An diesem Punkt bewegt sich die Erzählung hin zu einem Abenteuerroman, denn Pi muss sich mit dem bloßen Überleben und der grausamen Wildheit der Tiere auseinandersetzen. Die Suche nach Trinkwasser und Proviant wird zu einer gefährlichen Unternehmung, denn unter einer Plane befindet sich auch ein seekranker, über 200 Kilogramm schwerer Tiger.

Die Bildhaftigkeit erinnert an schiffbrüchige Seeleute, wird aber durch ein bizarres Element bereichert. Ein junger Mann aus Indien findet auf dem Weg nach

Wir fuhren von Madras durch die Bucht von Bengalen, entlang der Straße von Malakka und um Singapur herum … Am vierten Tag auf See, auf halbem Weg nach Midway, sank das Schiff.

Allein in der Gesellschaft eines bengalischen Tigers. Richard Parker schaut über den Rand des Rettungsboots in Ang Lees Filmversion (2012) mit Suraj Sharma und Gérard Depardieu.

Kanada mitten im Pazifik Lebensmittelrationen, hergestellt in Bergen, Norwegen. Die Erlösung ist ein Gebäckstück: „Ärgerlich mit dem Fett, aber bedenkt man die Umstände, kneift der Vegetarier in mir die Nase zu und erträgt es."

Pis auf ihren wilden Ursprung zurückgeworfene Begleiter sind instinktgetriebene Raubtiere, die solche Bedenken nicht plagen. Alles läuft auf einen fundamentalen Kampf zwischen Mensch und Tier hinaus, Verstand und schiere Muskelkraft, ein Duell ums Überleben – gegen alle Widrigkeiten und gegen die Elemente. Pi muss sich beweisen.

Pi stellt stellvertretend die Menschheit dar, denn abseits der spannenden und aufregenden Erzählung beabsichtigt der Autor, die Konventionen zu hinterfragen und Argumente zu beleben. Die Zootiere sind frei, das Animalische trifft auf das Zivilisierte, die Beobachteten werden zu Beobachtern, das Ungezähmte und Wilde trifft auf den Verstand. Auf einer bestimmten Ebene wird eine Frage aufgeworfen: Welche der Kreaturen ist das wahre Raubtier?

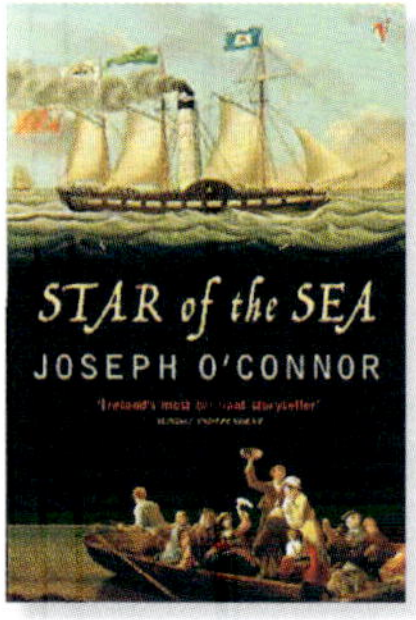

Ein Hungerschiff überquert den Atlantik

Joseph O'Connor
Die Überfahrt (2002)

1847 bricht ein Schiff mit bunt gemischten Passagieren aus dem von der Großen Hungersnot betroffenen Connemara zu einer gefährlichen Fahrt über den Atlantik nach New York auf.

Die Überfahrt ist der bekannteste Roman von Joseph O'Connor, der einen PEN Award für herausragende Beiträge zur irischen Literatur erhalten hat. Im ersten Jahr nach der Veröffentlichung wurden 800 000 Exemplare verkauft.

Der Originaltitel *Star of the Sea* hat einen katholischen Unterton. Das lateinische *Stella Maris* steht für die Jungfrau Maria als Schutzpatronin der Seefahrer.

Die Fortsetzung *Redemption Falls* ist in der Zeit des amerikanischen Bürgerkriegs angesiedelt und erschien 2009 als *Wo die Helden schlafen* auf Deutsch

Die Überfahrt ist ein Drama viktorianischen Ausmaßes, das Kontinente und fast ein ganzes Jahrhundert umspannt. O'Connor gliedert seine übergreifende Geschichte von Opfern der Hungersnot in Irland leicht fassbar auf. Der Roman besteht aus Briefen, heimlichen Liebschaften, Fragmenten – ein Puzzle, das er so behutsam zusammenfügt, dass es zu keiner Zeit schwerfällig wirkt. Er ist ein irisches Pendant zu *Früchte des Zorns*, angesiedelt in den Atlantikstaaten statt im Mittleren Westen.

Wir befinden uns an Bord der *Stella Maris*, wo die Hungersnot sehr unterschiedliche Menschen zusammenführt: Der bankrotte Lord Kingscourt und seine Frau, die ihr Anwesen verlassen mussten, flüchten mit vielen ihrer vertriebenen Pächter, die mittellos sind und hungern. Während das Paar mit Harfenspiel unterhalten wird und am Tisch des Kapitäns Wein trinkt, begnügt man sich auf dem Zwischendeck mit Schleimsuppe. Die Vergangenheit ist im Begriff, sie einzuholen, während eine Zukunft in Amerika lockt.

Der Erzähler und Möchtegern-Schriftsteller Grantley Dixon reist ebenfalls erster Klasse mit den Adligen. Kapitän Lockwood führt für seine Reederei Buch über die Geschehnisse. Beim Abendessen zugegen sind außerdem ein Maharadscha, ein Postbeamter, ein Arzt und ein Geistlicher – eine Konstellation wie bei Agatha Christie, und unter Deck sinnt mindestens ein Passagier auf Vergeltung. Man kann *Die Überfahrt* als Krimi mit vielen Mordmotiven lesen, als ausladenden Historienroman über die irische Hungersnot, die eine unwahrscheinliche Konstellation von Personen zu einer riskanten Schiffsreise nach New York zwingt, als Sammlung binnen 26 Tagen erzählter Einzelgeschichten – quasi maritime *Canterbury Tales* – oder als Shanty über den anglo-irischen Klassenkampf im Jahr 1847. Der Roman ist all das und trotzdem auf seine Art aufregend unvergleichlich.

Wir begegnen unserem Monster gleich zu Beginn: Pius Mulvey ist einer der großen literarischen Antihelden des 21. Jahrhunderts. Er zieht seinen linken Fuß nach, trägt ein zerschlissenes Militärjackett und hat sehr lange Arme. Sein Elend ist deutlicher erkennbar als das der anderen an Bord, aber wohl kaum weniger real. Während er auf dem Schiff herumschleicht, wird langsam ersichtlich, wohin die Reise für die einzelnen Passagiere gehen wird.

Wir sprechen immer noch von unserem Glück, am Leben zu sein. Dabei hat unser Leben fast nichts mit Glück zu tun, sondern mit Geografie, Pigmentierung und Wechselkursen.

Der Autor zieht uns als Zuschauer in die Handlung hinein, um einen Bruchteil Geschichte nachzuempfinden. Wir erleben nicht nur die Überfahrt, sondern auch die Rückreise nach Irland, um zu begreifen, warum diese Leute überhaupt erst aufgebrochen sind. Der Text ist mit dem Untertitel *A Farewell to Old Ireland* („Abschied vom alten Irland") versehen und von zeitgenössischen Zitaten durchdrungen, die uns ins ländliche Leben eintauchen lassen. O'Connor schreibt elegant und raffiniert; wenige haben einen Wortschatz wie er.

Die verschiedenen Handlungsstränge entstehen aus einem Nebel von Wahrnehmungen. Wir erahnen wie die Besatzung, dass etwas kommt, bevor wir es sehen; man gewinnt den Eindruck, dies sei eine einzelne Story, doch es sind mehr, und lernt nicht nur einen Helden kennen, sondern fünf oder sechs.

O'Connor konstruiert Binnenhandlungen und lässt einige köstliche literarische Seitenhiebe einfließen. Bei einem Gastauftritt von Charles Dickens erfahren wir Hintergründe zu *Oliver Twist;* Ellis Bell stellt sich als Emily Brontë heraus, deren *Sturmhöhe* im selben Jahr unter diesem Pseudonym erschien, wobei die Moore in Yorkshire hier durch Connemara oder den Atlantik ersetzt wurden; der eloquente Literaturagent Newby war wirklich Brontës Verleger.

Die Überfahrt wird bezahlt: Emigranten im Schifffahrtsbüro in Cork, die sich auf dem Gipfel der Hungersnot nach Amerika aufmachen. Holzschnitt, 1851.

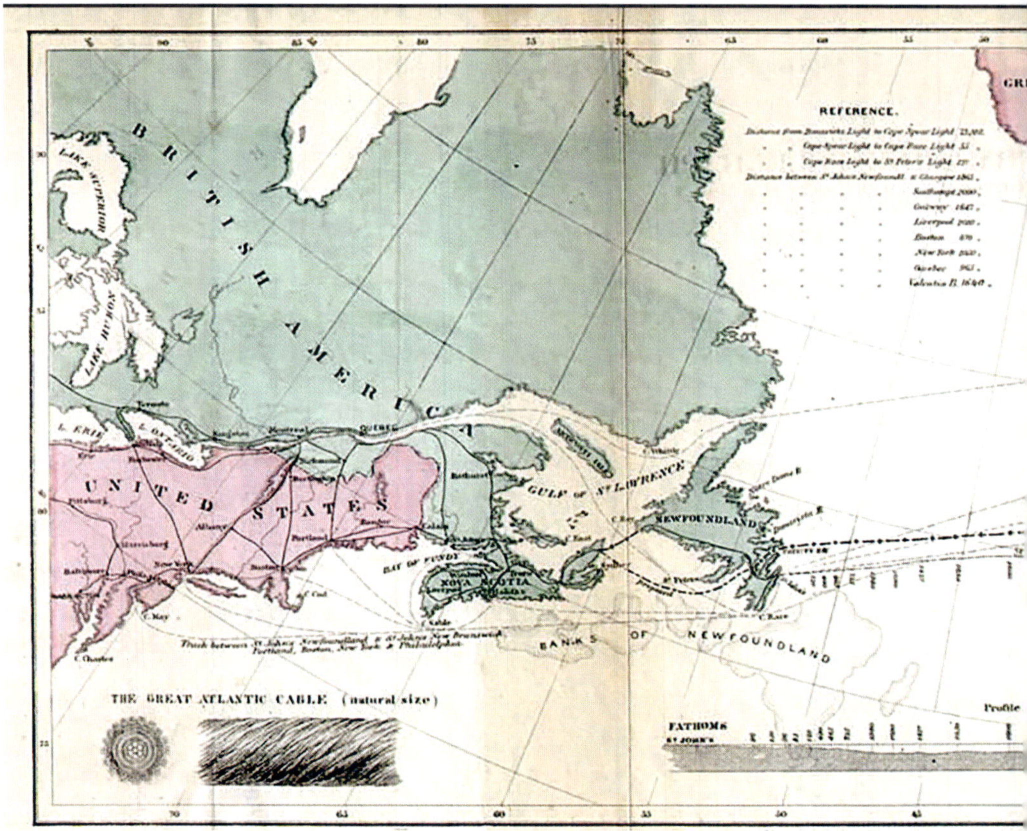

Um dem Ganzen eine zusätzliche dramatische Dimension zu verleihen, ist das vermeintliche Rettungsschiff „ein absurdes, knarrendes, undichtes, wehrloses Gebilde aus Eichenholz und Pech und Nägeln und Gottvertrauen, hin- und hergeschleudert von den tückischen schwarzen Fluten". Im Lauf der Zeit wurde so viel daran ausgebessert, dass der Wind durch die Ritzen pfeift.

Nach wenigen Kapiteln sind alle Zweifel an O'Connors Absichten aufgehoben. Sein Schiff – seine Stella – ist vom gleichen Schlag und literarischen Ursprung wie Melvilles Pequod in *Moby-Dick*, seine Reise genauso bedeutend wie Conrads Flussfahrt in *Herz der Finsternis*.

Diese Einschätzung bestätigt sich in dem Dünkel viktorianischer Schauerliteratur, jedes Kapitel mit einer erbaulichen Erklärung zu beginnen, beispielsweise „Der Abschied. Der erste unserer sechsundzwanzig Tage auf See: Worin ein Schiffsführer etliches von Bedeutung verzeichnet sowie die Umstände unseres Aufbruchs."

Der Rahmen wird trügerisch filmreif abgesteckt, angefangen mit einer Gesamtschau über das Logbuch und einen Blick unter Deck hinweg zu einem Streit bei Tisch, Briefen aus Übersee und einer Stellungnahme aus einer alten Zeitung, deren Autor seine Ziele auf herrlich anstößige Weise angreift.

Hinter alledem verbirgt sich jedoch ein Zweck. Diese Charaktere haben Hand und Fuß, während der Rest der Welt scheinbar aufgegeben wurde:

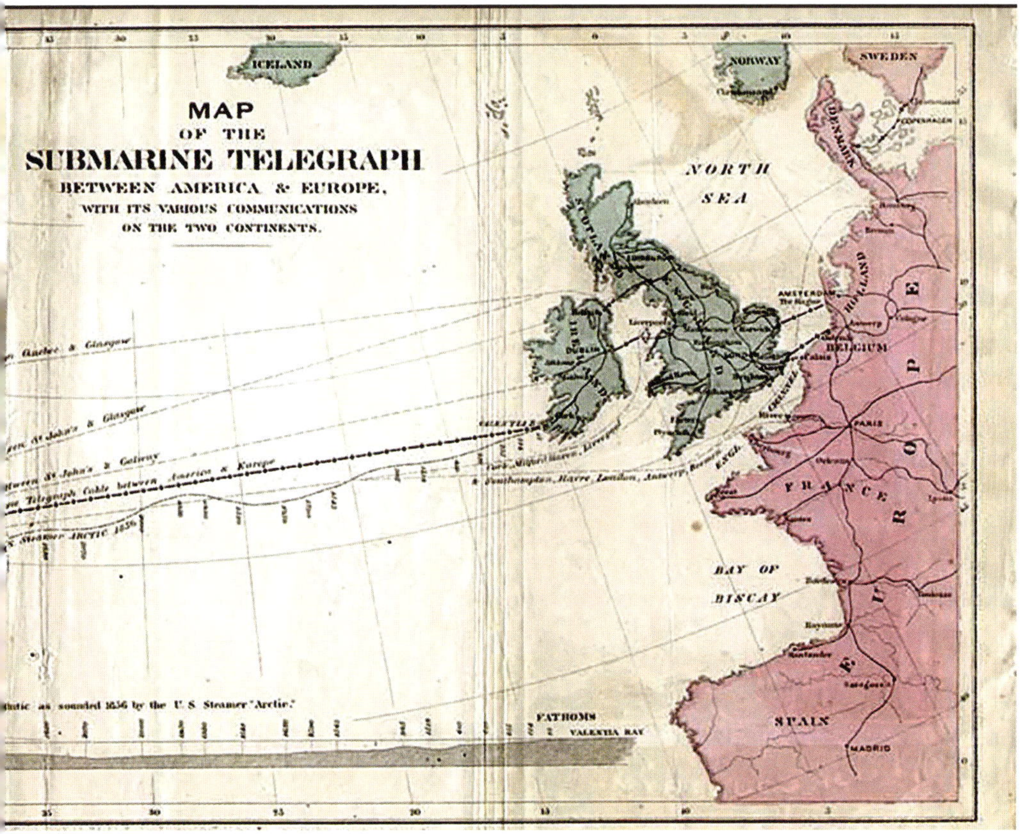

Die ersten Karten des Atlantik, wie diese aus dem Jahr 1858, wurden angefertigt, um die Verlegung von Telegrafenkabeln zu markieren. Die Routen wurden daraufhin von Transportschiffen genutzt, die sich mit neuen Siedlern nach New York aufmachten.

> Die Gründe, warum die Dinge waren, wie sie waren, konnten entsetzlich kompliziert sein, das wusste Mulvey; aber in diesem Winkel des Empire waren sie oft so unerbittlich wie eine mathematische Gleichung.

Die Überfahrt ist mehr als eine polemische Spitze gegen die Engländer in Irland; weitere ausgefeilte Finessen verflechten sich und stellen Konventionen infrage. Das gelegentliche Auftreten des Gälischen erinnert an das Erbe, das die Figuren hinter sich lassen, und daran, dass Kommunikation über die gesellschaftliche Kluft hinweg kaum möglich war. Die meisten Engländer beherrschten die Sprache der Iren nicht und hatten auch nicht den Drang, sie zu lernen.

O'Connor weiht uns ein Stück weit in seine Methoden ein, wenn er die Liebe beschreibt, die Mulvey plötzlich findet, als er Musik aus einem Lokal hört: „Die Lieder hingen alle zusammen, so wie alle Wasserläufe am Ende ein einziger Fluss waren. Schatten des einen sah man über das nächste huschen. Zeilen wanderten, Wendungen kehrten wieder, Verse wurden verbessert und fanden einen neuen Platz […] Als hätte es früher nur ein einziges großes Lied gegeben, an dem alle Lieddichter weiterschrieben; als schöpften sie alle aus einer verborgenen heiligen Quelle. Der emotionale Aufruhr der Reisenden, die in einem Fegefeuer zwischen Epochen und Zivilisationen stecken, ist dem Zorn und der Macht des Meeres ebenbürtig oder sogar stärker."

AUÐUR AVA ÓLAFSDÓTTIR

EIN SCHMETTERLING IM NOVEMBER (2004)

Als eine Frau bei einem spätsommerlichen Ausflug an einem einzigen Tag alles verliert – ihr Zuhause, ihren Ehemann, ihre Vergangenheit –, tritt sie gemeinsam mit einem vierjährigen Kind eine Reise an, auf der sie ihr Inneres erkundet.

Auður Ava Ólafsdóttir fand zunächst keinen Verlag für Ein Schmetterling im November. Erst Hildur Hermóðsdóttir vom Verlag Salka gab ihr eine Chance.

In Island beginnt im November die dunkelste Jahreszeit. Anfang des Monats gibt es noch ungefähr acht Stunden Tageslicht, gegen Ende nur noch fünf.

Der Roman *Rigning í nóvember* wurde 2013 von Sabine Leskopf ins Deutsche übersetzt.

„Hier ist ein Lotteriegewinn, Geld und eine Reise. Ich sehe einen großen Ring, ich sehe auch einen weiteren, kleineren Ring, der auf einen Finger passt, später. Du wirst nicht dieselbe sein wie vorher." Die namenlose Erzählerin von Ein Schmetterling im November hört diese Verheißung einer Wahrsagerin, die sie eigentlich gar nicht besuchen wollte – ihre beste Freundin Auður hat den Termin macht, ihn aber nicht wahrnehmen können und stattdessen sie geschickt. Und wie vorhergesagt bricht die Erzählerin in die zunehmende Dunkelheit des isländischen Winters auf, nachdem ihr Ehemann angekündigt hat, sich scheiden lassen zu wollen, weil seine Sekretärin schwanger von ihm ist. Nicht dass sich die Erzählerin der Situation entziehen möchte; vielmehr soll ihr die Reise dabei helfen, ihre „innersten Landschaften […] neue Gebiete […] neue Gefühle" zu entdecken.

Obwohl sie diese Zeit eigentlich allein verbringen wollte, hat sie schließlich einen „vierjährigen hör- und sehbehinderten Reisegefährten": Auðurs Sohn Tumi. Die Mutter bekommt bald Zwillinge und muss die letzten drei Schwangerschaftsmonate wegen Komplikationen in einem Krankenhaus bleiben. Als sich die Erzählerin bereit erklärt, auf Tumi aufzupassen, erfüllt die Verantwortung sie mit Zweifeln. „Ich bin nicht dafür geschaffen, Mutter zu sein", sagt sie, „ich habe überhaupt keine Ahnung von Kindern."

Ein entlegener Ort mit Tropenwald und Korallenriffen wäre ihr zwar lieber, doch sie bleibt im Land und macht auf der Ringstraße eine Rundreise durch Island, weil sie gleich zwei Lotteriegewinne gemacht hat – eine hohe Geldsumme und ein Ferienhaus, das auf die andere Seite der Insel geliefert wird.

Trotzdem scheint auf dieser Rundreise nichts mehr so zu sein, „wie es immer war". Es ist unverhältnismäßig warm für November, sodass es nicht schneit, sondern andauernd Regen fällt, der die Landschaft verschwimmen lässt, und Schmetterlinge herumfliegen. Jederzeit könnten Schlammlawinen die Fahrt unterbrechen, und die großspurig benannte Nationalstraße 1 ist über weite Strecken unbefestigt oder führt über einspurige Brücken.

In der Hoffnung, ihre Probleme würden sich allein dadurch lösen, dass sie unterwegs ist, wird die wirkliche Reise der Erzählerin auch zu einer

Route 1, oft Ringstraße genannt, Skeidararsandur, Skaftafell-Nationalpark. In der Distanz erkennt man den Vatnajokull, wortwörtlich „Wassergletscher".

inneren; eine Frau sucht nach sich selbst, als sei die Finsternis, die sie umgibt – „schwarze Sandwüsten, schwarze Lava, das schwarze Meer" – ihre eigene Orientierungslosigkeit, nachdem ihr Mann sie verlassen hat. Dennoch findet sie in ebendieser Finsternis ein Gefühl von Sicherheit, wie sie bemerkt, als ein Fremder sie eines Nachts auf ein Lavafeld führt, um ihr zu zeigen, was völlige Finsternis tatsächlich bedeutet.

Neue Seiten ihrer selbst entdeckt die Erzählerin nicht durch Reflexion, sondern durch die vielen sonderbaren und scheinbar banalen Begegnungen, die sie unterwegs macht, etwa wenn sie ein Schaf überfährt und es dem Bauern bringt, dem es gehört, oder auf einem Hof, wo die Bäuerin Gurken anbaut und für Übernachtungsgäste mit persönlichen Botschaften verziert.

Meistens aber stellt Tumi sie vor Herausforderungen, wobei sie neue Kommunikationsarten lernt, um die Bedürfnisse des Kindes zu erfüllen. Ihre berufliche Erfahrung und sprachwissenschaftliche Kenntnis als Übersetzerin – sie beherrscht elf Sprachen –, helfen ihr nicht, den Jungen zu verstehen, obwohl sie sich allmählich und mit seiner Hilfe auch die Gebärdensprache aneignet. Im Lauf der Reise lernt sie, genau auf die Wünsche und Gefühle zu achten, die er ohne Worte äußert, sodass das zarte Band zwischen ihnen enger wird: Man gewinnt den Eindruck, die Erzählerin wisse vielleicht mehr über Kinder, als sie glauben macht.

Zunächst ergibt die Prophezeiung der Wahrsagerin („am Ende stehst du da mit dem Licht in deinen Armen") keinen Sinn, doch zum Schluss hat die Frau wieder zu sich gefunden, wenn sie offenbart: „Ich beginne, eine andere zu werden, beginne, ich zu sein."

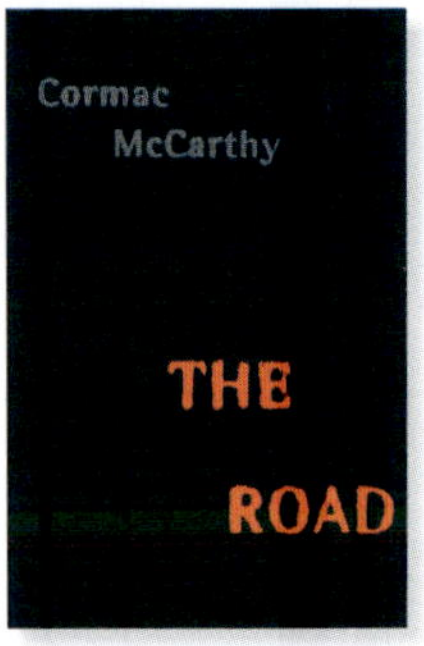

EINE POSTAPOKALYPTISCHE REISE GEN SÜDEN DURCH DIE VERWÜSTETEN USA

CORMAC MCCARTHY

DIE STRASSE (2006)

Die unerschrockene Reise durch ein Endzeit-Szenario stellt die tief empfundene Liebe zwischen Vater und Sohn in den Vordergrund, die eine sich verdunkelnde Welt erhellt.

Cormac McCarthy wurde 1933 in den USA geboren und zählt zu den am meisten gelobten Schriftstellern des Landes. Die Straße, sein zehnter Roman, erschien 2006. Der Junge und die sich stetig entfaltende Reise wurde oft mit Mark Twains *Adventures of Huckleberry Finn* (1884) verglichen.

Das als Meisterwerk geltende Buch wurde 2006 mit dem James Tait Black Memorial Prize ausgezeichnet und 2007 mit dem Pulitzer-Preis für Romane, es folgten zahlreiche Übersetzungen und 2009 die Verfilmung. Im selben Jahr wurde die von McCarthy seit 50 Jahren genutzte Schreibmaschine für 250 000 Dollar versteigert.

Die Straße erzählt möglicherweise den beängstigendsten fiktionalen Reisebericht in der Literatur. Obwohl der Roman nur einen rudimentären Handlungsstrang hat, stellt das bedrängende emotionale Erlebnis die Kulmination von Jahrhunderten apokalyptischer Fiktion dar. Nach einer nicht näher erklärten Katastrophe, vermutlich einem nuklearen Angriff, durchstreifen ein Vater und sein Sohn das „verödete Terrain" eines Amerikas, das „geplündert [und] verwüstet wurde". Während ihrer Odyssee entlang der Interstate-Highways in Richtung Küste werden sie zu Symbolen der gesamten Menschheit, besonders weil Namen, Alter und Handlungsorte ungenannt bleiben. Referenzpunkte sind bedeutungslos geworden. Der Junge kennt nur diese Welt, denn er wurde geboren, nachdem „ein lang anhaltender Lichtblitz, gefolgt von einer Serie von Erschütterungen", die Welt zum Erbeben brachte.

Das Paar durchwühlt „Haufen von Müll" auf der Suche nach Essen und Kleidung in einem Endzeit-Szenario, in dem andere Menschen Kannibalen geworden sind. Frauen werden zu Eigentum, Kinder zu einer Nahrungsquelle. Vor dem Hintergrund solcher Monster stellt das Paar „Pilger in einer Fabel" dar. Die religiösen Dimensionen lassen den Vater als „Schäfer" seines Sohnes erscheinen, doch das Kind verkörpert eine potenzielle Zukunft, wenn auch eine ungewisse.

Im Verlauf der Erzählung ist es das Kind, das eine Verbindung zur Menschheit allgemein herstellt und Empathie zeigt. Es hinterfragt und nimmt im Angesicht der überwältigenden Gefahren, die seine Unschuld bedrohen, die Rolle eines moralischen Kompasses ein. Zwischen Vater und Sohn besteht noch ein anderer Unterschied. Obwohl beide das „Feuer weitertragen", ähnlich Steinzeitmenschen, die die Flamme der Hoffnung und Liebe bewahren, wird der Vater von einem dringlichen Überlebensverlangen angetrieben, in dessen Fokus die beiden stehen, wogegen sich der Sohn mit „den Guten" zusammenschließt und somit das Fortbestehen der Spezies im Sinn hat. Und immer wieder taucht die Straße auf, die ihre Konzentration auf die Reise lenkt. Während der Weg in den meisten Romanen in einer angenehmen Destination oder an einem angenehmen Rückzugsort endet,

Ödland: Der Mann und der Junge kämpfen auf dem Weg in den Süden ums Überleben. (Filmversion, 2009)

wird er hier zur Falle. Es ist ein Schicksal, das ihnen die Menschlichkeit raubt und sie eher als „Affen, die mit Stöcken einen Ameisenhügel durchsuchen", darstellt. Was ihnen bleibt, ist die bedingungslose Liebe zwischen Vater und Sohn, eine unumstößliche Wahrheit und Konstante in einer Welt, „in der alles vergeht". Obwohl die reale Welt nur noch einem dunklen Schatten ähnelt, wird ihre spirituelle Welt von Liebe erhellt. Der Vater nimmt den Sohn als „strahlend wahr ... wie ein Tabernakel".

Die Liebe eröffnet und beschließt den Roman. Er beginnt mit dem aufwachenden Vater, der sich sofort nach dem Sohn streckt, und endet mit einer Frau, einer Fremden, die das Kind liebevoll umarmt. Ein Traum des Vaters dreht sich um eine unverkennbare Wahrheit, denn er wird von einem Kind geführt, das ihn „bei der Hand nimmt". Ist es eine Erinnerung an die christliche Segnung? Dass ein Kind alle führen soll?

In einem Interview mit dem *Wall Street Journal* 2009 gibt McCarthy den Hinweis, dass sein „vierjähriger Sohn das Buch praktisch mitverfasste". Und exakt aus diesem Grund hat der einfache, aber berührende Dialog solch einen authentischen Anklang. Das reduzierte Vokabular spiegelt die verwüstete und karge Landschaft wider, was beinahe unerträglich erscheint. Die abgehackten Sätze ähneln hingegen Herzschlägen, bis wir das abschließende Wort „Mysterium" erreichen. Möglicherweise ist das ein Fazit des Autors, wohin uns alle der Lebensweg bringt?

OLGA TOKARCZUK

UNRAST (2007)

Zwei Arbeiten, eine „offizielle" und eine fiktionale, sind die Eckpfeiler dieses hinreißenden nicht-linearen Werks. Es ist so abwegig und unrealistisch wie alle Bücher, die über die wahre Bedeutung und Erfahrung des Reisens im 21. Jahrhundert berichten.

Olga Tokarczuk wurde 1962 in Polen geboren. Nach einem Psychologiestudium an der Universität von Warschau praktizierte sie als Therapeutin und veröffentlichte 1989 einen Gedichtband.

Ihr erster Roman *Ur und andere Zeiten* (1996) wurde von den Kritikern hochgelobt. *Unrast* (Originaltitel *Bieguni*) gewann 2008 den Nike Award, Polens wichtigsten Literaturpreis; die englische Ausgabe erhielt den Man Booker International Prize für Werk und Übersetzung. 2018 wurde Tokarczuk mit dem Nobelpreis für Literatur ausgezeichnet.

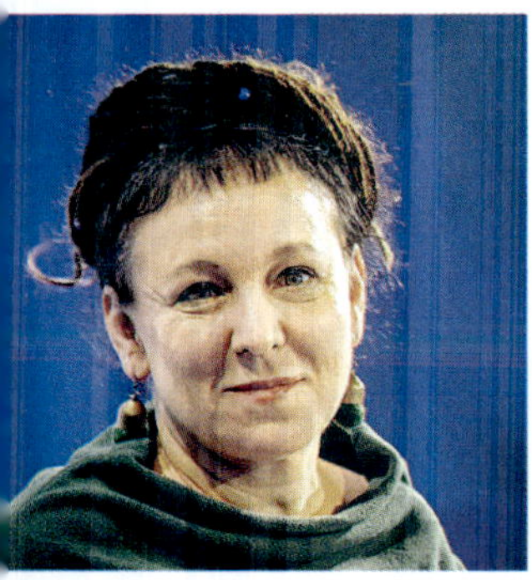

Manche Reisen scheinen von eigenen Regeln bestimmt zu sein, beginnen und enden mit Träumen. Olga Tokarczuks *Unrast* ist ein Buch, für das das Wort Füllhorn erfunden werden müsste, wenn es dies nicht bereits gäbe. Es lässt sich charakterisieren als Roman, Memoiren, Anti-Reisebericht und Kompendium kurioser Informationen, zugleich enthält es Elemente von Anthropologie, Geschichte und Philosophie. Die nicht näher benannte Protagonistin ist eine ständig umherziehende polnische Autorin, die um den Globus reist und dabei mit allen Errungenschaften der Moderne konfrontiert wird – Flughäfen, Eisenbahnstationen und Hotelzimmer. Sie bilden die Basis für eine Meditation über das Leben und den Tod über Zeit und Raum hinweg. Die Charaktere sowie die sie symbolisierenden Vignetten sind fiktional. Die Ereignisse bleiben entweder recht alltäglich, wie die Erlebnisse eines Polen auf der Suche nach seiner Familie, die während eines Urlaubs in Kroatien verschwunden ist, oder sind faktenbasiert wie die makabre Geschichte des Herzens von Frédéric Chopin. (Es wurde nach seinem Tod in Paris 1849 von seiner Schwester in der Unterwäsche zurück nach Polen geschmuggelt, wo es sich seit 1945 in einer Krypta in Warschau befindet.)

Die Erzählerin des Romans, empfindsam und aufmerksam gegenüber der direkten Umgebung, gibt sich schnippisch hinsichtlich authentischer Reiseführer: „Die Wahrheit ist schrecklich – Beschreiben zerstört", beschwert sie sich. Sie verlässt sich nur auf zwei Führer, „denn sie wurden mit wahrer Leidenschaft und dem aufrichtigen Verlangen verfasst, die Welt zu porträtieren. Ersterer wurde zu Beginn des 18. Jahrhunderts in Polen geschrieben". Es folgt eine lange Dokumentation der Herkunft dieses Buchs und seines Inhalts, wonach sie das zweite in einem eindringlichen Satz erwähnt: „Das andere ist Melvilles *Moby-Dick*."

Tokarczuks Erzählerin reist so häufig, dass ihr tatsächliches Zuhause aus dem Bewusstsein zu verschwinden scheint und von einer Hotelunterkunft kaum mehr unterscheidbar ist. Ihr Bett hat Laken, „die eine bessere Qualität haben könnten, weiß und gut gestärkt. Stattdessen haben sie die Farbe von verblichener Rinde." Das von ihr dargestellte Hotel hat eine „wirklich großartige" Bibliothek. „Vielleicht bleibe ich doch länger hier, allein wegen dieser Bücher".

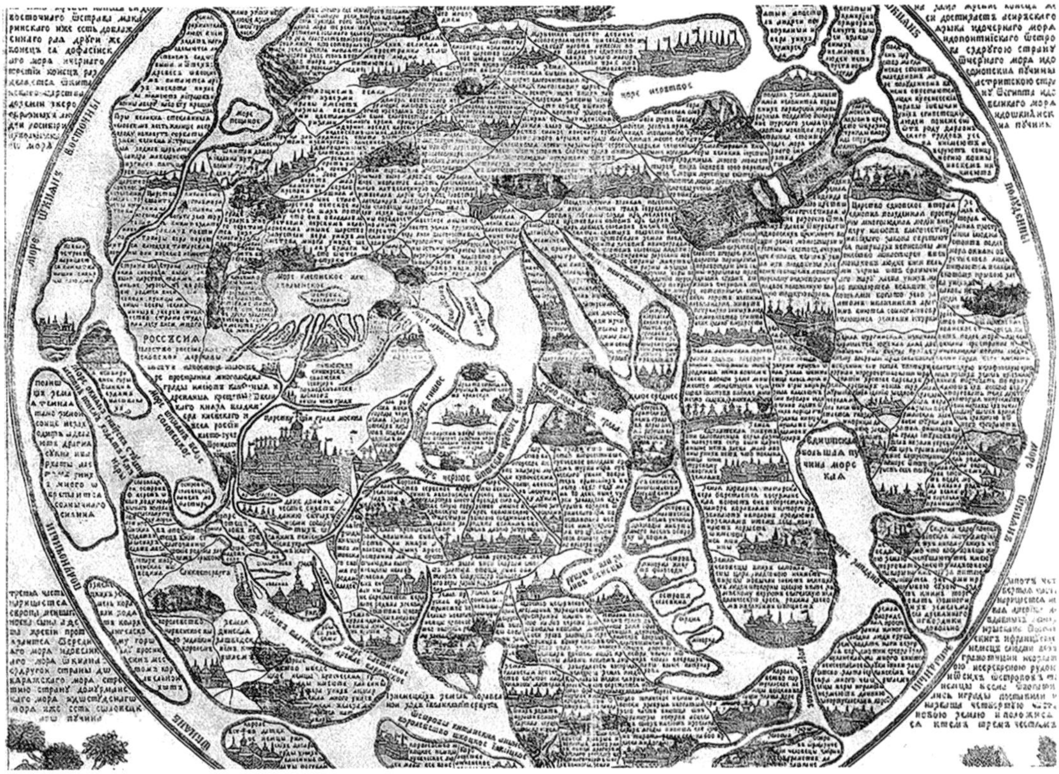

Eine Original-Illustration von Olga Tokarczuk, abgedruckt in allen Ausgaben.

Tokarczuk erhielt erst ab 1990, mit 28 Jahren, einen Reisepass, da die Ausreise unter kommunistischer Herrschaft jahrzehntelang beschränkt worden war. (Lange am Reisen gehinderte Menschen haben oft die Tendenz, die verlorene Zeit nachzuholen.) Der Romantitel vermittelt den Eindruck, dass Menschen reisen, weil sie etwas suchen oder vor etwas wegrennen wollen – möglicherweise Erinnerungen, die wohl stärksten Verfolger! Tokarczuk schreibt:

> Verletzt mich etwas, lösche ich es von meiner mentalen Karte. Orte, an denen ich stolperte, hinfiel, wo ich niedergeschlagen wurde, ins Mark getroffen, wo ich etwas Schmerzvolles erlebte – solche Orte existieren nicht mehr. Das heißt, ich habe mich einiger großer Städte entledigt und auch einer Provinz insgesamt. Vielleicht eliminiere ich eines Tages ein ganzes Land.

Ein weiteres, das Verlangen noch konstanter Fortbewegung begünstigendes Element ist die Angst vor der Sterblichkeit und die Täuschung, ihr durch permanente Mobilität zu entkommen. „Gesegnet sei der, der geht" – dieses Zitat von Kapitän Ahab aus *Moby-Dick* durchzieht den Roman. Die Monotonie der Flughafenwartehallen von Prag bis Montreal, die Entdeckung der Achillessehne 1542, Flugbegleiterinnen „wunderschön wie Engel" – sie alle haben ihren „zufällig präzisen" Ort in Tokarczuks himmlischer, überweltlicher Übertragung.

DACIA MARAINI

DER ZUG IN DIE JÜNGSTE NACHT (2008)

1956 reist eine junge italienische Journalistin durch ein geteiltes Europa, um in den kommunistischen Staaten zu recherchieren und herauszufinden, was aus einem Spielgefährten aus ihrer Kindheit geworden ist.

Die 1936 geborene italienische Romanautorin, Dramatikerin, Dichterin und Kolumnistin Dacia Maraini schreibt laut eigener Aussage aus der Perspektive einer Frau.

Sie setzt sich für Frauenrechte, die Legalisierung der Abtreibung, strengere Gesetze gegen häusliche Gewalt sowie die Bekämpfung von organisiertem Verbrechen und Korruption ein.

Zu ihrem umfangreichen literarischen Werk zählen mehrere Bände mit Reiseberichten.

Die Florentinerin Amara (was auf Deutsch „bitter" heißt) soll eine Reportage über das Leben hinter dem Eisernen Vorhang machen. Sie soll der Frage auf den Grund gehen, was nach dem Leid des Zweiten Weltkriegs geblieben ist und wie man sich an die Shoah erinnert.

Im Titel des Buchs schwingt etwas von einer urzeitlichen „nächtlichen Reise" zu den Wurzeln des Bewusstseins des Bösen mit. Amaras Aufgabe als Investigativjournalistin fällt mit ihrem persönlichen Anliegen zusammen, den österreichischen Juden Emanuele Orenstein zu finden, dem sie während ihrer gemeinsamen Kindheit in der Toskana nahestand. Die beiden Jugendlichen hatten sich vorgenommen, für den Rest ihres Lebens zusammenzubleiben. Doch die Idylle endete 1939, als Emanueles Eltern in der Annahme, ihre seit Generationen haltende Familientreue gegenüber Österreich bewahre sie vor dem Antisemitismus, nach Wien zurückkehrten. Die Kinder schrieben einander eine Zeit lang, bis Emanueles Briefe plötzlich ausblieben. Später fallen Amara mehrere Schreiben in die Hände, die er in Lodz verfasst und nie abgeschickt hatte.

Für die Unbill der verschiedenen Grenzkontrollen mit feindseligen Befragungen, die Amara nach ihrem Aufbruch in Florenz über sich ergehen lassen muss, entschädigt sie ihr junger Mitreisender Hans Wilkowsky, der mehrere Sprachen beherrscht. Ihr erstes Ziel ist Auschwitz, wo Emanuele hingeschickt worden sein könnte, und die grausige Schilderung der dortigen Umstände wirkt umso eindringlicher, als Maraini selbst als siebenjähriges Mädchen in einem japanischen Konzentrationslager Hunger und Angst litt. Ihr Vater, ein Orientalist von Rang, arbeitete in Japan, als das Land auf Seiten der Achsenmächte in den Krieg eintrat. Er widersetzte sich dem Befehl, Mussolini seine Treue zu schwören, woraufhin die Familie den Status von feindlichen Fremden erhielt.

Nach einer vergeblichen Suche in den Archiven von Auschwitz wendet sich Amara wieder an Hans, dessen Hilfe sie erst annimmt, nachdem sie klargestellt hat, dass ihr Verhältnis zueinander rein platonisch zu bleiben habe. Die Gruppe wird von dem ältlichen ungarischen Bibliothekar Horvath vervollständigt, den die beiden in Wien kennenlernen und der in der deutschen Armee an der Belagerung Stalingrads teilgenommen hatte. Das Buch wird zu einer Mischung

aus Reisebericht, Historienroman und sogar düster erbarmungsloser Pikareske, während das Trio von Land zu Land reist, sich mit den täglichen Ärgernissen der Bürokratie plagt und die Erfahrungen von Menschen aufzeichnet, die Europas Tragödien im 20. Jahrhundert erlebt haben. Amaras eigene Suche scheint beendet zu sein, als sie einem ominösen Peter Orenstein entgegentritt, der sich als Emanuele ausgibt, doch sie stört sich an seinem gefühlten Alter, dem herben Charakter und der Tatsache, dass er sie nicht wiedererkennt.

Ungarische Flüchtlinge auf dem Weg in die Niederlande, 1956. Sie suchen Zuflucht vor den russischen Militärmaßnahmen nach dem Scheitern des ungarischen Aufstands.

Um weitere Aufzeichnungen zu machen, ziehen die drei nach Budapest, wo ihre Ankunft mit dem Beginn der antisowjetischen Auflehnung zusammenfällt. Der emotionale und physische Aufruhr jener Tage sowie die zaghaften Hoffnungen, die in Verzweiflung umschlagen, als sowjetische Panzer die Rebellion zerschlagen, werden lebhaft beschrieben. Amara bleibt, von einem inneren Zwang getrieben, der sie nicht nach Hause zurückkehren lässt, ohne den Mann wiedergetroffen zu haben, der Emanuele sein könnte. Die hingebungsvollen letzten Kapitel geben qualvoll detailliert wieder, wie Peter oder Emanuele als Mensch zerstört wurde, nachdem Naziärzte an ihm experimentiert haben.

Joseph Conrad war der moralische Begleiter von Amaras Reise in die europäische Vergangenheit, und als sie wieder zu Hause ist, wo sie über ihr eigenes Versagen nachdenkt, greift sie zu Herz der Finsternis, um Marlows Erinnerung an Kurtz' letzte Worte zu lesen: „Ich glaubte, den geflüsterten Schrei zu hören: ‚Das Grauen! Das Grauen!'" Die Städte, die sie besucht hat, sind Schauplätze des Zusammenstoßes von Zivilisation und Barbarei, wohingegen das Buch (Originaltitel: *Il treno dell'ultima notte*) selbst aus Dacia Marainis eigenen Erfahrungen und Beobachtungen ähnlicher Kämpfe geboren wurde.

Jang Eun-jin
No One Writes Back
(2009)

Ein Mann und sein Hund reisen in namenlosen, gesichtslosen Städten Koreas von Motel zu Motel. Der Mann schreibt Briefe und E-Mails an diejenigen, denen er unterwegs begegnet, aber niemand schreibt zurück.

Jang Eun-jin hat verschiedene Preise gewonnen, darunter 2009 den prestigeträchtigen Munhakdonge-Award für dieses Buch. Für ihr Debüt *Kitchen Laboratory* wurde sie 2002 mit dem Chonnam Ilbo für aktuelle Kurzgeschichten ausgezeichnet und 2004 mit dem Joongang Ilbo für Nachwuchsschriftsteller.

Sie beschreibt den Kreativprozess als „allein in einem kleinen, dunklen und kalten Raum eingesperrt zu sein".

Jang Eun-jins *Amudo Pyeonjihaji Anta* (von Jung Yewon aus dem Koreanischen ins Englische übersetzt) vereint Elemente des klassischen „Road Trip" mit den gleichförmigen und sich oft wiederholenden Strukturen koreanischer Städte. Der Roman steht in einer Reihe koreanischer Werke, darunter der Klassiker *Hong Gil-dong*, die zu den ersten gehörten, die mit dem koreanischen Alphabet zu einer Zeit niedergeschrieben wurden, in der für literarische Arbeiten noch überwiegend das Chinesische Verwendung fand. Während *Hong Gil-dong* eine Abenteuergeschichte ist, lässt sich *No One Writes Back* als Reiseerzählung bezeichnen. Sie beginnt drei Jahre nach Reiseantritt und spielt an nicht näher benannten Orten. Der Erzähler Jihun sucht keine Sehenswürdigkeiten oder Abenteuer und beschreibt sich und den Trip wie folgt:

> Ich bin ein Reisender, der von Motel zu Motel zieht [...] Diese Reise zielte nicht darauf ab, etwas [Beschreibbares] zu erlangen [...] Trotzdem besteht die Möglichkeit, etwas erreicht zu haben, das ich mir erhoffte [...], etwas wie eine ruhige Stabilität.

Der eher passive Jihun wird von seinem Hund Wajo durch Korea und von Motel zu Motel geführt. Während dieser Zeit begegnet er verschiedenen Personen, denen er einen mit Bleistift geschriebenen Brief schickt oder per E-Mail sendet. Jihun schreibt auch eine Reihe von offenen und emotionalen Briefen an Familienmitglieder. Seine Reise ist eine „Reise der Briefe", denn die tendenziell nondeskriptive Darstellung – zum Beispiel der Handlungsorte - ist eine direkte Analogie zur Eintönigkeit des beengten Landes und der übereilten nationalen Modernisierung, die in koreanischen Städten anzutreffen ist.

Jihun trifft eine vagabundierende Schriftstellerin, die mit der U-Bahn fährt und ihren ersten Roman verkauft. Benannt als „751" tut sie sich mit Jihun zusammen, was zu einer schwierigen und manchmal lustigen Beziehung führt, die sich während der Aufenthalte in verschiedenen

MOTEL
달맞이
MOTEL
바다가 보이는 풍경
언양숯불갈비
언양숯
オンヤンすみごカルビ
상호명(언양기와집 불고기
모
RESTAURANT
德

Was ich auf meiner Reise gelernt habe: Je weniger Ziele du hast, desto besser. Ohne Ziel keine Erwartung und ohne Erwartung keine Enttäuschung. Freiheit bedeutet, in die Luft zu gehen, wenn man Lust dazu hat.

Vorherige Seite:
Die strahlend helle Leuchtreklame eines Motels in Busan, Südkorea

Hotels und bei diversen Katastrophen ausbildet (darunter Trennung, das Wiederauftauchen einer alten Flamme und tatsächliche Flammen).

Täglich ruft Jihun einen Freund zu Hause an, um sich nach Reaktionen auf seine Briefe und E-Mails zu erkundigen. Niemand hat sich gemeldet und Jihun zieht weiter, wissend, dass eine Antwort die Rückkehr bedeutet hätte. Jihuns „Road Trip" ist ein weit ausgedehnter Versuch der Rückkehr. Für Koreaner, die ihre Heimat nicht Korea, sondern „unser Land" *(uri nara)* nennen – und einen Gast nicht in „ihr Haus", sondern „unser Haus" einladen – ist die Verwurzelung ein wichtiges Identitätsmerkmal. Die eigene Stadt und die Rückkehr in diese sind in die koreanische Kultur eingebettet; wenn Koreaner einem unbekannten Menschen begegnen, gilt eine der ersten Fragen der Stadt, aus der er oder sie kommt. Das Thema des „Road Trips" dreht sich in diesem Roman um die Rückkehr und lässt sich in ähnlich gelagerten Werken wiederfinden, darunter Choe In-hos *Deep Blue Night* und Kim Insuks *The Long Road.*

In einer Szene des Romans stülpt Jihun seinem Hund eine Blindenführerweste über und setzt sich selbst eine dunkle Brille auf. Wajo ist tatsächlich blind und muss sich auf sein Gehör verlassen, was ideal ist, um in der U-Bahn zurechtzukommen. In *No One Writes Back* finden sich einige solcher Überraschungen, bis zwei dramatische Ereignisse Jihuns Reise erklären, sowie die Erzählung abrunden und ihr eine Bedeutung geben, die man nicht bei der minimalen Beschreibung der kargen Landschaft und tristen Architektur vermuten würde. Jihun kehrt mit einem letzten Ansporn zurück, der dem „Zuhause" einen neuen Stellenwert verleiht.

VON SAIGON NACH QUEBEC INS EXIL

KIM THÚY
RU (2009)

Die lange Reise von einer prunkvollen Residenz in Saigon zu einem Flüchtlingslager in Malaysia und weiter zur neuen Heimat in Quebec ist eine emotionale Erinnerung an die Opfer der vietnamesischen „Boat People".

Zuerst 2009 bei Libre Expression in Quebec veröffentlicht, gewann *Ru* 2010 den Governor General's Literary Award für französischsprachige fiktionale Texte.

In einem Interview weist die Autorin besonders darauf hin, dass „dieses Buch nicht [nur] von mir handelt […] Wenn es so wäre, würde es nur für drei Seiten reichen!"

In einer sternenlosen Novembernacht 1978 kauerten sich zahlreiche vietnamesische Flüchtlinge – darunter auch Kim Thúy – auf ein von Stürmen ramponiertes Boot auf dem Weg nach Malaysia. Die Menschen waren betäubt vom Gestank nach Urin und Schweiß und der Angst, die sie übermannte. Tag und Nacht wurden ununterscheidbar.

Thúy war zehn Jahre alt, als der Vietnamkrieg mit dem Fall ihrer Heimatstadt Saigon endete – alt genug, um sich an die todesähnliche Stille zu erinnern, die sich in der einst lebhaften Stadt ausbreitete. Nach der kommunistischen Machtübernahme 1975 flüchteten eine Millionen sogenannter „Boat People" über das Meer, wo sie einem möglichen Hungertod ebenso ausgesetzt waren wie der Gefahr, von Piraten vergewaltigt und ermordet zu werden.

In einer Vergegenwärtigung der Meeresreise ist Kim Thúys Erstlingswerk in 140 Fragmente poetischer Prosa gegliedert, die sich zeitlich von der Vergangenheit bis zur Gegenwart bewegen. Die Passagen werden durch wiederholte Phrasen verbunden, was für den dramatischen Aufbau sorgt. Das Wort „Ru" bedeutet im Vietnamesischen „Wiegenlied", aber im Französischen ein kleines Rinnsal von Blut, Tränen oder auch Geld. Die Erzählung wurde von Thúys persönlicher Flucht in die Sicherheit inspiriert, und der Leser wird zum Zeugen der immensen Beschwerlichkeiten, denen sich die Protagonistin Nguyen An Tinh stellen muss. Wie auch Thúy flieht sie von Vietnam nach Kanada, bemüht sich um Integration in die Gesellschaft von Quebec, kehrt als Rechtsanwältin nach Vietnam zurück und bringt ein Kind zur Welt. Der Text spult die Geschehnisse in unerbittlicher Reihenfolge ab, lässt aber auch Nguyens ruhige Momente hervortreten, den Prozess der psychischen Adaption. So verdeutlicht die Erzählerin, dass „sie glücklich war, sich weiterzubewegen", obwohl das mit der erzwungenen Heimatlosigkeit ihrer Familie einherging:

> Ich habe die Gelegenheit, meinen Besitz zu minimieren, Gegenstände zurückzulassen, sodass meine Erinnerung wirklich selektiv ist. Ich kann mich nur noch an Dinge erinnern, die hinter meinen geschlossenen Augenlidern leuchten …"

Ich folgte ihren Spuren wie in einem Wachtraum, wo der Duft des frisch aufgegangenen Mohns nicht mehr Parfüm, sondern Blüte, wo das tiefe Rot eines Ahornblatts im Herbst nicht mehr Farbe, sondern Anmut, wo das Land nicht mehr Ort, sondern Wiegenlied ist..

Sowohl Dankbarkeit als auch Schmerz verweben sich in Nguyens Exil, eine emotionale Gemengelage, die sie später bei ihrem autistischen Sohn erneut erlebt. Thúys autofiktionale Erzählung holt in weiten Kreisen aus und beinhaltet verschiedene Perspektiven: Die ihrer Cousine Sao Mai, die des weltmännischen und extravaganten „Onkel zwei" (bezugnehmend auf die vietnamesische Zählweise nach Geburtsreihenfolge) bis zu den Prostituierten, die sie bei ihrer Rückkehr in Saigon trifft. Zu Beginn der Flucht wirkt Vietnams Geschichte erdrückend. Sie hat „unsere Namen aus ihrer Bedeutung getilgt". Während die Gräben immer weiter auseinanderklaffen, träumt Nguyen von der Freiheit im Westen.

Gegenüberliegende Seite: Rettung nördlich von Cam Ranh Bay. Die USS Blue Ridge liest 35 Flüchtlinge auf, 15. Mai 1984.

Die in Kanada endende Flucht gleicht einer Wiedergeburt, charakterisiert durch mannigfaltige ungewohnte Eindrücke. Bei Ankunft in Granby, dem „Himmel auf Erden", zeigt sich die Erzählerin schockiert von der verschneiten Landschaft. Der Überfluss und die Großzügigkeit der neu gefundenen Heimat wirken verwirrend im Kontrast zur entmenschlichten Existenz im malaysischen Flüchtlingslager.

Obwohl sich bei Nguyen der „American Dream" verwirklicht und sie ihren Kindern Sicherheit bieten kann, fühlt sie sich in einer Zwickmühle gefangen:

> Ich hatte nicht mehr länger das Recht, mich als Vietnamesin auszugeben,
> denn mir fehlten ihre Zerbrechlichkeit, ihre Unsicherheit und ihre Ängste.
> Es war richtig, dass er mich daran erinnerte.

In *Ru* integriert Thúy die Geschichte der vergessenen Heldinnen und traumatisierten Kinder der amerikanischen GIs, die eine „versteckte Seite des Krieges" ausmachen – und spinnt damit einen Faden, der die Seiten des Buches über Vietnams Vergangenheit und Gegenwart zusammenhält. Die Erzählung endet mit dem Bild des Phönix und der Hoffnung auf Erinnerung und Erneuerung – auch wenn sich jede Generation weiter vom allerersten Opfer [der Flucht] entfernt und größeren Abstand zu dem Land einnimmt, das einmal Heimat hieß.

DURCH MEXIKO, ÜBER DEN RIO GRANDE UND IN DIE USA

YURI HERRERA

ZEICHEN, DIE VOM WELTENDE KÜNDEN (2009

Ein außergewöhnlicher Roman, der die Themen Migration, Übersetzung und kulturelle Verschmelzung anspricht – und die Grenzen zwischen den Lebenden und den Toten.

Yuri Herrera (geb. 1970 in Actopan, Mexiko) ist Politikwissenschaftler und Schriftsteller. Er lehrt an der Tulane University in New Orleans. Sein erster Roman *Abgesang des Königs* wurde ein großer Erfolg. Herrera zählt zu den wichtigsten zeitgenössischen Autoren Lateinamerikas.

Señales Que Precederán Al Fin Del Mundo wurde von einem Kurzfilm inspiriert, der Satellitenbilder entlang der langen Grenze zwischen den USA und Mexiko zeigt.

in deutscher Übersetzung ist der Roman nur im Sammelband „Der König, die Sonne, der Tod: Mexikanische Trilogie" erschienen

Makina, die junge Heldin des Romans, arbeitet als Telefonistin in einem Teil Mexikos ohne Mobilfunknetz. Sie ist eine sprachbegabte, doch unscheinbare Nachrichtenübermittlerin – „gefügig, ersetzbar, blass" – und bewegt sich mit Leichtigkeit zwischen Spanisch, Englisch und den indigenen Sprachen ihrer Heimatstadt. Schon im Teenageralter hat sich Makina eine bestimmte Straßenschläue angeeignet, kämpft ums Überleben und hat keine Probleme, sich in einer Welt bewaffneter und raubtierhafter Machos durchzusetzen.

Ihre Reise beginnt in einer alten Gemeinde, die Silber abbaut. Sie wurde damit beauftragt, ihren Bruder wieder nach Hause zu bringen, der in den USA ist, um ein Stück Land zu beanspruchen, das ihrem entfremdeten Vater gehört. Makina lässt ihre Mutter zurück, ihre kleine Schwester und einen ihr hörigen Freund, den sie nur „angemacht" hat, weil ihr gerade danach war, und den sie auf Armlänge von sich abhält.

Ein lokaler Drogenbaron beauftragt sie mit einem Botengang als Gegenleistung für die Grenzüberquerung. Zuerst reist Makina nach Mexiko-Stadt und von dort mit einem Bus durch „Dörfer ohne Männer", bis sie „das Ende der Welt" erreicht. Sie überquert den Rio Grande mit einem Schlauchboot, wird aber durch eine Welle ins Wasser gezogen. „Plötzlich wurde die Welt kalt und grün, voller unsichtbarer Wassermonster." Nachdem man sie aus dem Wasser gezogen hat, wandert sie über die Berge zur Stadt, wobei sie von einem Rancher angeschossen wird.

Nördlich der Grenze trifft sie teils auf einen Albtraum des Konsums, teils auf eine gespenstische Unterwelt: „Ein nebulöses Terrain zwischen dem, was ausstirbt und was noch nicht geboren wurde." Ihr Bruder hatte sie in einem Brief gewarnt, „dass es hier sehr einsam ist, aber viel gibt." Makina bemerkt all die „Schilder, die etwas verbieten", und wie schlecht alle aussehen. Sie begegnet vielem zum ersten Mal: Schnee, Afroamerikanern, Selbstbedienungskassen im Supermarkt. Nur mit einer Adresse in der Hand macht sie sich auf die Suche nach dem „gelobten Land". Doch dieses Land – und das hatte Makina berechtigterweise angenommen – hat niemals existiert. Als sie ihren Bruder findet, erfährt sie, dass sich eine reiche Familie seinen illegalen Status zunutze gemacht hatte, indem sie ihm

viel Geld versprach, damit er die Identität des Sohnes annahm und dessen Militärdienst ableistete. Nach seiner Rückkehr von einem Auslandseinsatz ist er nur noch ein Schatten seiner selbst. Sie erkennt ihn zuerst nicht.

Die Unterwelt: Die bedeutenden Gottheiten Mictlantecuhtli (links), Herrscher des Totenreichs, und Quetzalcoatl (rechts), Schöpfergott. Zu sehen im ***Codex Borgia,*** einem der wenigen verbliebenen heiligen präkolumbianischen Texte.

Makinas Reise hat sowohl mythologische als auch physische Seiten. Während sie nach Norden über die Grenze vordringt, durchsteht sie eine parallele Reise durch Mitclan, der Unterwelt der Azteken. (Der Roman beginnt mit Makinas Aussage: „Ich bin tot.“) Die neun Kapitel korrespondieren mit den neun Ebenen der Unterwelt, die Tote passieren müssen, bis sie ihre letzte Ruhe finden. Diese Prüfungen beinhalten das Durchqueren eines Flusses und das Durchschreiten eines Orts, an dem Tiere ihre Herzen herausreißen. Das schwer fassbare und uneindeutige Ende des Buches führt den Leser zum Titel zurück.

Der in einer knappen, aber erfindungsreichen Sprache geschriebene Roman ist ein Beleg für Herreras Vermögen, prähispanische Kosmovisionen mit dringlichen zeitgenössischen Themen zu verweben. Dazu zählen illegale Migration, ethnische Identität, Sprache und kulturelle Uneindeutigkeit.

WOLFGANG HERRNDORF
TSCHICK
(2010)

Zwei heranwachsende Jungen „leihen" sich einen alten Lada, verlassen ihr Zuhause in Berlin und unternehmen die Spritztour ihres Lebens.

Der studierte Maler Wolfgang Herrndorf (geboren 1965 in Hamburg) arbeitete als Comiczeichner und Illustrator, ehe er sich, teils aus finanziellen Gründen, der Schriftstellerei zuwandte. Kurz vor der Veröffentlichung von *Tschick* entdeckte man bei ihm ein Glioblastom; seinen Kampf gegen diesen bösartigen Hirntumor dokumentierte er in einem Weblog mit dem Titel *Arbeit und Struktur*.

Herrndorf beging am 26. August 2013 Selbstmord. Der zurückgezogene Wahlberliner reiste in Wirklichkeit nie durch Ostdeutschland, sondern recherchierte für den Roman auf Google Maps, was mit ein Grund dafür sein könnte, dass seine Landschaftsbeschreibungen traumhaft surreal wirken.

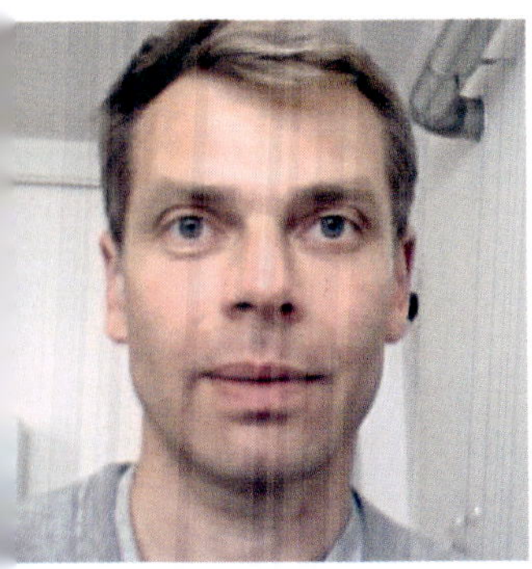

Die Pubertät ist für diejenigen, die sie erleben, selten ein Vergnügen, doch der 14-jährige Maik Klingenberg tut sich damit besonders schwer: Erst nannten ihn seine Mitschüler „Pschyo", nachdem er einen allzu freimütigen Essay über seine alkoholabhängige Mutter und seinen nahezu bankrotten Vater vorgelesen hatte, nun finden sie ihn zu langweilig für diesen Spitznamen. Zur Geburtstagsfeier seines geheimen Schwarms, der hübschen Tatjana Cosic, wird er gar nicht erst eingeladen. Erschwerend hinzu kommt, dass die Sommerferien beginnen und Mutter in die „Schönheitsfarm" (Entzugsklinik) geht, während Vater eine zweiwöchige „Geschäftsreise" mit seiner drallen „Assistentin" macht. Als ein gleichgesinnter Loser ohne Freunde mit einem gestohlenen Lada bei ihm aufkreuzt – der Neue in der Klasse, Andrej „Tschick" Tschichatschow aus Russland – und vorschlägt, dass sie sich beide selbst zu Tatjanas Party einladen, meint Maik, er habe nichts zu verlieren.

Nachdem sie bei dem Mädchen eingefallen sind und Maiks Gefühlen für sie deutlichen Ausdruck verliehen haben, beginnen die beiden Jungen eine Spritztour, auf der sie unter anderem durch ein Maisfeld brettern, eine klapprige Brücke wie im Film *Die Brücke am Kwai* überqueren, sich falsche Bärte ankleben, um älter zu wirken, vor der Polizei fliehen und mit einem Schlauch aus dem Müll das Benzin aus anderen Autos stehlen.

Die Stärke von Tschick liegt in Maiks ebenso naiver wie tiefsinniger Weltsicht – der Wahrnehmung eines Teenagers, der wenig von dem versteht, was er sieht, aber gerade deshalb eine Klarheit an den Tag legt, die Erwachsenen oft abgeht. Durch Maiks Augen wird die ostdeutsche Provinz südöstlich von Berlin – eine Region, die man seit der Wiedervereinigung mit Armut, Leere und Unzufriedenheit verbindet – zu einem verwirrenden, aber faszinierenden Ort voller unwirklicher Landschaften. Der Junge beschreibt eine Fahrt durch eine merkwürdige Gegend, wo „die Welt zu Ende ist":

> Und das musste man gesehen haben: Die Landschaft hörte einfach auf [...] Vor unseren Füßen war die Erde senkrecht weggefräst, mindestens dreißig, vierzig Meter tief, und unten lag eine Mondlandschaft [...] Krater, so groß, dass man Einfamilienhäuser dadrin hätte bauen können.

Maiks Unschuld verwandelt diese Landschaft aus Tagebaubetrieben, gewaltigen agrarindustriellen Monokulturen, Wäldern voller Abfall und unerwarteten, aber schönen Bergen („Ungeheuer hoch und mit Steinzacken obendrauf. Wir hatten keine Ahnung, was das für Berge waren. Stand auch kein Schild dran. Die Alpen sicher nicht. Aber waren wir überhaupt noch in Deutschland? Tschick schwor, in Ostdeutschland gäbe es keine Berge.") in eine Welt der Wunder. Wundervoll sind aber auch die vielen Bekanntschaften, die Maik und Tschick während ihres turbulenten Abenteuers machen – etwa mit dem Kriegsveteran Horst Fricke, der zuerst auf sie schießt und sie dann auf eine Fanta einlädt, um ihnen seine Lebensgeschichte zu erzählen. Auf einer Müllkippe treffen sie die wilde, stinkende Isa, die sich dann in einem See einseift und Maik seinen allerersten Kuss gibt. Eine fettleibige Sprachtherapeutin fährt die beiden nach einem Unfall mit dem Lada in ein Krankenhaus, bevor die Polizei kommt. Als wichtigste Erkenntnis stellt sich in dieser herrlichen Coming-of-Age-Geschichte Folgendes heraus:

Das eine Prozent, das nicht schlecht war – Mike und Tschick in der gleichnamigen Filmversion von 2016.

> Seit ich klein war, hatte mein Vater mir beigebracht, dass die Welt schlecht ist. Die Welt ist schlecht, und der Mensch ist auch schlecht [...] Und vielleicht stimmte das ja auch, und der Mensch war zu 99 Prozent schlecht. Aber das Seltsame war, dass Tschick und ich auf unserer Reise fast ausschließlich dem einen Prozent begegneten, das nicht schlecht war [...] Auf so was sollte man in der Schule vielleicht auch mal hinweisen, damit man nicht völlig davon überrascht wird.

VON MUMBAI NACH GUYANA

RAHUL BHATTACHARYA

THE SLY COMPANY OF PEOPLE WHO CARE (2011)

Ein junger indischer Kricket-Journalist verlässt sein Zuhause in Mumbai, um ein Jahr in Guyana zu verbringen.

Rahul Bhattacharya studierte Mathematik und veröffentlichte 2005 sein erstes Buch *Pundits From Pakistan: On Tour With India 2003–2004*, ein viel gelobter Bericht über das erste große sportliche Zusammentreffen der beiden Länder nach 15 Jahren.

2011 kam dieser in Guyana spielende Roman auf den Markt, der mit begeisterten Besprechungen bedacht wurde. Er gewann den Hindu-Literaturpreis 2011 und 2012 den Ondaatje-Preis.

Gefeiert als der Nachfolger des Nobelpreisträgers V. S. Naipaul verfasste Bhattacharya eine lebendig strukturierte Erzählung über einen jungen indischen Kricket-Journalisten, der Job und Wohnung aufgibt und ein Jahr in Guyana in Südamerika verbringt, um „die Magie zu finden". Der Roman wirkt in einem Zeitalter der scheinbar mühelosen Reisens durch den Geist des wahren Abenteuers. Und er ist zugleich eine Hommage an vorhergehende Reiseschriftsteller – von Sir Walter Raleigh und Evelyn Waugh bis zu Naipaul selbst, dessen Werk *In einem freien Land* der Erzähler an einem wichtigen Punkt seiner Reise in der Karibik liest.

Nach der Ankunft in Guyanas Hauptstadt Georgetown führt sich der Erzähler seine Intention vor Augen. Er will ein „langsamer, umherstreunender Fremder" sein, der alle nur erdenklichen Beförderungsmittel nutzt und sich mit der lokalen Sprache und Kultur auseinandersetzt. Seine Liebe zur guyanischen Kreolsprache wird schon auf der ersten Seite deutlich, als er sich in dem Land der kalten schlammigen Gewässer an der lokalen, köstlichen und vielfältigen Küche erfreut: „Pökelfisch mit gerösteten Zwiebeln, Knoblauch und Tomaten" sowie der „göttlichen Frische" von „geraspelter Passionsfrucht, Pak Choi und überwältigender Kräuter, Gerüche eines wunderschönen Lebens".

Der Protagonist hat ein lebendiges Interesse an der „kaum wahrnehmbaren Gesellschaft von Menschen, die sich [um vieles] kümmern", und ihrer vielschichtigen und schwierigen Vergangenheit, die geprägt ist von spanischen, deutschen, französischen und britischen Kolonialregimes samt deren zutiefst verachtenswertem Erbe der Ausbeutung afrikanischer Sklaven. Die Geschichte führte zu einem erstaunlich diversen Land, das der Protagonist freudig erlebt. Er schließt sich einer Gruppe von Diamantenschürfern an und genießt die immer noch prunkvollen Überreste der Kolonialhäuser Georgetowns und die Undurchdringlichkeit von Guyanas dichtem Regenwald. Zuvor, bei einem Ausflug zu einer Zuckerrohrplantage, schildert der Erzähler seine Eindrücke:

> Es regnete oft, in elektrisierenden Wolkenbrüchen, bei denen die Tropfen mit Schwung von den Schindeln hochhüpften[…] und einen vor sich ausbreitenden Wasserschleier bildeten […] Im Fluss sammelten wir glatte

> Steine, streichelten sie und legten sie auf unsere Stirn, während wir auf dem Landefeld lagen. Wir lachten über die kleinen Flugzeuge, denen die Landung wegen der Wolken nicht gelang.

Verfallene Kolonialgebäude im Stadtkern von Georgetown, Guyana.

Bhattacharyas Erzähler wird im Verlauf des Romans zunehmend ruhelos. Die ursprüngliche Motivation der Reise bestand darin, sich zu „erneuern", doch er fühlt sich unzufrieden. „Ich begann als Beobachter und Zuhörer [...] Wie traurig, darüber nachzudenken, dass hier Afrikaner, Inder, Portugiesen und Chinesen ankamen und sich verwandelten. [...] Ich erlaubte mir, ich selbst zu bleiben." Der letzte und wohl wichtigste Abschnitt des Romans beschreibt eine leidenschaftliche und spielerische Liebesaffäre zwischen dem Erzähler und einer jungen guyanischen Frau, die er Jaan nennt. Sie reist mit ihm nach Trinidad und dann Venezuela, Abstecher, die sinnlich, überraschend und schicksalsbehaftet sind.

Mit seiner Gefährtin nimmt er die Umgebung anders wahr, in einer Mischung aus verschwommenen Bildern und Prophezeiungen: „Dörfer lagen auf steinigen Felsnasen. Die Hitze war metallisch und das Meer glitzerte mit metallischer Feindseligkeit. Die Farbe der Hitze war die des Wassers." Die idyllische, aber trotzdem beklemmende Situation endet abrupt – als Erinnerung, dass nicht alles in diesem an Bodenschätzen reichen Land dem Paradies ähnelt. Der bittere und schmierige Geschmack von Korruption und Verrat breitete sich aus, aber ebenso die atemberaubende Schönheit.

EINE MIGRATION ÜBER DIE STEPPE

TOMMY WIERINGA

DIES SIND DIE NAMEN

(2012)

In diesem mit einem Literaturpreis ausgezeichnetem Roman durchziehen Flüchtlinge eine Steppe, während der Polizeichef einer Grenzstadt nach seinen Wurzeln sucht.

Die Flüchtlinge in Wieringas Roman kommen aus unterschiedlichen Ländern, von Turkmenistan bis Äthiopien. Sie durchqueren die osteuropäische Steppe, ein riesiges Gebiet von Wäldern und Grasland, das von der Ukraine bis zum Ural reicht.

Das Buch *Dit Zijn De Namen* wurde inspiriert von einem Zeitungsartikel über eine Flüchtlingsgruppe, die nach einer monatelangen Wanderung durch die ukrainische Steppe in einer Stadt ankam. Sie trugen menschliche Überreste bei sich.

Der Roman gewann 2013 den angesehenen Libris-Literaturpreis der Niederlande. Er beschreibt zwei Reisen: Die des Pontus Beg, eines alternden Polizeikommissars, der in seinem einsamen Leben nach Bedeutung und Identität sucht, und die einer zunehmend verzweifelten Gruppe von Flüchtlingen, die der Armut und Unterdrückung entkommen wollen und dabei die weiten Steppen von Osteuropa auf der Suche nach Sicherheit durchqueren. Bis zu dem Zeitpunkt, an dem die Handlungsstränge aufeinander treffen, changieren die Kapitel mit subtilen Parallelen, da die Einzelperson und die Gruppe sich schmerzvoll einer entfernten Hoffnung auf Erlösung annähern. Darüber hinaus finden sich biblische Parallelen und Anspielungen auf die moralisch verkommene Moderne.

Die Geschichte beginnt in der fiktionalen osteuropäischen Grenzstadt Michailopol. Pontus Beg beobachtet das Gewitter über der Steppe, während die durchnässten Flüchtlinge an irgendeinem Ort verharren und auf den Tagesanbruch warten. Das eröffnende Kapitel zitiert Shakespeares *König Lear,* der einen Bettler beschreibt, und spielt auf immerwährende menschliche Kämpfe gegen die Elemente an – ein nackter Mann steht einem unbarmherzigen Sturm gegenüber.

Die Migration ist ein zentrales Thema, doch gleichzeitig ein uraltes. Die Flucht spiegelt den Exodus von Ägypten ins gelobte Land wider und Menschenhändler werden hier mit Torwächtern verglichen. Wieringa spielt mit Bildern wie „Tiere, die in Rudeln reisen“, Nomaden, Anhalter, Landstreicher, Wanderarbeiter und ruhelose Menschen, die „mal hierhin, mal dorthin“ getrieben werden. Auf dem Weg – beeinflusst und verängstigt von der Reise – verirren sich die Flüchtenden, verlieren ihre Habseligkeiten, die Vergangenheit, den Namen, die Identität, den Glauben und oftmals das Leben. Wieringa schreibt: „Die Träume, mit denen sie ihr Zuhause verlassen haben, sind allmählich verkümmert und dann abgestorben.“ Schließlich erreichen sie verzweifelt Begs Stadt, einen abgetrennten Kopf mit sich tragend.

Wie in Thomas Hardys *Egdon Heath* oder den von Emily Brontë oft beschriebenen Mooren ist die Steppe ein geografischer Ort und zugleich Symbol. Die Landschaft wird zur Metapher, wenn die Migranten das „Dickicht der Schrecken“ durchdringen, und die wichtigsten Wegmarkierungen sind moralischer Natur:

> Die Landschaft vor ihnen war genau die gleiche wie die dahinter; die rechte unterschied sich kein bisschen von der linken. Ihre einzigen Orientierungslinien durch die Steppe waren der Himmel über ihren Köpfen und der Boden unter ihren Füßen.

das Verlieren und Erlangen des Glaubens und der Kampf um physische und spirituelle Erlösung.

Besonders Ansiedlungen werden bildhaft dargestellt, wie zum Beispiel ein verlassenes Dorf oder Häuser der Neureichen. Das verfallende Michailopol leidet unter der Korruption der Ära der Post-Sowjetunion und es ist unmöglich, dem ineinander verwobenen System der „Bestechung und Erpressung" zu entkommen.

Die Erzählung zeichnet sich aber auch durch positive Momente aus und weist auf Freundschaft und Glauben auf der Flucht hin. Eine kurze, aber wunderschöne Szene der unsentimentalen Mitmenschlichkeit auf der trostlosen Wanderschaft durch die Steppe wird verglichen mit dem „Anzünden einer Kerze an einer anderen". Von Begs kinderloser Haushälterin, die zwischen Plastikblumen und goldenen Ikonen lebt und um ein Baby betet, bis zu einer Prostituierten, die auf das letzte Abendmahl anspielt („Nimm diesen Leib, so verdiene ich mein Brot") findet man viele sich widersprechende religiöse Bilder.

Ein Fragment eines jüdischen Liebeslieds, das seine Mutter Beg immer vorsang, wird zu einem Schlüsselelement einer Reise, die diesmal in die Vergangenheit führt. „Wir sind das Geflecht eines Seils, einzelne Fäden, die sich zu einem vereinen", erklärt ihm ein Rabbi und weist darauf hin, dass „unsere Reise 4000 Jahre zurückreicht". Als Beg das erst mal die Mikwe sieht, das Tauchbad der Synagoge, während die Sonne des späten Nachmittags durch große Fenster auf die blauen Säulen und goldenen Fliesen fällt, überkommt ihn ein Bedürfnis: „Diese alte Seele abzuwerfen, dieses zerfetzte, abgenutzte Ding, und eine neue zu bekommen – wer würde das nicht wollen?" Der Kern des Romans besteht aus der Suche nach dem Glauben in all seinen Formen und dem unauslöschlichen, uralten Verlangen nach einer Chance für einen Neuanfang.

Nachfolgende Doppelseite:
Die endlose Steppe. „Vladimirka" von Isaak Levitan (1892), ein Bild der wichtigsten Handelsroute seit dem Mittelalter von und nach Moskau.

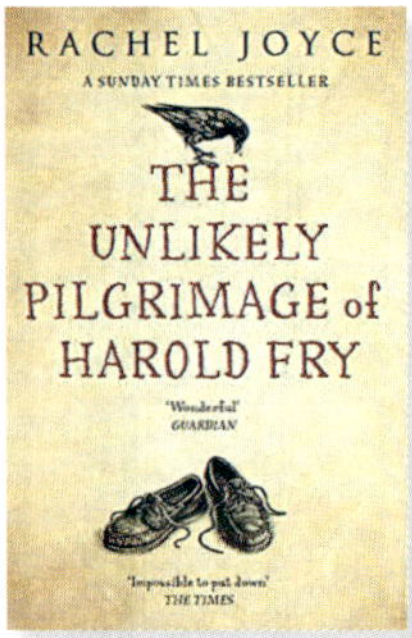

Rachel Joyce

Die unwahrscheinliche Pilgerreise des Harold Fry (2012)

Als sich der zurückhaltende und „ganz normale" Harold Fry unerwartet auf eine Reise längs durch Großbritannien aufmacht, um eine sterbende Freundin aufzusuchen, erfährt er auf dem Weg viel über sich selbst und andere.

In dem ergänzenden Roman *Das Geheimnis der Queenie Hennessy* (2015) erzählt Joyce die parallele Geschichte der sterbenden Queenie.

Die Anziehungskraft der inoffiziellen, über 300 Kilometer langen Route quer durch England spiegelt sich im Buch (Originaltitel: *The Unlikely Pilgrimage Of Harold Fry*) wider.

Der pensionierte Handelsvertreter Harold Fry ist in einem stagnierenden Vorstadtleben gefangen. Er lebt mit seiner Frau in der kleinen Stadt Kingsbridge in Devon an einer Flussmündung nahe der Südküste Englands. Fry erhält einen Brief von seiner ehemaligen Kollegin Queenie Hennesy, die in einem Altenheim in Berwick-upon-Tweed im Sterben liegt.

Berwick liegt am nördlichen Ende von England, an der Ostküste von Northumberland, nur circa fünf Kilometer von Schottland entfernt. Es befindet sich Hunderte von Kilometern von Harolds Zuhause entfernt, doch durch eine zufällige Idee auf dem Weg zur Post entscheidet er sich, die Strecke zu Fuß zurückzulegen. Er glaubt daran, dass, wenn ihm – nicht fit und unvorbereitet – das „Unwahrscheinliche" gelingt, nämlich England zu durchwandern, auch Queenie den Krebs im Endstadium besiegen wird.

> Das Meer lag hinter ihm. Vor ihm sah er die sich dahinziehenden Hügelketten und die blaue Silhouette von Dartmoor. Und dahinter? Die Blackdown Hills, die Mendips, Malvern Hills, Pennies und die Yorkshire Dales […] und Berwick-upon-Tweed.

Die gedankliche Karte von Englands Bergen, mit der Harold startet, wird zu einer Reihe persönlicher Enthüllungen, da er sich Zeit nimmt, seine engsten Beziehungen und wichtigsten Erkenntnisse zu überdenken. Sein wachsendes Gefühl für die grüne englische Landschaft ähnelt den tiefgründigen und oft unangenehmen Reflexionen über sein eigenes Leben.

Die Wanderung dauert 87 Tage, in denen er 1003 Kilometer zurücklegt. Er trägt keine angemessene Kleidung, hat nur wenig Geld, keine Landkarte oder Handy, doch einen Kompass, mit dem er die ungefähre Richtung ermitteln kann. Die Wanderung entwickelt sich zu einem Glaubensbekenntnis, einer Pilgerreise, was er Gästen in einem Hotel beim Frühstück erklärt, die daraufhin John Bunyans Hymne an einen Pilger singen: „Der, der so kühn sei …"

Der Romantitel und das Sinnbild von Bunyans *Die Pilgerreise* deuten darauf hin, dass Harolds Reise nicht nur physischer Natur ist und lediglich

THE UNLIKELY PILGRIMAGE OF HAROLD FRY
627 MILES * 87 DAYS
10 0 20 40 60
MILES
FINISH
Berwick
Kelso
Wooler
Alnwick
Cambo
CHEVIOT HILLS
Newcastle
Hexham
HADRIAN'S WALL
SCOTLAND
PENNINES
LAKE DISTRICT
YORKSHIRE DALES
Darlington
NORTH SEA
Ripon
Harrogate
York
IRISH SEA
Leeds
Wakefield
Barnsley
Manchester
PEAK DISTRICT
Sheffield
Chesterfield
Nottingham
Derby
Holt
Ashby de la Zouch
Leicester
WALES
Birmingham
Coventry
Warwick
Stratford
Cambridge
MALVERN HILLS
BLACK MOUNTAINS
Cheltenham
Stroud
Nailsworth
ENGLAND
BRISTOL CHANNEL
Bristol
Bath
MENDIP HILLS
Wells
LONDON
GLASTONBURY TOR
Bagley Green
Taunton
BLACKDOWN HILLS
Tiverton
Thorverton
Exeter
DARTMOOR
Southampton
Portsmouth
Eastbourne
Buckfast Abbey
South Brent
Loddiswell
Kingsbridge
START
ENGLISH CHANNEL

Die ganze Welt war voller Menschen, die einen Fuß vor den anderen setzten. Eine Existenz mochte gewöhnlich erscheinen, aber nur, weil der Mensch sie schon so lange lebte.

Vorherige Seite: Eine Reise von 1003 Kilometern in 87 Tagen. Originalkarte von John Taylor für die Erstausgabe.

von Kingsbridge nach Berwick führt. Es ist gleichzeitig eine spirituelle Suche, parallel zu der in John Bunyans beschriebenem Klassiker.

Ein unauffälliger Charakter reist durch das Leben, von seiner irdischen Heimat in der „Stadt der Zerstörung" zur „Stadt im Himmel". Harold ist ein durchschnittlicher Mensch, dessen Begegnungen mit verschiedenen Personen auf dem Weg – liebenswürdig, egoistisch, verzweifelt oder visionär – wichtige Elemente der Reise darstellen.

Die psychologischen Dimensionen von Harolds Wanderschaft erstrecken sich weit über die physische Entfernung. Als er in der zweiten Nacht in South Brent ankommt (nur circa 20 Kilometer von seinem Zuhause entfernt), fühlt er „den Triumph eines [Mannes], der nach einer lange Reise in die Zivilisation zurückkehrt. Harolds persönliche Orientierungspunkte sind Erinnerungen, emotionale Entdeckungen und die Menschen, die er trifft.

Die Handlungsorte und Landschaften, die Harold durchstreift, sind, anders als in Bunyans *Die Pilgerreise*, real und keine Allegorien. Es sind Städte und Dörfer (zum Beispiel Bedworth, Twycross und Nuneaton). Auch finden sich Sehenswürdigkeiten wie Buckfast Abbey, die Exeter Cathedral und die Roman Baths, wo er Postkarten kauft. Harold folgt den Straßen und nicht den wunderschönen Fußpfaden, die die englische Landschaft durchziehen. „Ich halte mich an die Straßen", erklärt er jemanden, „denn ich bin mein ganzes Leben lang Auto gefahren. Ich kenne das."

Während er weiterzieht, nutzt er jede Schlafmöglichkeit, um Geld zu sparen, und schickt auch seine Kreditkarte nach Hause. Stattdessen verlässt er sich auf die Großzügigkeit der Menschen und das Gefühl, „eins mit dem Land unter meinen Füßen zu sein". Er zieht sogar einige Gefolgsleute an, die schließlich vorgehen. Bei seiner Ankunft trägt er immer noch die (nun verschlissenen) Schuhe, in denen er losgezogen ist. Er hat es gelernt, die Warmherzigkeit und Befremdlichkeit anderer zu akzeptieren und zu zelebrieren. Harold „konnte nie wieder an einem Fremden vorbeigehen, ohne die Wahrheit anzuerkennen, dass alle gleich sind, aber ebenso einzigartig – und darin bestand das Dilemma des Menschseins".

Ein Roadtrip durch Japan

Hiro Arikawa

Satoru und das Geheimnis des Glücks (2012)

Der Roadtrip durch Japan ist zugleich eine Reise durch die unausgesprochenen Erinnerungen der Protagonisten und in die Annalen der nationalen Literaturgeschichte.

„Ich bin eine Katze. Und somit habe ich keinen Namen." 1905 kündigten die einleitenden Sätze von Natsume Sōsekis (1867–1916) *I am a Cat* einen tiefgreifenden Wandel an. Es war eine Zeit, in der japanische Autoren und Kritiker eine standardisierte Schriftsprache suchten, um der neuen Literatur eine neutrale und „authentische" Stimme zu verleihen. Sōsekis Geschichte – erzählt aus der Perspektive einer unwillkommenen Hauskatze – enthüllte die rebellische Seite des beliebten Autors. Die eindeutige Stimme des Romans steht emblematisch für die Atmosphäre der Entfremdung, die in Japan den rapiden Prozess der rasend schnellen Modernisierung begleitete.

Der simple englische Titel verschleiert die originelle Komplexität des Originals. Im Japanischen existieren verschiedene Versionen des „Ich", die den Status des Sprechers in Verhältnis zum Zuhörer bestimmen. Sōsekis „Erzähler" spricht in einer sehr alten und elaborierten Form, die ihn auf die höchste Ebene erhebt und somit das Potenzial zum Komischen und Selbstparodistischen in sich birgt.

Hiro Arikawas Roman aus dem Jahr 2012 beginnt mit denselben Sätzen, eine Hommage an Sōsekis berühmte Katze. Während sich Sōsekis „Erzähler" aber generell unwohl fühlt, zeigt Arikawas Streuner Straßenschläue und Selbstbewusstsein und erhält sogar einen Namen. Nana bedeutet im Japanischen „Sieben" und bezieht sich auf die Schwanzform des Tiers. Der Mann, der ihr den Namen gibt, ist Satoru, ein leidenschaftlicher Katzenliebhaber in den Dreißigern und für Nana zuerst nicht mehr als ein „Nahrungslieferant". Nachdem Nana aber von einem Auto angefahren wird und sich ein Bein bricht, gestattet sie Satoru, sie bei sich aufzunehmen. Dann vergehen fünf Jahre in nur einem Satz. Satoru erklärt, einen neuen Halter für Nana finden zu müssen, womit ein Roadtrip des ungleichen Paars in einem silbernen Auto beginnt. Satoru besucht alte Freude unter dem Vorwand, für seine geliebte Katze ein neues Zuhause zu suchen, findet aber immer einen Grund, der dagegen spricht.

Das Reisen spielt sich in dem Roman auf unterschiedlichen Ebenen ab. Nana beschreibt sich als „die allergrößte reisende Katze der Welt", und durch ihre Augen erhalten wir flüchtige Impressionen von Japans urbanen und

Gemäß einer japanischen Veröffentlichungstradition wurde der Roman zwischen dem Oktober 2011 und dem April 2012 in 25 Folgen in einem Literaturjournal veröffentlicht.

Arikawa ist in Japan als Autorin der „leichten Romane" bekannt, einem Genre mit Illustrationen, das sich vornehmlich an junge Erwachsene richtet.

Nach der Erstveröffentlichung von *Satoru und das Geheimnis des Glücks* (im Original: *Tabi neko repōto*) erschien 2014 ein illustriertes Buch, gefolgt von einer Filmadaption 2018.

名所江戸百景
浅草田甫酉の町詣
廣重画

Seit wir uns auf die Reise gemacht haben, habe ich die Stadt gesehen, in der du deine Kindheit verbrachtest. Und ein Bauerndorf. Und das Meer. Ich fragte mich, was wir noch alles zusammen sehen würden, bevor diese Reise vorüber wäre.

ländlichen Gegenden, darunter auch das „überwältigende" Bild des Fudschi. Doch auch Satorus Reise kommt zur Geltung, da ihn „zwingende Gründe" zur Aufgabe der von ihm geliebten Katze nötigen. Der Narrativ spitzt sich mit jedem Kapitel zu, da die Begegnungen mit Kindheitsfreunden zu einer Erinnerung führen, die Satorus Porträt vielschichtiger erscheinen lassen. Die Geschichten sind teils von unausgesprochenen Pakten und beklemmender Stille gekennzeichnet, die enthüllen, dass es sich bei Satorus Freunden auch um „Herumstreunende" handelt: Ein Ehemann hofft, durch die Adoption von Nana den Kontakt zu seiner entfremdeten Frau zu intensivieren, und ein Scheidungskind verwehrt sich dem Mitleid. Auch auf Satoru lastet die Bürde der Vergangenheit, da er Waise ist.

Gegenüber:
Holzdruck von „Die 100 schönsten Ausblicke Edos" von Utagawa Hiroshige, 1857.

Sōsekis zugrunde liegender Klassiker wurde mehrmals adaptiert und parodiert, wobei Arikawas Fassung durch die tiefgreifendste Mitmenschlichkeit wirkt. Gegensätzlich zu Sōsekis „Erzähler", der ohne Vergangenheit lebt, evoziert die Reise von Nana und Satoru Erinnerungen, die ihren Platz im Leben des jeweils anderen erklären. Sie hinterlassen bei allen von ihnen Besuchten einen bleibenden Eindruck. Durch den expliziten Romananfang weist Arikawa ihrem „Erzähler" einen Platz in der japanischen Literaturgeschichte zu. Bei einem Besuch kommt beinahe ein „vergrabenes" Liebesdreieck aus der Vergangenheit ans Tageslicht, und die Szene erinnert an Sōsekis Klassiker Kokoro (1914), bei der die Charaktere durch eine gemeinsame Erfahrung des Verlusts – die ihre Gegenwart immer noch verdunkelt – miteinander verbunden sind.

Für Nana liegt „die Geschicklichkeit einer streuenden Katze darin, ein komplexes Beziehungsgeflecht aufzubauen, um auf der Straße zu überleben". Arikawas Roman entfaltet seine Wirkung durch die Darstellung der unterschiedlichsten Beziehungen der Charaktere und dem literarischen Widerhall. Er ist kein „normaler" „Roadtrip", sondern führt zu einem zentralen Tropus der modernen japanischen Literatur.

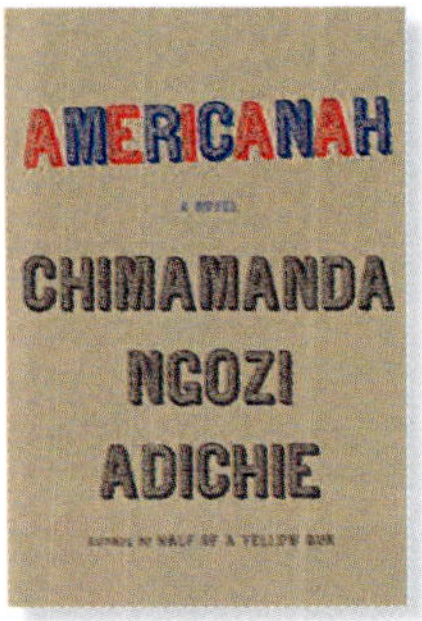

Chimamanda Ngozi Adichie

Americanah (2013)

Die aufrichtige Geschichte eines jungen nigerianischen Liebespaars, das in der Hoffnung auf neue Chancen nach Westen reist, sich aber sowohl hinsichtlich der Beziehung zueinander als auch angesichts ihrer Hautfarbe und finanziellen Lage vor einige Probleme gestellt sieht.

Americanah erhielt den National Book Critics Circle Award vor Donna Tartts *Der Distelfink*. Adichies erster Roman *Blauer Hibiskus* war für den Booker Prize nominiert, ihr zweiter *Die Hälfte der Sonne* gewann den Orange Prize for Fiction.

Die Igbo-Schriftstellerin verließ Nigeria, um in Philadelphia in den USA zu studieren, schloss dann ein Masterstudium in Yale ab und wurde Fellow an der Universität von Princeton. Sie lebt heute in Amerika und Nigeria.

Americanah ist ein Roman des ständigen Wandels. Adichie zeichnet das Leben von Ifemelu und Obinzé nach, die einander umkreisen, während sie Teile ihrer selbst in Afrika, Nordamerika und Europa entdecken. Obwohl die Handlung in einem Friseursalon in Princeton beginnt, entflammt die Liebe der beiden in Lagos, wo das Buch nach einem stürmischen Zwischenstopp in Essex auch endet.

Ihre Wege entsprechen jenen vieler Immigranten, die das Versprechen von Wohlstand nach Westen lockt. Allerdings zeichnen sie den Kolonialismus und Sklavenhandel als Entwicklungen von fortdauernder Bewandtnis für die Gesellschaften nach, die sie in ihrer Substanz beschädigt haben, was heute häufig vergessen wird.

Zwischen dem Beginn ihres Verhältnisses und ihrer Wiederbegegnung zieht Ifemelu nach Philadelphia, um einen höheren Bildungsweg einzuschlagen, beginnt einen Blog zum Thema Rasse und erhält ein Stipendium für Princeton; Obinzé stellt sich dem Berufsleben im erbarmungslosen London, ehe er ausgewiesen wird und zu Hause eine Familie gründet. Ihre Gegensätze decken das gesamte Spektrum der Einwandererfahrung ab.

Unterwegs erkennen sie, dass ihre Zukunftserwartungen der härteren Wirklichkeit direkt entgegengesetzt sind: in welcher Weise sie sich selbst weiterentwickeln und wie sie in der Fremde in Hinblick auf ihre Hautfarbe, ihre Standeszugehörigkeit und ihr Geschlecht, ja selbst ihre Nationalität und Stammeszugehörigkeit betrachtet werden.

Die Reise in die USA ist für Ifemelu eine Offenbarung, die ihrem Verständnis von Identität weitere Nuancen verleiht. Auf einer Party sagt sie: „Ich wurde erst schwarz, als ich nach Amerika kam", womit sie auf den blinden Fleck anspielt, die Spannungen zwischen Farbigen und Weißen in den Vereinigten Staaten im Gegensatz zu jenen innerhalb der schwarzen Bevölkerung Nigerias. Im „Land der Freien" ist sie nicht nur Afrikanerin, sondern auch schwarz. Diese Identität eint sie mit und trennt sie zugleich von einer komplexen afrikanisch-amerikanischen Historie, ist je nach Ansicht Privileg oder Nachteil. Adichie flicht diese Spannung in Ifemelus Haartracht ein: Während sie in ihrer Jugend selbstbewusst Zöpfe getragen hatte, nötigt ihr Eintritt ins weiße Amerika

Victor Ehikhamenors Cover der nigerianischen Ausgabe (2014).

sie zu der Erkenntnis, dass dieser Look nicht gern gesehen wird. Sie gibt dem Druck nach, ihr Haar künstlich glätten zu lassen, erkennt sich aber nicht wieder, weshalb sie es abschneidet und sich zum Missfallen sowohl Schwarzer als auch Weißer wieder einen natürlichen Afro-Look wachsen lässt. Solche Beeinflussungen zu überwinden ist für sich genommen schon eine Reise und zeigt die Schwierigkeit, ein Gleichgewicht zwischen Anpassung und Widerstand zu finden. Was Ifemelu will, lernt sie erst dadurch, dass sie ihre Welt verlässt und in gegensätzliche Richtungen gezogen wird.

Obinzés Plan, sich Ifemelu im gepriesenen Amerika anzuschließen und sein „richtiges" Leben zu beginnen, wird jäh von fremdenfeindlicher Einwanderungspolitik durchkreuzt. Da ihn seine Aussichten zu Hause weiterhin ernüchtern, weicht er mit befristetem Visum nach Großbritannien aus und führt jahrelang ein einsames, nicht dokumentiertes Leben inmitten xenophober Phrasendrescherei und lähmender Angst davor, entdeckt zu werden. Schließlich geschieht wenige Minuten vor seiner Greencard-Hochzeit das Schlimmste: Er wird abgeschoben. Die Ausweisung färbt Obinzés Wahrnehmung, was sich verschärft, als Ifemelu und er getrennte Wege gehen, und seine Suche nach Zuflucht, wo auch immer er sie finden kann, umso fieberhafter macht. Erst gegen Ende des Romans erkennt er mit Gewissheit, dass er seine Heimat für etwas verließ, was er dort hätte haben können. In diesem Sinn ist *Americanah* eine Geschichte sowohl über Fehlstarts als auch über vollendete Reisen.

WU MING-YI

DAS GESTOHLENE FAHRRAD (2015)

Ein Sohn durchquert Taiwan auf der Suche nach einem verloren gegangenen Fahrrad und hofft dabei, sie werde ihn zu seinem Vater führen.

Wu Ming-Yi wurde 1970 in Taiwan geboren, ist Schmetterlingsexperte, Umweltaktivist, Maler, Fotograf und preisgekrönter Romancier. Er gehört zu den einflussreichsten Schriftstellern des Landes.

Dieser Roman, im Original *Dānchē Shīqiè Jì*, beruht auf Erinnerungen an ein uraltes Fahrrad, das am Rand eines Waldes zurückgelassen worden war, „als hätte sein Besitzer es vor über einem halben Jahrhundert dort abgestellt und sei hineingegangen […] Und so gelangte ich auf einen neuen Weg, der mich schließlich zu *Das gestohlene Fahrrad* führte".

Ein Fahrrad wird häufiger zum Reisen eingesetzt, als dass es der Anlass für eine Reise ist, doch das „Eisenpferd", wie es wörtlich übersetzt heißt, ist das Objekt in den Geschichten von Wu Ming-Yis verwickeltem, opulentem fünften Roman. Fahrräder haben ihren eigenen Lebenslauf – verschiedene Besitzer durch Diebstahl oder Schenkung, wobei Teile abhandenkommen –, und in ihrem Kontext verschmelzen in diesem Buch Kriegserzählungen über Radfahrtruppen oder Vorstöße von Soldaten mit Elefanten tief in den burmesischen Dschungel.

Die Mutter des Erzählers Ch'eng sagt, die Eisenpferde hätten das Schicksal ihrer Familie beeinflusst, und seine Geschichte beginnt mit dem Wiederauftauchen des Fahrrads, das 20 Jahre zuvor zusammen mit Ch'engs Vater verschwand.

Nachdem Ming-Yi das bedeutende Verhältnis zwischen Rad und Besitzer angedeutet hat, beschreibt er eine Suche nach einem Fahrrad, die schließlich die Geschichte einer ganzen Epoche miteinbezieht, wie er selbst erklärt: Das Gefährt dient nicht nur einer persönlicher Offenbarung, sondern auch als Schlüssel zu Taiwans vielstimmiger, von Narben gezeichneter Vergangenheit.

Die Handlung vollzieht sich größtenteils zu unterschiedlichen Zeiten in Taiwans Hauptstadt Taipeh. Ch'engs Narrativ beginnt an einem Ort, an dem versucht wird, die Zeit zurückzudrehen: in einem Antiquitätengeschäft, dessen Inhaber Apu dem Erzähler zufälligerweise ein Fahrrad zeigt, das er als jenes seines Vaters erkennt.

Die anschließende Reise, die durch mehrere sorgfältig gepflegte Freundschaften möglich wird, unterstreicht die Geduld und Zermürbung, die mit einer Suche nach einer verlorengegangenen Sache einhergehen. Sie führt Ch'eng zu dem Fotografen Abbas (dessen Exfreundin nach dem Rad suchte) in dessen Heimatstadt im Landkreis Nantou, wo die indigenen Tsou leben; zu Sabine (der aktuellen Besitzerin des Rads), die in den Bergen in der Nähe des Flusses Baihe rätselhafte E-Mails über Taiwan als ehemaliges Zentrum für Schmetterlings-Kunsthandwerk schreibt; zu Abbas' Berichten aus seiner Zeit in einem Dorf namens Sec-kao im Südwesten Taiwans, wo ihm das Rad geliehen wurde, und zu einer Tonbandkassette von Abbas' Vater, der darauf von seinen

Mutter meinte immer, ich hätte „Eisenzähne" – ich wäre so arrogant zu glauben, ich könnte dem Himmel trotzen und selbst über mein Schicksal bestimmen. In dem Moment aber, als ich diese Seriennummer berührte, war mir – in einem Anflug von Verletzlichkeit –, als ob irgendeine höhere Macht dafür gesorgt hätte, dass es zurückgekommen war.

Vorherige Seite:
An einer geschäftigen Straße aufgestellte Fahrräder in Taipeh, Taiwan, 1955

Erfahrungen als Mitglied der japanischen Radfahrtruppen im Dschungel Burmas erzählt.

Darin deutet sich bereits an, dass die Aufarbeitung der Historie des Rads mäandert, also nicht linear erfolgt, und eng mit Geschichten um andere Räder, mit Biografien sowie Betrachtungen von Sprache verknüpft ist. Sie changiert zwischen den taiwanesischen, japanischen und hochchinesischen Identitäten von Orten und Dingen:

> In der Welt, in der ich aufwuchs, sagte das Wort, das jemand für „Fahrrad" verwendete, eine Menge über die Person aus. Jiten-sha („Selbstdrehfahrzeug") deutete auf eine japanische Erziehung hin. Tih-bé („Eisenpferd") zeugte von einem Taiwanisch-Muttersprachler, genauso wie Khóng-bîng-tshia („Kong-Ming-Fahrzeug"), was auf einen alten chinesischen Erfinder anspielt.

Ch'eng fragt sich: „Könnte es sein, dass mich das Gehen der ganzen Strecke in meiner Fantasie auslaugt?" Die Handlungsstruktur ist aber nicht geradlinig, sondern ähnelt einer gezielt erstellten Collage – ein Eindruck, den „Radnotizen" als Unterbrechungen des Narrativs zusätzlich bestätigen, wobei es sich um Fakten über Taiwans Fahrradindustrie und feine Zeichnungen verschiedener altertümlicher Modelle handelt. Ming-Yi besteht wie ein aus allen möglichen Teilen zusammengebasteltes Rad aus historischen Schnipseln: „Seht, ich fahre vor euch auf einem alten Rad aus Teilen, die von ausgeschlachteten Rädern oder aus Sammlungen stammen", schreibt er im Postskriptum, womit er seine Rolle als Autor mit jenen des Sammlers und Radfahrers selbst verbindet.
Dies führt weniger zu Fragen nach Rädern und ihren Besitzern, als es in grundlegenderer Weise Kräfte betrifft, die den Lauf des Lebens beeinflussen: „Leben war nicht formlos wie Rauch, sondern hatte ein Muster und eine Haltung", sinniert Ch'eng gegen Ende des Buchs, worin sich eine schicksalhafte Ordnung von Ereignissen in mehreren Generationen andeutet. Früher hat Ming-Yi allerdings auf der linguistischen Ebene differenziert:

> In Mandarin besteht das Wort für „Schicksal" aus zwei Zeichen – ming und yün –, die jeweils für sich eine Bedeutung haben. Ming heißt „Leben", wie wir es zugeteilt bekommen – unsere Bestimmung –, wohingegen yün „Glück" bedeutet: Höhen, Tiefen, schicksalhafte Wendungen. [...] In meiner Muttersprache Taiwanisch ist es umgekehrt, denn in ūn-mia steht „Glück" vor „Leben".

Durch so geschickte Bewegungen zwischen weit reichenden Gedanken und intimen Überlegungen dringt die persönliche Reise in *Das gestohlene Fahrrad* tief ins Kollektivgedächtnis eines Landes ein. Es ist eine Suche nach Verstehen und Vollständigkeit, aber auch ein Loblied auf das bescheidene, aber verlässliche Zweirad: „Während ich so fahre wie mit einem Rad, kommt alles aus der Ferne näher, und alles Nahe entfernt sich."

Flucht aus der Sklaverei durch die Vereinigten Staaten

COLSON WHITEHEAD

The Underground Railroad (2016)

Die junge Afroamerikanerin Cora entrinnt mithilfe des Underground-Railroad-Netzwerks der Sklaverei, wobei sie verschiedene Formen von Rassismus erlebt, während sie von Süden nach Norden reist, um Freiheit zu erlangen.

In Amerika war die Underground Railroad vor dem Sezessionskrieg bis zur Unabhängigkeitserklärung 1863 eine Vereinigung von Sklavereigegnern. Auf den Versuch, Sklaven mittels geheimer Unterschlupfe oder Fluchtwege zu befreien, stand die Todesstrafe. In Whiteheads Erzählung ist die Underground Railroad tatsächlich ein unterirdisches Tunnelnetz im Süden des Landes.

Durch die Figur Cora sieht der Leser die Gräuel der Sklaverei und die Gefahren der Befreiung aus der Perspektive einer jungen Schwarzen. Während Cora auf der Suche nach mehr Sicherheit von Staat zu Staat flieht, durchdringt Rassismus alle Aspekte der nordamerikanischen Kultur, und sie stößt tiefer ins Land vor. Der Autor schöpfte für seine Protagonistin und die Konflikte, die sie erlebt, aus Frederick Douglass' *Narrative of the Life of Frederick Douglass, an American Slave* und *Incidents in the Life of a Slave Girl* von Harriet Jacobs.

Als Caesar – ein weiterer Sklave, der fliehen will – Cora einlädt, ihn zu begleiten, lehnt sie zunächst ab, besinnt sich dann jedoch anders. Die beiden fliehen mithilfe der Underground Railroad aus Georgia. Für sie ist die Bahn wirklich ein Transportmittel in die Freiheit. Demnach dient die Gegenüberstellung von historischem Realismus und Science-Fiction durch eine tatsächliche Untergrundbahn, Zugwagen, Lokführer, Schaffner und Stationsvorsteher als Metapher für Schwarzen Fortschritt.

In Whiteheads früherem Roman *Die Fahrstuhlinspektorin* (1999) gab es ebenfalls eine weibliche schwarze Hauptfigur, Lila Mae Watson. In dieser allegorischen Geschichte stehen Fahrstühle für die beiden gesellschaftlichen Aspekte Fortschritt und Rassenkampf. Indem der Autor Realismus mit Science-Fiction kombinierte, schrieb er über eine verborgene, futuristische Technologie, die Menschen per Fahrstuhl in den Himmel befördert. *Underground Railroad* verwandelt gleichsam historischen Realismus in eine Allegorie, die für den Fortschritt steht. Der Fugitive Slave Act von 1850 wird vom Standpunkt eines außenstehenden Erzählers zerrupft. Diese Gesetze traten in Kraft, um entlaufene Sklaven fangen und ihren Herren zurückgeben zu können. Nachdem Cora mit Caesar in der Untergrundbahn aus Georgia entkommen ist, macht sie in South Carolina halt. Damit sie auch weiterhin frei bleibt, besorgt ihr der Stationsvorsteher einen neuen Namen. Dieser ist ein Symbol einer neuen

Der Bestseller *The Underground Railroad* gewann den National Book Award und den Pulitzerpreis.

Whitehead brauchte 16 Jahre bis zur Fertigstellung des Romans.

Oscar-Preisträger Barry Jenkins adaptierte das Buch für eine Amazon-Fernsehserie.

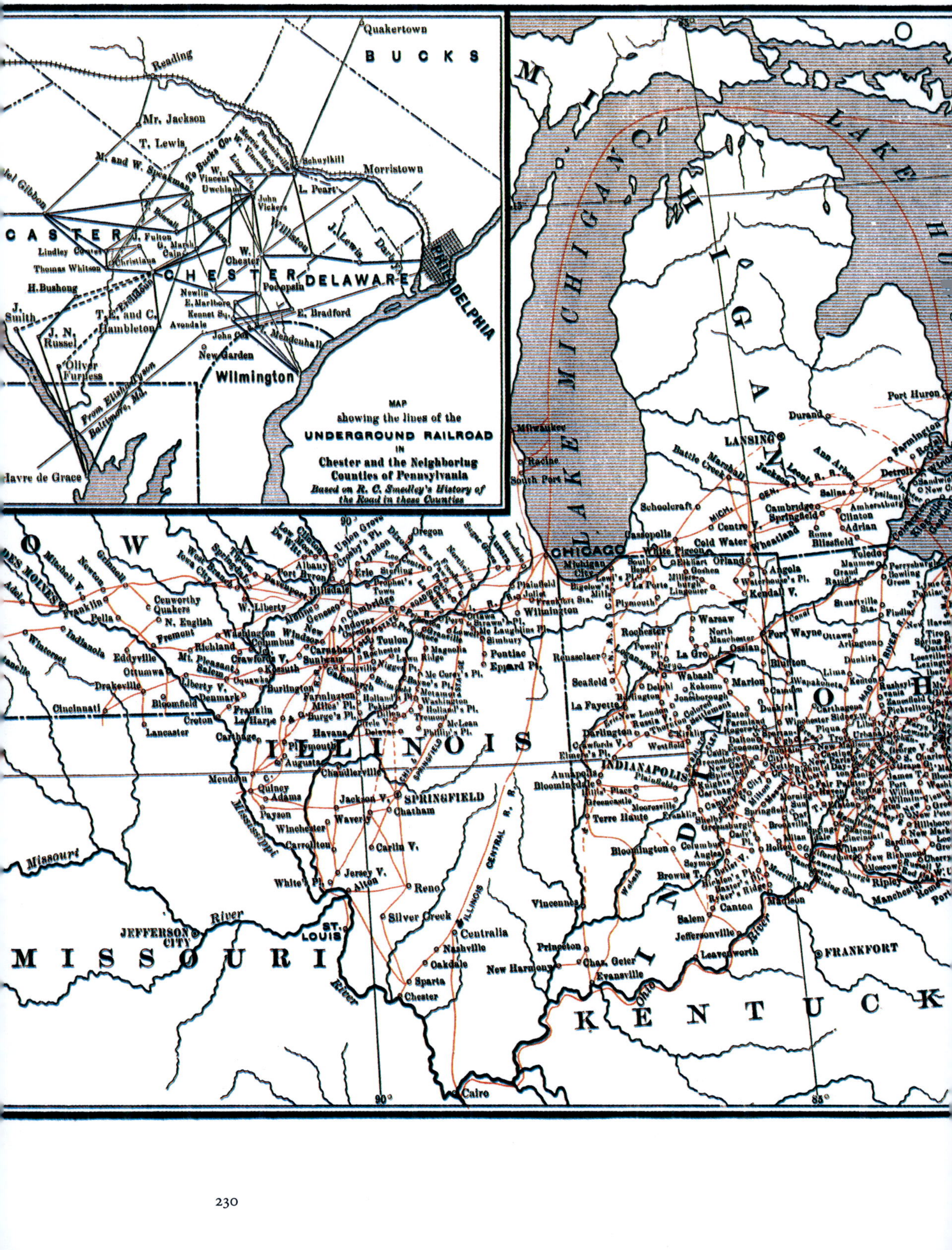

MAP
showing the lines of the
UNDERGROUND RAILROAD
IN
Chester and the Neighboring
Counties of Pennsylvania
Based on R. C. Smedley's History of
the Road in these Counties
BUCKS
Quakertown
Reading
Mr. Jackson
T. Lewis
M. and W. Speakman
Schuylkill
Morristown
L. Peart
John Vickers
CHESTER
DELAWARE
PHILADELPHIA
Lindley Coates
Christiana
Thomas Whitson
H. Bushong
J. Smith
J. N. Russel
Oliver Furness
T. E. and C. Hambleton
Avondale
Kennet Sq.
E. Marlboro
Newlin
E. Bradford
Mendenhall
New Garden
Wilmington
From Elisha Tyson Baltimore, Md.
Havre de Grace
LAKE MICHIGAN
MICHIGAN
LAKE HURON
IOWA
ILLINOIS
INDIANA
OHIO
MISSOURI
KENTUCKY
CHICAGO
Milwaukee
Racine
South Port
LANSING
Port Huron
Durand
Battle Creek
Marshall
Jackson
Ann Arbor
Detroit
Farmington
Ypsilanti
Schoolcraft
Cassopolis
White Pigeon
Cold Water
Adrian
Toledo
Fort Wayne
INDIANAPOLIS
SPRINGFIELD
Galesburg
Quincy
Alton
Chester
Cairo
Centralia
Jefferson City
ST. LOUIS
Evansville
Madison
Jeffersonville
Salem
Vincennes
New Harmony
Terre Haute
Bloomington
Richmond
Cincinnati
Ripley
FRANKFORT
DES MOINES
Grinnell
Iowa City
Davenport
Burlington
Salem
Denmark
Mt. Pleasant
Cincinnati
Missouri River
Mississippi
ILLINOIS CENTRAL R. R.

"UNDERGROUND"
ROUTES TO CANADA
SHOWING THE LINES OF TRAVEL
OF FUGITIVE SLAVES
0 50 100 150 200 250
SCALE OF MILES
W.H.Siebert,
Longitude West from Greenwich
MONTREAL
TORONTO
ONTARIO
NEW YORK
PENNSYLVANIA
VIRGINIA
WEST VIRGINIA
MARYLAND
DELAWARE
NEW JERSEY
VERMONT
NEW HAMPSHIRE
MAINE
ATLANTIC OCEAN
BOSTON
PROVIDENCE
HARTFORD
ALBANY
BROOKLYN
PHILADELPHIA
TRENTON
HARRISBURG
BALTIMORE
WASHINGTON
ANNAPOLIS
DOVER
RICHMOND
CHARLESTON
Norfolk
Portsmouth
Dismal Swamp
FROM NEWBERNE, N. C.
N. CAR.

Vorherige Seite:
„Routen der Underground Railway". Eine Karte der Underground Railway, 1898. Es handelte sich nicht um eine Eisenbahnlinie, sondern um ein Netzwerk verschiedener Geheimwege und sicherer Häuser, genutzt von schwarzen Sklaven in den USA, um in die freien Bundesstaaten und Kanada zu fliehen.

Identität, wodurch wiederum neue Möglichkeiten entstehen, sodass sich Cora selbst als freie Schwarze neu erfinden kann.

Als sich der vermeintliche Glaube an den „Fortschritt der Farbigen" in South Carolina als makabre Fassade entpuppt, flieht sie erneut mit der Untergrundbahn und versteckt sich zunächst in North Carolina auf einem Dachboden. Von da aus verschlägt es sie weiter nach Westen, doch die Sklavenfänger Ridgeway und Boseman sowie ein schwarzer Junge namens Homer vereiteln Coras Reise in ein neues Leben.

Auch die Zeitungen profitierten von der Sklaverei; Whitehead spielt mit entsprechenden Annoncen im Buch darauf an. In jedem Gesuch sind die Belohnung, das Alter, Persönlichkeitszüge, eine Beschreibung des Aussehens und der Vorname der Flüchtigen enthalten. Dadurch – auch Cora ist in einem beschrieben – werden die gegensätzlichen Interessen der freiheitsliebenden Sklaven und der Sklavenwirtschaft des Südens hervorgehoben.

Die Erzählstruktur gewährt Einblicke ins Tun nächtlicher Reisender, Streifenbeamter und Fänger wie Ridgeway, die sich an der Jagd auf entlaufene Sklaven bereichern. Während er Cora und ihre Mutter Mabel verfolgt, erfahren wir, dass ihn nicht nur Geld motiviert; sein Verständnis von rassischer Überlegenheit treibt ihn körperlich wie emotional durch ein Land in Aufruhr.

Der politische Redner Elijah Lander spiegelt Frederick Douglass' Einfluss auf Whiteheads Beschreibung der Abolitionisten im Roman wider. Nachdem Cora Ridgeways Gewalt in Indiana entrinnen konnte, spricht Lander die Konsequenzen des Schandmals der Sklaverei für Amerika öffentlich an:

> Die weiße Rasse glaubt […], dass sie das Recht hat, das Land zu rauben. Indianer zu töten. Krieg zu führen. Ihre Brüder zu versklaven. Wenn es irgendeine Gerechtigkeit auf der Welt gibt, dürfte diese Nation nicht existieren, denn ihre Grundlagen sind Mord, Diebstahl und Grausamkeit.

Nach der Rede werden die tragischen Folgen freier Meinungsäußerung für Afroamerikaner offenbar. Abgelenkt vom Getümmel wird Cora abermals von Ridgeway und Homer aufgegriffen. Bei ihrem nächsten Fluchtversuch mit der Untergrundbahn spinnt Whitehead den Fortschrittsfaden weiter. Während auf Caesar und Mabel in Freiheit ein finsteres Schicksal wartet, schlägt sich Cora auf eigene Faust mit einer Draisine in einen Tunnel durch.

Im 21. Jahrhundert stellt *Underground Railroad* einen Gegenentwurf zum amerikanischen Freiheitsbegriff zur Diskussion. Whitehead macht Vorwärtsbewegung in dieser Allegorie zu einem Symbol schwarzen Fortschritts. Durch ihre Flucht belegt Cora die Gleichgültigkeit der Weißen gegenüber den ganze Generationen belastenden Kosten der Sklaverei. Mit ihr bietet der Autor eine alternative Lesart von Freiheit aus der Perspektive derjenigen, die Menschlichkeit verdienen. Der Roman stellt dar, wie Amerika seine Wirtschaftsmacht unter anderem auf Kosten der Freiheit der Afroamerikaner erlangt hat.

MOHSIN HAMID

EXIT WEST (2017)

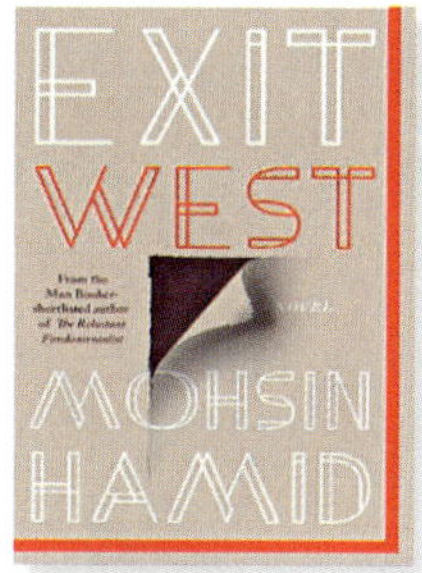

Ein für den Booker-Preis nominierter Roman über Migration, die Flüchtlingskrise und ein Liebespaar.

Viele Erzählungen über Migranten konzentrieren sich heute auf das Reisen im engen Sinn. Es sind schauerliche Geschichten von Menschen, die ihre unerträglich gewordene Heimat auf Frachtschiffen verlassen oder über Staatsgrenzen trudeln. *Exit West* aber meidet diesen Fokus auf den Beförderungsaspekt; Mohsin Hamid beschreibt die emotionale Reise von Personen, die nicht mehr in ihre Heimat gehören und vielleicht nie wieder irgendwo einen Platz finden werden.

Saeed und Nadia begegnen einander als junge Bewohner einer namenlosen Stadt voller Flüchtlinge, in der jedoch keine offenen Kämpfe ausgetragen werden. Es könnte Lahore oder Karatschi sein, und ein Gewaltausbruch steht unmittelbar bevor. Trotz ihrer Unterschiede verlieben sich die beiden ineinander und beginnen quasi eine mondäne Romanze, indem sie Joints rauchen und Burger essen. Sie führen ein ruhiges Leben, während Aggression und Gewaltbereitschaft in ihrem Umfeld zunehmen. Als radikale Militante die Macht ergreifen, überzeugt Saeeds Vater Nadia davon, dass sie mit seinem Sohn an einen besseren, sichereren Ort fliehen muss.

In dieser namenlosen Stadt in einem namenlosen Land haben sich heimlich, still und leise wie überall auf der Welt Türen geöffnet. In Tokio steht nun eine einst verschlossene Tür „aus irgendeinem Grund offen […], ein in vollkommenes Schwarz getauchter Eingang, als würde drinnen kein einziges Licht brennen, und fast so, als könnte auch keines hineindringen." In Sydney ist die Tür des Kleiderschranks einer schlafenden Frau „dunkler als die Nacht, ein vollkommen schwarzes Rechteck – das Herz der Dunkelheit.". Diese Türen führen an andere Gefilde auf der Welt. Sie sind Portale: buchstäbliche Schwellen, die Tausende Kilometer voneinander entfernte Orte verbinden. In diesem Roman wird die Membran zwischen dem, wo man sich befindet, und dem, wo man sein möchte, porös.

Die Geschichte der Migranten dreht sich nicht mehr um Bewegung und dabei Erlebtes, sondern um das, was man ist und werden kann. Beförderung wird zu einem Schritt durch Türen verdichtet. Die eigentliche Reise meint nun persönlichen Reife, Erkenntnis und Identität; wenn der materielle Aspekt des Transits entfernt wurde, bleibt eine Erfahrung, die weithin nachhallt.

Der pakistanische Auto Mohsin Hamid lebt in Lahore, seine Werke wurden in mehr als 40 Sprachen übersetzt.

Er war bereits 2007 mit *Der Fundamentalist, der keiner sein wollte* für den Booker-Preis nominiert, *Exit West* gewann 2018 den Buchpreis der LA Times.

Bis Ende 2017 wurden 68,5 Millionen Menschen gewaltsam aus ihren Heimatländern getrieben, die meisten wegen dortiger Konflikte.

Ein Teil der „Great Wall of Los Angeles", betitelt „Migrant California". Die Wandmalerei wurde von Judith Baca designt und dokumentiert die Geschichte Kaliforniens. Die Flaggen repräsentieren die zahlreichen Nationalitäten der in Los Angeles lebenden Immigranten.

Verschwindet auch die emotionale oder seelische Schwere, die Flüchtige erleben, wenn die Risiken ihrer Reise wegfallen? Laut Hamid nicht. Auf der Suche nach einem neuen Zuhause geben Saeed und Nadia ihr Zugehörigkeitsgefühl, das sie vielleicht an ihrem Geburtsort hätten, unweigerlich auf – genauso wie ihre Rechte, Anerkennung und Staatsbürgerschaft, denn diese wird ihnen kein Land gewähren. Die Reise mag am Ziel Freiheit verheißen, allerdings nicht im Sinne eines völlig unbekümmerten Lebens, sondern als Wiedergeburt:

> In diesen Tagen hieß es, das Durchschreiten einer dieser Türen sei wie Sterben und Geborenwerden zugleich, und Nadia hatte tatsächlich das Gefühl, irgendwie ausgelöscht zu werden, als sie in die Schwärze trat, und sie kämpfte sich keuchend hindurch und fühlte sich wie erfroren, erschlagen und zerschrammt zugleich […] Während sie mühsam nach Luft rang, dämmerte ihr, dass die Feuchtigkeit auf ihrer Haut ihr eigener Schweiß sein musste.

Hamid verharmlost nicht die körperlichen Belastungen auf der Suche nach Asyl, aber er zeigt vor allem, dass diese ebenso von emotionaler Heimatlosigkeit herrühren wie von der erlebten Realität des Versteckens im Laderaum eines Lkw oder der Überfahrt in einem Kleinboot auf stürmischer See.

Saeed und Nadia finden jemanden mit einem „Wispern, das an einen Dichter oder Psychopathen erinnerte", der sie zu einer Tür führt. Als sie diese durchschreiten, finden sie sich an einem Hafen wieder, der für viele Flüchtlinge der erste in Europa ist: Mykonos in Griechenland. Von dort aus

Überall auf der Welt machten sich Menschen aus den Gegenden davon, in denen sie ihr ganzes Leben zu Hause gewesen waren, aus einst fruchtbaren Ebenen, deren Erde jetzt vor Trockenheit rissig war, aus Küstendörfern, die überflutet worden waren, aus überfüllten Städten und Orten, wo Kriege tobten, und sie entfernten sich auch von anderen Menschen.

gelangen sie durch eine weitere Tür nach London und schließlich an die US-Westküste.

Man kann *Exit West* leicht als verklärende Fantasie über Portale und sich vereinende Traumwelten, Wunscherfüllung und Heldenfahrt abtun, doch obwohl etwas von alledem drinsteckt, stellt Hamid klar, dass Migration immer mit Fantasie zu tun hat. Wovon sonst träumen Flüchtlinge schließlich, falls nicht von einer besseren Welt?

Trotzdem beschönigt der Roman die damit einhergehenden Entbehrungen nicht. Obgleich das Paar die Zaubertüren nimmt, muss es in einer Stadt überleben, die nicht bereit ist, es ohne Weiteres zu akzeptieren oder zu integrieren. Auf Mykonos leben sie mit anderen Flüchtigen in einer Zeltstadt, die durch Türen an allen möglichen ärmeren Orten zusammengekommen sind; in London besetzen sie mit anderen ein großes Haus, und im kalifornischen County Marin schlagen sie sich zu einer provisorischen Migrantensiedlung durch. Wohin sie auch gehen, bleiben sie ein Teil des „Anderen", und wie in vielen Beziehungen, auf denen der Druck eines umfassenden Wandels lastet, zeigt auch die der beiden bis dahin ungekannte Risse.

Das Buch erinnert daran, dass nichts, was Flüchtende auf der anderen Seite vorfinden, ihre emotionale Bürde aufwiegt, egal, was sie sich davon erhofft haben. Vertrautes zurückzulassen und alle, die man je gekannt hat, bedeutet einen Teilverlust von Herz und Seele; man muss sich zu einer Gefühlsreise mit unvorhersehbarem Ende zwingen, wobei man weiß: „Das ist nun einmal der Lauf der Dinge, denn wer fortgeht, tilgt jene, die er zurücklässt."

Grenzen wirken heute oft durchlässig, weil wir so schnell zwischen Orten, Situationen und Zeiten wechseln können. Das Internet, unsere Smartphones und Computer – all unsere Bildschirme sind kleine Türen in die kuratierten Leben anderer. Die Zaubertüren in *Exit West* existieren gewissermaßen schon, doch diese digitale Integration steht häufig im Gegensatz zu einer grausam fremdenfeindlichen Welt, die sich mit vielen Flüchtlingen konfrontiert sieht. Wie Hamid schreibt, ist die Apokalypse gekommen, allerdings nur dem Anschein nach. Saeed und Nadia reisen in der Welt herum und kehren letztlich nach Hause zurück, doch ihr wahres Ziel ist kein Ort, sondern innere Geborgenheit in einer Welt, die sich unwiderruflich verändert hat.

AZAREEN VAN DER VLIET OLOOMI

Call Me Zebra (2018)

Eine couragierte junge Frau rekapituliert das Leid und Exil ihrer verstorbenen Eltern auf einer Reise von New York City über Barcelona und Girona nach Albanyà.

Van der Vliet Oloomi hat in Europa, Iran und anderen Staaten des arabischen Kulturkreises gelebt. Sie ist schließlich wieder in die USA gezogen und wohnt derzeit in South Bend, Indiania. Selbst bezeichnet sie sich als Immigrantin, die zufälligerweise die amerikanische Staatsbürgerschaft besitzt.

Call Me Zebra entstand im Kern 2010, während sie im Rahmen eines Fulbright-Stipendiums in Barcelona über den katalanischen Schriftsteller Quim Monzó recherchierte und sich mit den Werken von Autoren beschäftigte, die im spanischen Bürgerkrieg aus Katalonien geflohen waren.

Zebra ist Anarchistin, Atheistin und Autodidaktin. Zudem wurde sie im Exil geboren, nachdem ihre Eltern aus ihrer Heimatstadt Teheran geflohen waren. Sie erlebten eine Reihe tyrannischer Herrscher, die sich für kurze Zeit „an den Trümmern vergangener Dynastien erfreuten", und am Ende war es Saddam Hussein, der sie „überrascht, verwirrt und verstört" über die türkische Grenze jagte.

Im Zentrum des Romans steht die erwachsene Zebra, die den Weg ihrer Familie ins Exil zurückverfolgt, angefangen an ihrem zeitweiligen Landeplatz New York City, weiter nach Barcelona und Girona bis Albanyà. Im Zuge dessen entwickelt sich ein Gefühl der Verbundenheit zwischen ihr und anderen, die ebenfalls unter der Gefahr der Auslöschung überlebt hatten. Zebras Vater schleuste beispielsweise andere Leute durch Barcelona, weil er meinte, sie seien im Zeichen des Todes verbrüdert.

Zebra spricht von einem dringenden Bedürfnis, die Sinnlosigkeit des Leids ihrer Eltern zu dokumentieren, einer Pflicht zum Teilen ihrer Geschichte als Warnsignal im Auftrag ihres toten Vaters. Sie wird derart davon beherrscht, dass sie Grundbedürfnisse wie Nahrung, Schlaf oder den Umgang mit anderen vernachlässigen könnte.

Call Me Zebra ist auf geschickte Weise mit Theorie durchwirkt, ein vor unwiderstehlichen Ideen strotzender internationaler Reiseroman in Symbiose mit Philosophie zur Erklärung und Verstärkung der menschlichen Geschichte. Zebra sagt im Geiste des Postkolonial-Theoretikers Edward Said, Exilliteratur verleihe einem Zustand Würde, der so beschaffen ist, dass er Würde ausschließt, und objektiviere ihn. Indem wir die Werke zugehöriger Autoren deuten, stellen wir sowohl ihre Würde als auch unsere eigene wieder her.

Unterwegs trägt Zebra die Überlieferungen des Exils und der Literatur mit sich. Sie glaubt an eine riesige „literarische Gebärmutter", in der jeder Text ein Mutant und ein Doppelgänger sei; alle Bücher sind angeblich durch fast unsichtbare „sprachliche Superhighways" verbunden. Literatur hat sich aus „Entlehnung, Wiederholung, Nachahmung" entwickelt. Sobald Zebra diesen Weg einschlägt und feststellt, dass alles verknüpft ist, findet sie keine Ruhe, bis sie alles miteinbezogen hat.

Wie sie richtig beobachtet, dient ein Buch als „Berater, als Vielzahl von Beratern", doch etwas, das vermittelt, könne auch trennen. Eines Nachts, als sie nicht schlafen kann und in ihrem Zimmer umhergeht, denkt sie an die Worte Albert Camus':

> Und alles ist mir fremd, alles, und kein Mensch, der zu mir gehört, keine Stätte, wo diese Wunde sich schließen könnte. Was tue ich hier, welchen Zusammenhang haben diese Gebärden, dieses Lächeln? Ich bin nicht von hier – auch nicht von anderswo. Und die Welt ist nur noch eine unbekannte Landschaft, in der mein Herz keinen Halt mehr findet.

Statt sich selbst an jedem Wegpunkt ihrer Reise repräsentiert zu sehen, wird Zebra daran erinnert, wie Vertriebene im materiellen Sinn ausgelöscht werden. Von ihren weltlichen Erfahrungen entfremdet, vertieft sie sich in geerbte Gedanken der Vorbilder ihres Vaters, etwa Walter Benjamin. Dieser habe sich nicht davor gefürchtet, „eine Kerze in die Nacht zu halten, um das Ausmaß der Dunkelheit zu ergründen, die uns umgibt."

Zebra gehört zu den klügsten Erzählerinnen, von denen man sich auf eine Reise mitnehmen lassen kann, und ist so einsichtig, schließlich zu begreifen, dass sich Sinn in einer sinnlosen Welt niemals kartieren lässt. „Man kann sich das Leben nur Stück für Stück erschließen", überlegt sie. Irgendetwas bleibe immer übrig und unerreichbar.

Die Nachverfolgung der Vertreibung ihrer Familie … „Albanya", eine von mehreren Tuschezeichnungen und digitalen Illustrationen, die Murphy Chang für die erste amerikanische Ausgabe angefertigt hat.

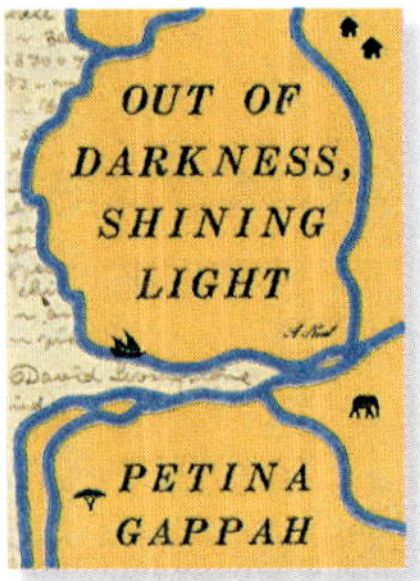

PETINA GAPPAH

Aus der Dunkelheit strahlendes Licht (2019)

Neun Jahre vor dem Kampf um Afrika tragen David Livingstones Begleiter dessen leblosen Körper über 2400 Kilometer durch Afrika, um die sterblichen Überreste in Großbritannien beisetzen zu lassen.

Petina Gappah ist eine Rechtsanwältin und Schriftstellerin aus Zimbabwe. Der Roman wurde von den Aufzeichnungen der Weggefährten Livingstons und Faulkners *Als ich im Sterben lag* inspiriert.

Die Autorin benötigte zur Niederschrift 20 Jahre und lebte während dieser Zeit zeitweise in Sansibar, lernte Swahili und recherchierte beim David Livingstone Memorial Trust.

Am 1. Dezember 1873 verstarb der schottische Arzt und Missionar David Livingstone in Chief Chitambos Dorf in Ilala, dem heutigen Sambia. Der bekannte Forschungsreisende verbrachte seine letzten Tage fernab der Familie und suchte die Quelle des Nil. Doch er war nicht allein. David Livingstone entwickelte sich in der britischen Geschichtsschreibung zu einer mythisch verklärten Person, wobei man sich an seinen Namen sowie die aufreibenden Expeditionen und Entdeckungen erinnert. Das trifft aber nicht auf Livingstons afrikanische Begleiter zu, die ihm dienten und seine sterblichen Überreste viele Monate nach dem Tod überbrachten.

Petina Gappah setzt sich mit dieser Historienlöschung auseinander und erzählt basierend auf der Geschichte eine epische Erzählung der Widerstandskraft, des Verrats, der Liebe und des Verlusts. Der Roman wird von Halima (der Köchin) und Jacob Wainwright (einem Missionar) geschildert, beginnt aber mit der kollektiven Stimme von Livingstons Begleitern:

> Und so trugen wir den armen, zerschundenen Körper von [...] David Livingstone aus Afrika heraus, damit er weit über das Meer gebracht und in seinem eigenen Land begraben werde. Vom Landesinnern bis zur Westküste marschierten wir die 2400 Kilometer mit seinem Körper.

Es sind 69, darunter Expeditionsführer, Missionare und freigelassene Sklaven. Die Geschichtsschreibung erwähnt Susi und Chuma, Livingstones wichtigste Begleiter, die als seine „ihm treu ergebensten Diener“ dargestellt werden.

Was die beiden Begleiter zu der aufreibenden Aufgabe bringt, die Knochen des Entdeckers abzuliefern, bleibt abstrakt und verwoben, ist aber unzweifelhaft so komplex wie die Kolonisierung selbst. Schon vor seinem Tod hinterfragt Halima das „wahnsinnige“ Unternehmen, denn sie versteht nicht, warum die Suche nach dem Nil das Leben so vieler Männer verschlingt.

Auf Halimas Drängen und nach langwierigen Diskussionen entscheiden sich die Expeditionsleiter, den Körper des Arztes zur Küste zu befördern. Aber wie? Halima schlägt vor, den Korpus zu trocknen und zu salzen, woraufhin sie ein Zelt für die Aufgabe errichten. Trotz aller Differenzen arbeiten die

Ein Stich aus der Ausgabe der *Harper's Weekly* vom 16. Mai 1874. Die Bildunterschrift lautet: „Jacob Wainwright und der Leichnam von Dr. Livingstone – von einem in Aden geschossenen Foto".

unterschiedlichen Menschen zusammen. Nachdem sie das Herz Livingstones begraben haben, beginnen sie die lange Reise nach Bagamoyo.

Von Chitambo und Muanamuzungu, über den Fluss Lualaba hinweg bis nach Chawende und Kumbakumba überschattet der Tod die Gruppe, und ihre Verluste häufen sich. Sie bestatten in der Wildnis Geliebte und Rivalen, neben unzähligen Sklaven, deren Knochen den Pfad der Lebenden säumen. Die schon früher umgekommenen Sklaven und die Verstorbenen der Gruppe trennen nur das Begräbnisritual und die Namensmarkierung der Gräber. Trotz aller Beschwerlichkeiten und Strapazen halten sie dem Leichnam Livingstones die Treue. Allerdings wird ein simpler Vergleich ihrer Dienerschaft mit der Sklaverei dem Geschick der Autorin nicht gerecht. Die Gruppe hatte eine Wahlmöglichkeit, auch wenn die Frage der „Freiheit" dabei gestellt werden muss. Wie kann jemand frei sein, sinniert Halima, wenn dieser keine Vorstellung von der Freiheit hat oder keine Anleitung, sie zu erlangen?

Schließlich verzehrt der permanente Verlust die Lebenden. Sie werden an ihre Belastungsgrenzen gedrängt und verlieren die Hoffnung auf Erlösung. In einem seltenen Moment, in dem Jacob Wainwright mit der Gruppe übereinstimmt, schreibt er: „Es ist der Korpus eines Arztes, der den Tod in unserer Mitte herbeiruft."

Aus der Dunkelheit strahlendes Licht enthüllt einige Aspekte, die in der geschichtlichen Definition des britischen Helden überdeckt wurden. Wenn Livingstones Skelett den Tod symbolisiert, steht das Herz für die zutiefst mitmenschlichen Beziehungen innerhalb der ungewöhnlichen Gruppe: die Trauer, die kleinen Triumphe, die Geschichten, die sie sich erzählen, und das, was bei ihrem Leid verloren geht.

VALERIA LUISELLI

ARCHIV DER VERLORENEN KINDER (2019)

In diesem modernistischen Epos fürs 21. Jahrhundert gehen während eines Roadtrips durch den Süden der USA Geister der Vergangenheit und Gegenwart um.

Valeria Luiselli wuchs als Tochter eines mexikanischen Diplomaten zweisprachig auf; tatsächlich stellt sie sich vor jedem neuen Projekt die Frage, welche Sprache sie dafür verwenden soll. *Archiv der verlorenen Kinder* ist ihr erster Roman auf Englisch.

Er wurde von ihrer freiwilligen Arbeit als Gerichtsdolmetscherin für Migrantenkinder angeregt, denen die Ausweisung drohte; sie hat diese Erfahrung auch in dem Essayband *Tell Me How It Ends* dokumentiert.

Archiv der verlorenen Kinder beginnt mit einer typisch amerikanischen Szene: Im „zäh fließenden Verkehr" dreht sich eine Mutter auf dem Beifahrersitz eines Pkw zu ihren Kindern um, „Junge und Mädchen, mit Schweißperlen auf der Stirn und trockenem weißem Speichel auf den roten Wangen". Die scheinbar perfekte Kernfamilie fährt aber nicht übers Wochenende aufs Land, und sie ist komplizierter als geahnt: Bei dem Mädchen handelt es sich um die fünfjährige Tochter der Frau, bei dem Jungen um den zehnjährigen Sohn des Mannes von einer anderen, und ihre dunklere Hautfarbe verrät gemeinsam mit braunen Augen, dass ihre Wurzeln nicht im protestantischen weißen Milieu liegen.

Die Mutter erzählt den ersten Teil des Buchs. Die vier verlassen das kosmopolitische, gebildete New York von beispielsweise Susan Sontag, deren Tage- und Notizbücher sie während der Reise durchblättert. Sie fahren in den tiefsten Süden nach Arizona, ein Universum aus trostlosen Motels, Imbissrestaurants, Westernfilmen, Cormac McCarthy (unterwegs läuft ein Hörbuch seines Romans *Die Straße*) und endlosen Highways.

Überschattet wird der Ausflug vom Ende ihrer Ehe. Der Vater zieht nach Arizona, um an einer Dokumentation über die Apachen zu arbeiten, weshalb er die langen Tage hinterm Steuer damit verbringt, die Kinder mit Geschichten über Geronimo zu unterhalten, den letzten Kämpfer gegen die „Bleichgesichter"; die Mutter fährt hingegen brav mit und hat den vagen Plan, eine Sounddokumentation über die vergessenen Migrantenkinder zu machen, die auf ihren gefährlichen Reisen von Süd- und Mittelamerika in die USA sterben, während die Einwanderungsgesetze immer strenger werden. Auf der Route durch die Kulissen etlicher amerikanischer Filme haben sie also verdrängte Geschichten eines früheren Genozids und zeitgenössischer Grausamkeit im Gepäck – und bedauerlicherweise erscheint das doppelte Bewusstsein dieses doppelten Schreckens unvereinbar, je weiter sich Vater und Mutter mit ihren jeweiligen Obsessionen voneinander entfernen.

In diesem vertrackten, weitschweifigen Text kombiniert Luiselli essayistische Erörterungen – die Fahrt spiegelt eine wirkliche Reise, die ihre Familie im Sommer 2014 unternahm, als sich an der Südgrenze der USA eine Kinderflüchtlingskrise Bahn brach – mit mehrfachen Verweisen auf andere

Polaroid-Fotos von den letzten Seiten. Die von Luiselli selbst gemachten Aufnahmen dokumentieren die eigenen Erkundungsfahrten der Autorin durch den Süden der USA, reflektiert in den Reisen des Protagonisten.

Texte: archivarische Listen, Fotos und Karten sowie einem Roman im Roman, *Elegien für verlorene Kinder* von Ella Camposanto (einer fiktiven Autorin, hinter der sich niemand anders als Luiselli selbst verbirgt). Dieser handelt von sieben lateinamerikanischen Kindern, die sich im berüchtigten Zug „La Bestia“ über die Grenze in die USA stehlen.

Im zweiten Teil des Buchs übernimmt der Zehnjährige die Erzählerrolle. Er beschreibt, wie er sich mit seiner Schwester, da sie sich von ihren streitenden Eltern ignoriert fühlen, eines Nachts aus ihrem Motelzimmer schleicht, wobei sie hoffen, die Aufmerksamkeit von Mutter und Vater auf sich zu ziehen, indem sie selbst zu verlorenen Kindern werden. Diese Wende gleicht einer erschreckend kalten Dusche und hebt auf clevere Art eine von Luisellis zentralen Fragen hervor: Wie können wir die Geschichten jener Kinder ohne Stimme erzählen, die in der Wüste sterben – vielleicht mit den Kids zweier New Yorker aus der intellektuellen Mittelschicht, die in die gleiche Lage versetzt werden wie von Menschenhändlern geschleuste Latino-Kinder? Höhepunkt ist ein 20 Seiten langer Satz, der die Narrative von Bruder und Schwester mit jenem der verlorenen Kinder zusammenführt. Sie treffen in einem Zugwaggon aufeinander, der im Echo Canyon in der Wüste stehen gelassen wurde.

Dieser Roman vermittelt ein eindringliches, scharfsichtiges Bild der USA und der Gewalt, die das Land seit seiner Gründung definiert – aber auch einer „Landschaft der Verlassenheit“, die Luiselli zufolge entstanden sei, bevor sie die Reise unternahm, die das Buch inspirierte: „Ich rechnete nicht damit, die USA so zu sehen, wie ich sie während unserer Fahrt erlebte – als Land, das viel weiter heruntergekommen, leerer und schöner und komplexer war, als ich immer gedacht hatte.“

EINE TRANSKONTINENTALE REISE DURCH DIE USA

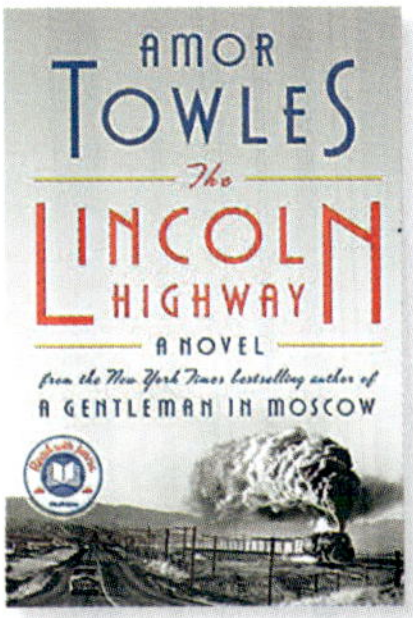

AMOR TOWLES

LINCOLN HIGHWAY: ROMAN (2021)

In diesem Epos begeben sich ein Trio von Teenagern und ein schlauer Junge auf einen ausgedehnten Road-Trip. Er wird zu einer wilden Jagd durch die USA und ist zugleich eine zeitlose Odyssee.

Amor Towles gab seine Wall-Street-Karriere für die Schriftstellerei auf.

Woolly, einer der Teenager des Romans, ist der Neffe eines Gatsby-ähnlichen Charakters aus Towles Besteller *Rules Of Civility.*

Towles zweiter Roman *Ein Gentleman in Moskau* beginnt 1922 und endet 1954, dem Jahr, in dem *Lincoln Highway: Roman* spielt.

Wie unzählige Träumer auf der ganzen Welt will Emmett Watson von Nebraska nach Kalifornien reisen, um ein neues Leben zu beginnen. Der 18-Jährige wurde gerade aus einem Erziehungsheim entlassen – sein Vater ist verstorben – und die Bank pfändet die Familienfarm. Warum soll er sich nicht mit seinem einzigen Besitz, einem 48er-Studebaker, auf den Weg machen? Sein brillanter achtjähriger Bruder Billy begleitet Emmett auf der Reise. Er ist fest entschlossen, ihre gemeinsame Mutter zu finden, die das Zuhause schon Jahre zuvor verlassen hat, und arbeitet eine Route nach San Francisco aus. Die Brüder müssen nur noch den Lincoln Highway nehmen, die erste transkontinentale Straßenverbindung. Es gibt jedoch ein Problem: zwei sie begleitende, aus dem Erziehungsheim geflohene Teenager. Woolly, sanft und naiv, macht die Reise einfach mit, doch der überzeugende Duchess hat andere Pläne. Statt an die Westküste zu fahren, stiehlt Duchess das Auto und fährt mit Woolly an die Ostküste, nach New York, exakt dem entgegengesetzten Ende des Lincoln Highway.

Amor Towles Roman ist eine geschickt und unterhaltsam angelegte moderne Abenteuergeschichte. Der titelgebende Highway verläuft 3000 Meilen von Küste zu Küste, doch die Handlung spielt im Mittleren Westen und im Nordosten. Towles beschäftigt sich mit den Themen Gier, Rache, Loyalität und der guten, alten Moral und stellt zehn Tage im Jahr 1954 dar. Das Buch führt den Leser zu einer kritischen Betrachtung der vergangenen Zeit des ungebremsten Optimismus in den USA, einer Nachkriegs-Ära, in der Highways zwischen den Bundesstaaten eine glorreichen Zukunft versprechen. Auch der liebenswerte Junge Billy teilt die positive Perspektive. Er ist vernarrt in Geschichte, liebt Landkarten und mythische Geschichten von Helden und skrupellosen Übeltätern. Seine Unschuld erinnert uns an das fundamental Gute in der Welt. Duchess ist hingegen ein hinterhältiger Charakter und steht für eine sich grundlegend unterscheidende Weltsicht. Er sieht die dunklen Seiten, besonders wenn er in einem der komischen Momente des Romans das Restaurant einer Fastfood-Kette beschreibt.

> Was das Ambiente anbelangt, entschieden sich die guten Leute von Howard Johnson's dazu, die Farben ihres allseits bekannten Daches im Restaurant bei den grell orangenen Sitzgruppen und den in knallig blau gekleideten Kellnerinnen erneut zu verwenden – trotz der Tatsache, dass diese Kombination seit Beginn der Zeit nicht dafür bekannt ist, den Appetit anzuregen.

Ein Wahrzeichen für hungrige Amerikaner … Die berühmt-vertrauten orangefarbenen Dächer eines Howard-Johnson's-Restaurants am Straßenrand. Aus einer Werbeanzeige in einer Zeitschrift (1950er-Jahre).

Die sich ins Unendliche erstreckende Straße wird zu einer Tabula rasa für Towles' Charaktere. Einige sehnen sich einen Neubeginn im Grünen herbei, andere hoffen auf die Liebe. Fremde, darunter eine Heldenfigur namens Ulysses, der als Streuner charakterisiert wird, haben kein Ziel. Der Roman führt den Leser in rasantem Tempo durch ländliche und urbane Landschaften, beschreibt Fahrten mit Autos, Zügen, U-Bahnen und Taxis. Fäuste werden geschwungen, Waffen gezogen und ein Kampf um einen Haufen Geld bricht aus. Es ist eine wilde Jagd in bekannter amerikanischer Tradition. Doch der Lincoln Highway transzendiert auch Ort und Zeit. Sally, Emmetts Nachbarin, bemerkt: „Jedes Beweisstück belegt, dass der Wille zur Fortbewegung so alt wie die Menschheit ist." Das suggeriert die uralte Frage: Wer wird den richtigen Pfad einschlagen?

Tipps zum Weiterlesen
die Autorinnen und Autoren
Register und Bildnachweis

„Crossroads of the World" (Los Angeles) vom zeitgenössischen Fotografen David George, der in seinen Arbeiten häufig nächtliche Landschaften zeigt. „Bei Nacht wird das Bekannte zum Unbekannten", so George.

CROSS ROADS
OF THE WORLD 6671

TIPPS ZUM WEITERLESEN

Jedes Buch hat ein Ende, auch wenn die darin beschriebenen Reisen endlos scheinen mögen. Im Folgenden daher ein paar Vorschläge für weitere Stationen Ihrer literarischen Reise.

JAMES VANCE MARSHALL
Walkabout (1959)
Zwei weiße Kinder erleiden einen Unfall und erleben, wie ihre Vorurteile auf die Probe gestellt werden, da ein junger Aborigine ihre einzige Hoffnung auf Rettung ist. Die drei machen sich auf zu einer Reise des Verstehens, des Überlebens und der Hingabe.

CHARLES PORTIS
True Grit (1968)
Im alten Westen der USA will ein vierzehnjähriges Mädchen den Mord an ihrem Vaters rächen. Durch ihre obsessive Zielstrebigkeit lässt sie sich mit gefährlichen und ungewöhnlichen Wegbegleitern ein.

ROBERT PIRSIG
Zen und die Kunst, ein Motorrad zu warten (1974)
Ein Vater und sein Sohn machen sich zu einer 17-tägigen Motorradfahrt von Minnesota nach Nordkalifornien auf. Das Erlebnis wird zu einer introspektiven Meditation über das Leben und den Lebensstil.

JACQUES POULIN
Volkswagen Blues (1984)
Ein Road-Trip mit Tiefe und Parallelen zwischen der Reise des Protagonisten von Quebec nach San Francisco und der französischen Erforschung von Nordamerika mit Reflexionen über Entdeckung, Invasion und Zugehörigkeit.

DUŠAN ŠAROTAR
Panorama (2016)
Der stilistisch an W. G. Sebald anklingende Roman berichtet von Reisen innerhalb Europas. Die durchdringende und beklemmende Prosa spiegelt sich in Šarotars stimmungsvollen Bildern von Küsten, Überflutungen und anschwellenden Flüssen wider.

DAVID PARK
Reise durch ein fremdes Land (2018)
Ein Vater kämpft sich durch einen Schneesturm, um seinen kranken Sohn von der Universität abzuholen. Bei der Fahrt von Belfast nach Nordengland sinniert er über Trauer, Furcht und Schuld.

AUTORINNEN UND AUTOREN

ELINAM AGBO
Elinam Agbo ist seit 2021 Assistentin beim Kenyon Review. Ihre Texte sind u.a. in *American Short Fiction, Sojourners* und *PEN America Best Debut Short Stories* 2018 erschienen. Die in Ghana geborene und im Mittleren Westen der USA aufgewachsene Autorin hat das Helen Zell Writer's Program absolviert.
Aus der Dunkelheit strahlendes Licht (S. 238)

SUZANNE CONKLIN AKBARI
Suzanne Conklin Akbari ist Professorin für Mittelalterstudien am Institute for Advanced Study in Princeton. Buchveröffentlichungen u. a.: *Marco Polo and the Encounter of East and West, A Sea of Languages, How We Write* und *How We Read.* Sie ist Mitherausgeberin der *Norton Anthology of World Literature,* war Ko-Kuratorin der Ausstellung „Hidden Stories: Books Along the Silk Roads" (2021–2022) im Aga-Khan-Museum.
Die Reisen von Marco Polo (S. 18)

MICHAEL BOURNE
Michael Bourne ist der Autor des Romans *Blithedale Canyon* und schreibt seit Langem für die Zeitschrift *Poets & Writers.* Er lebt in Vancouver, wo er am British Columbia Institute of Technology lehrt.
Hasenherz (S. 148)

LESLEY DOWNER
Lesley Downer ist Journalistin, Schriftstellerin und Japan-Expertin. Sie schrieb Sachbücher und vier historische Romane, die sich um Japan drehen: *Geishas, Die letzte Konkubine, Die Kurtisane und der Samurai, Die Tochter des Samurai.* Sie hält Vorträge und tritt in Radio- und Fernsehsendungen auf.
Auf schmalen Pfaden durchs Hinterland (S. 40)

KIMBERLY FAIN
Kimberly Fain, Ph. D, J. D., lehrt als Gastprofessorin Literatur an der Texas Southern University. Sie hat eine Vielzahl von Artikeln und Aufsätzen sowie die

folgenden Bücher publiziert: *Colson Whitehead: The Postracial Voice of Contemporary Literature, Black Hollywood: From Butlers to Superheroes, the Changing Role of African American Men in the Movies* und die afrikanisch-amerikanische Anthologie *Slavery, Liberation and Resistance.*
The Underground Railroad (S. 229)

JOSEPH FARRELL

Joseph Farrell ist emeritierter Professor für italienische Literatur an der University of Strathcylde, Glasgow. Er hat Drehbücher übersetzt, Romane und Dramen. Neben seiner Tätigkeit als Theaterkritiker verfasste er mehrere Bücher, darunter einen Reisebericht über Sizilien, Biografien von Dario Fo und Franca Rame sowie die biografische Studie *Robert Louis Stevenson in Samoa.* Sein aktuelles Buch *Leonardo Sciascia: The Man and the Writer* befindet sich im Druck.
Der Zug in die jüngste Nacht (S. 200)

ALISON FINCH

Alison Finch ist emeritierte Honorarprofessorin für französische Literatur an der Cambridge University. Sie hat zahlreiche Bücher und Aufsätze über Autoren des 19. und 20. Jahrhunderts publiziert, darunter *Women's Writing in Nineteenth-Century France* und *French Literature: A Cultural History.* Als Anerkennung für ihre Studien wurde sie in den Stand eines Officiers im Ordre des Palmes Académiques erhoben.
Die Kartause von Parma (S. 55)

ALISON FLOOD

Alison Flood ist Kulturredakteurin beim *New Scientist* und bespricht darüber hinaus monatlich Thriller für den *Observer.* Bis vor Kurzem stellte sie im *Guardian* regelmäßig neue Bücher vor. Sie war Jury-Mitglied bei der Vergabe diverser Literaturpreise, darunter der Costa First Novel Award und die British Book Awards
Die Giftholzbibel (S. 178)

W. B. GOODERHAM

W. B. Gooderham ist der Autor von Dedicated To: The Forgotten Friendships, Hidden Stories and Lost Loves in Second-Hand-Books. Er hat für den *Guardian* geschrieben, den *Observer, Time Out* und *Wasafiri* sowie fiktionale Texte bei *Comma Press, Fairlight Books* und im *Tank Magazine* publiziert
Lolita (S. 136)

ROSEMARY GORING

Rosemary Goring ist Kolumnistin und Kritikerin beim Herald, wo sie viele Jahre die Literaturseite betreute. Zu ihren Büchern zählen *After Flodden, Dacre's War, Scotland: The Autobiography, Scotland: Her Story* sowie *Homecoming: The Scottish Years of Mary, Queen of Scots.*
Doktor Schiwago (S. 146), *Leben und Zeit des Michael K* (S. 152)

ROBERT HANKS

Der in Cambridge lebende Robert Hanks arbeitet als freiberuflicher Journalist und Moderator. Er verfasst u.a. Beiträge für die Zeitschrift *Apollo* und das Filmmagazin *Sight & Sound.* Für die BBC konzipierte er Programme zu den Themen „Schriftstellerei und Pubs" sowie „Hunde im Leben des Menschen".
Eine empfindsame Reise durch Frankreich und Italien von Mr. Yorick (S. 46), *), Reise um die Erde in 80 Tagen* (S. 68)

ROBERT HOLDEN

Der in Australien lebende Dozent, Kurator, Historiker und Autor von über 30 Büchern wurde mit mehreren Preisen vom Literature Board of the Australia Council ausgezeichnet. Er ist Mitglied der Mitchell Library und hat bei zahlreichen Konferenzen in Australien und an den Universitäten von Oxford und Cambridge Vorträge gehalten. Holden verfasste auch Beiträge zu *Literary Wonderlands.* Soeben hat er das Manuskript für sein vierzigstes Buch – eine Biografie Ruby Lindsays – fertiggestellt.
Voss (S. 144), *Die Straße* (S. 196)

JON HUGHES

Jon Hughes ist Lektor für Germanistik und Kulturwissenschaften an der Royal Holloway, University of London. Er hat eine Reihe von Studien zu Joseph Roth, dem Thema seines ersten Buches, sowie zu den unterschiedlichsten Aspekten der deutschen Literatur, Geschichte und Kultur publiziert. Zuletzt erschien von ihm das Buch *Max Schmeling and the Making of a National Hero in Twentieth-Century Germany.*
Die Flucht ohne Ende (S. 106)

MAYA JAGGI

Maya Jaggi ist eine preisgekrönte Autorin, Kulturjournalistin und Kritikerin, deren Aufsätze u. a. im *Guardian*, der *FT* und dem *New York Review of Books* erschienen. Sie ist hautverantwortliche Kritikerin bei *Words Without Borders* und war beim *Guardian*

angestellt. Ihr Buch *How to Read the World: Profiles of Writers on Five Continents* erscheint in Kürze. Jaggi hat akademische Abschlüsse aus Oxford und von der LSE und eine Ehrendoktorwürde der Open University. Die Zitate von Gao Xingjian stammen aus einem 2008 von der Autorin geführten Interview.
Der Berg der Seele (S. 162)

SAUDAMINI JAIN
Saudamini Jain ist eine in Neu-Delhi lebende indische Journalistin mit den Themenschwerpunkten Literatur und Kultur. Sie verfasste lange Reportagen über Indien, Israel, Palästina und New York. Jain gewann den Ramnath Goenka Award for Excellence in Journalism (Feature Writing, 2013).
Eine gute Partie (S. 164)

ELLEN JONES
Die in Mexiko City lebende Ellen Jones arbeitet als Literaturübersetzerin, Lektorin und Autorin. Ihr Buch *Literature in Motion: Translating Multilingualism Across the Americas* erschien 2022. Zu ihren letzten Übersetzungen aus dem Spanischen ins Englische zählen *Iván de la Nuez' Cubanthropy*, *Ave Barreras The Forgery* und *Bruno Llorets Nancy*.
Don Quijote (S. 30), *Zeichen, die vom Weltende künden* (S. 208)

SAM JORDISON
Sam Jordison ist Mit-Geschäftsführer des unabhängigen Verlagshauses Galley Beggar Press, Journalist, Literaturkritiker und Autor diverser Sachbücher, darunter *Crap Towns Returns: Back by Unpopular Demand* (2013), *Enemies of the People* und *Das große Buch der schlimmsten Dinge*.
Die Canterbury-Erzählungen (S. 24)

NATTY KASAMBALA
Natty Kasambala schreibt über Kulturthemen und moderiert Radiosendungen. Darüber hinaus ist sie für die Musikredaktion der Zeitschrift *Dazed* tätig. Zuvor hat sie für die BBC und für Zeitungen und Zeitschriften wie den *Guardian, Vogue, i-D, The Face* und den Evening Standard gearbeitet.
Americanah (S. 224)

DECLAN KIBERD
Declan Kiberdk ist ein irischer Wissenschaftler und Schriftsteller. Er hat u. a. das Buch *Ulysses and Us: The Art of Everyday Living* geschrieben, eine Einführung zu Ulysses verfasst und eine annotierte Studienausgabe des Werks veröffentlicht. Aus seiner Feder stammen zahlreiche Werke zur irischen Kultur sowie zu politischen und gesellschaftlichen Themen.
Ulysses (S. 102)

REYES LÁZARO
Reyes Lázaro unterrichtet Spanisch sowie Literatur und Kultur aus Iberien am Spanish Portuguese Department des Smith College, Massachusetts, wo sie auch der Translation Studies Concentration vorsteht. Ihre aktuellen Forschungen legen den Schwerpunkt auf ethnische Veränderungen im Zusammenhang mit Afrika sowie Don Quijote im Spiegel der Übersetzungen. Momentan arbeitet sie an einer spanischen Übersetzung von *Un vie de boy* von Ferdinand Oyono und einer Kurzgeschichtensammlung.
Seide (S. 172)

EMILY LETHBRIDGE
Emily Lethbridge ist assoziierte Forschungsprofessorin am Àrni-Magnússon-Institut für Islandstudien in Rejkjavik und an der Universität von Island. Ihre Forschungen widmen sich Aspekten der Beziehung zwischen Orten und Überlieferungen in Island vom Mittelalter bis zur Gegenwart, wobei ein besonderer Schwerpunkt auf den Ortsnamen liegt. Außerdem arbeitet sie an der Entwicklung digitaler Forschungsinstrumente, wie z. B. der *Icelandic Saga Map*, mit.
Der große Weber von Kaschmir (S. 108)

KATIE DA CUNHA LEWIN
Katie Da Cunha Lewin arbeitet als Dozentin für Literatur des 20. und 21. Jahrhunderts an der Universität von Coventry. Sie ist Mitherausgeberin von *Don DeLillo: Contemporary Critical Perspectives*. In einer Vielzahl von Zeitungen und Zeitschriften ist sie mit ihren Beiträgen vertreten. Derzeit arbeitet sie an einem Sachbuch über Schreibstuben.
Ruf der Wildnis (S. 94), *Die Seereise* (S. 99), *Himmel über der Wüste* (S. 127)

NICHOLAS LEZARD
Nicholas Lezard ist ein englischer Journalist und Literaturkritiker, der für den *Guardian*, den *Daily Telegraph*, den *Spectator* und eine Reihe anderer Zeitungen geschrieben hat. Er verfasst die wöchentliche Kolumne „Down and Out" für den *New Statesman* und hat drei Bücher veröffentlicht: *The Nolympics, Bitter Experience Has Taught Me* und *It Gets Worse*.
Der glücklose Reisende oder Das Leben des Jack Wilton (S. 28), *Robinson Crusoe* (S. 43)

IAIN MALONEY
Dr. Iain Maloney hat sieben Bücher geschrieben – Sachbücher, Romane und Gedichte. Zudem arbeitet er als Lektor, Journalist und Lehrer. Er lebt in Japan, wo man ihn als „den einzigen ‚Andersartigen' im Dorf" kennt.
Wiedergeburt am Ganges (S. 168)

ROBERT MCCRUM
Robert McCrum ist Mitherausgeber des Observer. Er wurde in Cambridge geboren und ausgebildet und lebt nun in London. Er war über 20 Jahre Cheflektor im Verlagshaus Faber & Faber. Neben seiner Tätigkeit als Co-Autor von *The Story of English* hat er sechs Romane verfasst. Von 1996 bis 2008 betreute er hauptverantwortlich die Literaturseite des *Observer* und schreibt seit 1990 regelmäßig für den *Guardian*.
The Pilgrim's Progress (S. 35), *As I Lay Dying* (S. 111), *On the Road* (S. 140)

JARRED MCGINNIS
Jarred McGinnis wurde vom *Guardian* zu einem der zehn besten aufstrebenden Schriftsteller gewählt und aufgrund seines Debüts *The Coward* für mehrere Preise nominiert..Er übernahm die kreative Leitung für „Moby-Dick Unabridged" im Southbank Centre. McGinnis hat über künstliche Intelligenz promoviert, ist aber den körperlich Existierenden ein Vorbild, indem er konsequent öffentliche Verkehrsmittel nutzt und seine Töchter zum Spielplatz bringt.
Moby-Dick (S. 62)

ROGER MCKNIGHT
Roger McKnight ist emeritierter Professor für Skandinavistik am Gustavus Adolphus College in Minnesota und hat Hochschulabschlüsse von Universitäten in Illinois und Minnesota. McKnight hat ausgiebig über skandinavische Literatur und die schwedisch-amerikanische Kultur geforscht. *Hopeful Monsters,* seine eigene Sammlung von Kurzgeschichten über das heutige Minnesota, erschien 2019.
Die Auswanderer (S. 129)

JOHN MCMURTRIE
John McMurtrie ist Lektor bei bei McSweeney's Publishing. Seine Artikel sind in der New York Times, der Los Angeles Times, Literary Hub und dem Literaturmagazin Zyzzyva erscheinen. Von 2008 bis 2019 leitete er die Literatursparte des San Francisco Chronicle. In Boston geboren, lebt er nun in der San Francisco Bay Area.
Introduction (S. 10), *Lincoln Highway: Roman* (S. 242)

NATHAN MCNAMARA
Nathan Scott McNamaras Arbeiten wurden u. a. in Atlantic, der Washington Post, Village Voice, bei der Poetry Foundation und im Los Angeles Review of Books veröffentlicht. Er wuchs in Spencer im Staat New York auf, lebte sowohl im Hudson Valley als auch in Baltimore und wohnt heute in Providence, Rhode Island.
Eine Episode im Leben des Reisemalers (S. 182), *Call Me Zebra* (S. 236)

KATE MCNAUGHTON
Kate McNaughton ist Autorin, Übersetzerin und Filmemacherin. Sie wurde als Kind britischer Eltern in Paris geboren. Derzeit lebt sie in Berlin und ist fasziniert von der Rolle von Orten in der Literatur. Ihr Debütroman How I Lose You wurde in Großbritannien und Frankreich veröffentlicht.
Herz der Finsternis (S. 86), *Die wilden Detektive* (S. 176), *Why We Took the Car* (S. 210), *Archiv der verlorenen Kinder* (S. 240)

SARAH MESLE
Sarah Mesle ist Professorin für Literatur an der University of Southern California. Als freiberufliche Redakteurin des Los Angeles Review of Books schreibt sie über Gender-Themen, Literatur und Popkultur. Sie betreut die Literatursendung Avidly und gibt die Reihe Avidly Reads von NYU Press heraus.
Dracula (S. 78)

CHARLES MONTGOMERY
Der gebürtige US-Amerikaner Charles Montgomery lehrt Dolmetschen und Übersetzen im Fachbereich Englisch der Dongguk-Universität in Seoul. Er interessiert sich für koreanische Literatur, die er auf Englisch liest. Montgomery hat mit LTI Korea an verschiedenen Projekten gearbeitet und erhielt für seine Leistungen in Sachen Übersetzung koreanischer Literatur die Ehrenbürgerschaft von Seoul.
No One Writes Back (S. 202)

MAHVESH MURAD
Die Autorin, Verlegerin und Rednerin Mahvesh Murad stammt aus Karatschi in Pakistan und lebt derzeit im malaysischen Kuala Lumpur. Sie ist Mitherausgeberin der für den World Fantasy Award nominierten Kurzgeschichten-Sammlungen The Djinn Falls in Love und The Outcast Hours.
Exit West (S. 233)

KATHARINE MURPHY
Katharine Murphy ist außerordentliche Professorin für Hispanistik und Komparatistik an der Universität Exeter. Sie schrieb Bodies of Disorder: Gender and Degeneration in Baroja and Blasco Ibáñez (2017) und Re-Reading Pío Baroja and English Literature (2004) und hat einige Arbeiten über die spanische Moderne, Gender und vergleichende Literaturwissenschaft veröffentlicht.
Camino de Perfección (S. 91)

MARGARET OAKES
Margaret Oakes ist Professorin für Englisch an der Furman University in Greenville, South Carolina, und hat sich auf frühneuzeitliche britische Lyrik und Dramatik spezialisiert. Nach ihrem Anglistik-Examen erwarb sie ein Berufsdoktorat (Juris Doctor) an der University of Illinois in Urbana-Champaign und promovierte in Anglistik an der Stanford University.
Onkel Toms Hütte (S. 66)

JESS PAYN
Jess Payn ist Schriftstellerin und lebt in Berlin. Ihre Texte wurden im *SPAM-Zine, Review31, i Paper, London Magazine* und *Still Point* veröffentlicht. Sie arbeitet im Lektorat von Arts Desk und istMitherausgeberin von *The Germ*
Das gestohlene Fahrrad (S. 226)

XENOBE PURVIS
Xenobe Purvis ist Schriftstellerin und Kritikerin. Ihre Texte wurden u. a. im TLS und dem London Magazine veröffentlicht. Sie ist Mitherausgeberin eines Bandes von Christopher Isherwoods ausgewählten Briefen.
Die Fahrt hinaus (S. 96)

GEORGINA QUACH
Georgina Quach ist eine in Großbritannien geborene vietnamesische Journalistin. Sie erhielt viele Auszeichnungen wie das Scott Trust Bursary des *Guardian* und den George Weidenfeld Award. In der An Viet Foundation hilft sie, Geschichten und Materialien der vietnamesischen Flüchtlingsgemeinschaft in London zu bewahren.
Ru (S. 205)

ADAM ROBERTS
Adam Roberts ist Schriftsteller und Kritiker, hat unter anderem The Palgrave History of Science Fiction und 21 Science-Fiction-Romane geschrieben wie auch eine literarische Biografie von H. G. Wells. Er lebt unweit von Wells's Woking gleich hinter der Grenze zu Surrey.
Präludium (S. 60), *The Wheels of Chance* (S. 76)

CHARLOTTE ROGERS
Dr. Charlotte Rogers ist außerordentliche Professorin für Spanisch an der Universität Virginia. Ihre Spezialgebiete sind Lateinamerika und die Karibik des 20. und 21. Jahrhunderts. Sie schrieb *Jungle Fever: Exploring Madness and Medicine in Twentieth-Century Tropical Narratives* und *Mourning El Dorado: Literature and Extractivism in the American Tropics.*
Die verlorenen Spuren (S. 132)

SAM SACKS
Nach seinem Examen in Englischer Literatur an der Tufts University erwarb Sam Sacks seinen Master of Fine Arts an der University of Arizona. 2007 gehörte er zu den Mitbegründern des Literaturmagazins *Open Letters Monthly*. Seit 2010 schreibt er den Fiction Chronicle für das *Wall Street Journal*; seine Rezensionen erscheinen auch in *Harper's, London Review of Books, New Republic, Commentary* und *Prospect.*
True Grit (S. 148)

MAURICIO SELLMANN OLIVERIA
Mauricio Sellmann Oliveira promovierte an der Universität Manchester mit einer Forschungsarbeit über die Stadt in Jorge Amados Stadtromanen. Er hat eine Reihe von Arbeiten über Literatur, Film und Kultur in Brasilien veröffentlicht.
Der Alchimist (S. 160)

ELENA SHEPPARD
Die Schriftstellerin Elena Sheppard hat sich auf Literatur, Theater und Kultur spezialisiert. Sie hat einen Master in Literatur von der Universität Columbia und forscht über die Auswanderung ihrer Familie aus Kuba während der Revolution. Ihre Texte sind u. a. in *New Yorker, New York Times* und *Vogue* erschienen.
The Passion (S. 157)

SUSAN SHILLINGLAW
Susan Shillinglaw ist Anglistik-Professorin an der San Jose State University und war 2012/13 auch President's Scholar dort. Sie gehört zum Forscherstab des National Steinbeck Center in Salinas und war 18 Jahre lang Leiterin des Center for Steinbeck Studies an der San Jose State University. Sie unterrichtet und schreibt seit 35 Jahren über Steinbeck; zurzeit arbeitet sie an dem Buch *Travels with Charley* mit und schreibt an einem weiteren über Landschaften im Werk Steinbecks.
Früchte des Zorns (S. 118)

JARED SHURIN
Jared Shurin ist Herausgeber von The Djinn Falls In

Love, The Best of British Fantasy, The Big Book of Cyberpunk und vielen anderen Publikationen, darunter auch die preisgekrönte Popkultur-Website Pornokitsch. Er wurde in Kansas City geboren und lebt zurzeit in London.
Die Abenteuer des Huckleberry Finn (S. 71), *Weg in die Wildnis* (S. 154)

DREW SMITH
Der Schriftsteller und Redakteur Drew Smith kuratiert den Blog www.101greatreads.com, der sich hauptsächlich mit der Literatur des 20. Jahrhunderts befasst. Er begann seine journalistische Karriere beim Kurzgeschichten-Magazin Argosy, wo er Werke von William Trevor und Sean O'Faolain redigierte. Er ist der Autor von *Oyster: A Gastronomic History*.
Schiffbruch mit Tiger (S. 188), *Die Seereise* (S. 190)

JOHN SUTHERLAND
John Sutherland ist Emeritus Lord Northcliffe Professor für moderne englische Literatur am University College, London. Zu seinen zahlreichen Publikationen zählen *How to Read a Novel: A User's Guide* und *Curiosities of Literature: A Feast for Book Lovers*. Er schreibt regelmäßig u. a. für die Times, den Guardian und die New York Times..
Frankenstein (S. 48)

PHOEBE TAPLIN
Phoebe Taplin ist freiberufliche Journalistin und Schriftstellerin in Großbritannien. Sie ist auf Kultur und Reisen spezialisiert und hat elf Reiseführer über Wanderwege, Filmdrehorte und literarisch markante Orte in Großbritannien und anderswo verfasst.Ihre Arbeiten erschienen u. a. im *Guardian*, in *Country Walking*, *The Sunday Times Travel Magazine* und *Moscow News*.
Drei Mann in einem Boot (S. 74), *Der singende Baum* (S. 186), *Dies sind die Namen* (S. 214), *Die unwahrscheinliche Pilgerreise des Harold Fry* (S. 218)

ALYSON TAPP
Alyson Tapp lehrt russische Literatur an der Universität Cambridge und hat Aufsätze über Tolstoi, Dostojewski, die Straßenbahn in Russlands literarischer Vorstellung und elegische Lyrik geschrieben.
Die toten Seelen (S. 58), *Moskau – Petuški. Ein Poem* (S. 150)

ALAN TAYLOR
Alan Taylor hat unzählige Fernseh- und Radiosendungen moderiert und geschrieben und in den letzten zehn Jahren die Hälfte des schottischen Teams im Round Britain Quiz von Radio 4 gestellt. Er ist Gründungsherausgeber des *Scottish Review of Books* und war Jurymitglied für den Booker Prize. Er hat für etliche Zeitungen und Zeitschriften von *Life and Work* bis zum *New Yorker* geschrieben.
Das Herz von Midlothian (S. 53)

CATHERINE TAYLOR
Die Autorin, Redakteurin und Kritikerin Catherine Taylor lebt in London. Sie hat als Herausgeberin bei der Folio Society gearbeitet und war stellvertretende Leiterin von PEN in England. Ihr erstes Buch, *The Stirrings*, soll 2023 erscheinen.
Reise im Mondlicht (S. 116), *Transit* (S. 124), *Unrast* (S. 198), *The Sly Company of People Who Care* (S. 212)

IAN THOMSON
Ian Thomson ist Schriftsteller und Kritiker. Er hat eine Primo-Levi-Biografie sowie Reise- und andere Sachbücher verfasst, darunter einer Studie über Dante. Sein nächstes Buch spielt während des Zweiten Weltkrieges in der baltischen Stadt Tallinn.
Die Odyssee (S. 16)

JAMES THURGILL
James Thurgill ist außerordentlicher Professor an der Universität Tokio, wo er kulturelle und literarische Aspekte der Geografie lehrt. Thurgill ist Ko-Autor von *A Todai Philosophical Walk*, Mitherausgeber der Reihe *Literary Geography: Theory and Practice* und Fellow der Royal Geographical Society.
Die Ringe des Saturn (S. 170)

ANJA TROGER
Anja Tröger lehrt Norwegisch und skandinavische Literatur an der Universität Edinburgh. Eine ihrer Forschungsinteressen sind die Schwierigkeiten, die benachteiligte Migranten beim Reisen und Überqueren von Grenzen erleben.
Ein Schmetterling im November (S. 194)

VICTORIA YOUNG
Dr. Victoria Young ist Kawashima-Dozentin für japanische Literatur und Kultur an der Universität Cambridge, wo sie sich schwerpunktmäßig der neueren und zeitgenössischen japanischen Literatur und dem japanischen Film widmet. Zu ihren Forschungsinteressen gehören Okinawa-Studien, japanische Minderheitenliteratur, postkoloniale Studien und Übersetzung in Theorie und Praxis.
The Travelling Cat Chronicles (S. 221)

REGISTER

Achebe, Chinua, 87–90
Adichie, Chimamanda Ngozi, 224–225
Afrika, Reisen durch, 66, 125–126, 161, 238–239
Aira, César, 182–183
Alaska, 94–95
Alastra, Deborah Eve, 237
Allegorische Reise, 35, 43, 218-220
Alpen, 60–62
Als ich im Sterben lag (Faulkner), 111–113, 239
Americanah (Adichie), 224–225
Amerikanischer Bürgerkrieg, 66, 67, 71, 121
Andalusien, 160–161
Anhalter, 116, 139
Archiv der verlorenen Kinder (Luiselli), 240–241
Argentinien, 182–183
Arikawa, Hiro, 221–223
Arizona, 240–241
Asien, Reisen durch, 18–23, 172–173
Atlantiküberquerung, 96–98, 190–193
Auf schmalen Pfaden durchs Hinterland (Bashō), 12, 40–42
Aus der Dunkelheit strahlendes Licht (Gappah), 238–239
Australisches Outback, 142–143, 186–187,
Autoreisen
 durch Amerika, 116–121, 134–140, 146–147, 240–243
 durch Deutschland, 210–211
 durch Japan, 221–223
 durch Korea, 202–204
 Isländische Ringstraße, 194

Baca, Judith, 234
Baikalsee 172
Baricco, Alessandro, 172–173
Baroja, Pío, 91–93
Basho, Matsuo, 12, 40–43
Batthyany, Gyula, 115
Bayot, Adolphe Jean-Baptiste, 67
Belgisch Kongo, 178–179
Benjamin, Walter, 122
Benton, Thomas Hart, 113
Berlin, 106, 210–211
Berwick-Upon-Tweed, 218–220
Bhattacharya, Rahul, 212–213
Blake, William, 26–27, 39
Bolaño, Roberto, 176–177
Bowles, Paul, 125–126
Brasilien, 43–45, 130, 182
Bunyan, John, 35–38
Burroughs, William, 140

Call Me Zebra (Van der Vliet Oloomi), 236–237
Camino de Perfección (Baroja), 91–93
Carpenter, Alejo, 130–131
Cervantes, Miguel de, 11, 30–34
Chaucer, Geoffrey, 11, 24–27
China, Reisen durch, 18–22, 162–163
Coelho, Paulo, 160–161
Coetzee, J. M., 152–153
Comer See, 55–57
Conrad, Joseph, 12, 86–90, 201
Cranach, Lucas der Ältere, 29

Das gestohlene Fahrrad (Wu Ming-Yi), 226–228
Daumier, Honoré, 31
Defoe, Daniel, 40–42
Der Alchimist (Coelho), 160–161
Der Berg der Seele (Gao), 162–163
Der glücklose Reisende oder Das Leben des Jack Wilton (Nashe), 28–29
Der große Weber von Kaschmir (Laxness), 108–110
Der singende Baum (Winton), 186–187
Der Zug in die jüngste Nacht (Maraini), 200–201
Deutschland, 29, 48–52, 106, 210–211
Die Abenteuer des Huckleberry Finn (Twain), 12, 71–72
Die Auswanderer (Moberg), 127–129
Die Canterbury-Erzählungen (Chaucer), 11, 24–27
Die Fahrt hinaus (Woolf), 96–98
Die Flucht ohne Ende (Roth), 106–107
Die Giftholzbibel (Kingsolver), 178–179
Die Kartause von Parma (Stendhal), 55–57
Die Odyssee (Homer), 16–17, 102, 111
Die Pilgerreise (Bunyan), 35–39
Die Reisen von Marco Polo (Rustichello da Pisa), 11, 18–23
Die Ringe des Saturn (Sebald), 170–172
Die Seereise (Mansfield), 99–101
Die Straße (McCarthy), 196–197
Die toten Seelen (Gogol), 58–59, 150
Die Überfahrt (O'Connor), 192–195
Die unwahrscheinliche Pilgerreise des Harold Fry (Joyce), 218–220
Die verlorenen Spuren (Carpenter), 130–131
Die wilden Detektive (Bolaño), 176–177
Dies sind die Namen (Wieringa), 214–217
Doktor Schiwago (Pasternak), 144–145
Don Quijote (Cervantes), 11, 30–24
Dracula (Stoker), 78–83
Drei Mann in einem Boot (Jerome), 74–75
Dublin, 102–103

Edinburgh, 53–54
Ein Schmetterling im November (Ólafsdóttir), 190–191
Eine Episode im Leben des Reisemalers (Aira), 182–185
Eine gute Partie (Seth), 164–167
El Dorado, 130–131
Eine empfindsame Reise durch Frankreich und Italien (Sterne), 12, 46–47, 151
Endo, Shusaku, 168–169
England, 28, 38, 43–45, 74–81, 170–171, 218–220
Erofeev, Venedikt, 150–151
Erster Weltkrieg, 144–145
Eun-Jin, Jang, 202–204
Europa, Reise durch, 28–29, 60–62, 114–115, 157–159, 176–177

Exil, 16, 28, 121, 122–125, 205–207
(siehe auch Migrations- und Fluchtreisen)
Exit West (Hamid), 233–235

Fahrräder, 76–77, 226–228
Faulkner, William, 111–113, 239
Florenz, 114–115, 200
Flüchtlinge
siehe Migrations- und Fluchtreisen
Forster, E. M., 98
Foster, Miles Birket, 56–57
Frankenstein (Shelley), 48–52
Frankreich, 28–29, 46–47, 60–62, 107, 122–124, 172–173
Frith, William Powell, 47
Früchte des Zorns (Steinbeck), 116–121

Gao Xingjian, 162–163
Gappah, Petina, 238–239
Genf, 48–52
Ginsberg, Allen, 138–140
Gogol, Nikolai, 58–59, 150
Grand Tour, 46, 52
Griechenland, antikes, 16–17
Guyana, 212–213

Hader, Elmer, 117
Hamid, Mohsin, 233–235
Hasenherz (Updike), 146–147
Herman, Josef, 125
Herrera, Yuri, 208–209
Herrndorf, Wolfgang, 210–211
Herz der Finsternis (Conrad), 12, 86–90, 201
Herz von Midlothian, der (Scott), 53–54
Hickey, Aidan, 104–105
Himmel über der Wüste (Bowles), 125–126
Hiroshige, Utagawa, 222
Hokusai, 42
Homer, 16–17, 102, 111
Hongkong, 18–19
Hopper, Edward, 4–5, 147
Hunde, 94–95, 202–204

Indien, 19, 70, 188–189, 212–213
Reise durch, 164–169
Indonesien, 19
Ingolstadt, 48–52
Iran, 22, 236–237
Irland, 102–103, 190–193
Island, 108–110
Ringstraße, 194–195
Italien, 28, 46, 55–57, 56–57, 60–62, 200–201
Reise durch, 46–47, 114–115
Venedig, 114–115, 157–159

Japan, 168–169, 172–175
Reise durch, 40–42, 221–223
Jerome, Jerome K., 74–75
Joyce, James, 16, 102–103
Joyce, Rachel, 218–220

Kalifornien, 116–221, 231–233
Kanada, 66–67, 94–95, 188–189, 205–207
Kapstadt, 152–153
Katzen, 221–223
Kerouac, Jack, 138–140, 146
Kingsbridge, 218–220
Kingsolver, Barbara, 178–179
Kingston-Upon-Thames, 74–75
Kolumbus, Christoph, 19
Kongo (Fluss), 86–90
Kongo, Belgisch, 178–179
Kublai Khan (Großer Khan), 18–23

Lange, Dorothea, 117–119
Laxness, Halldór, 108–110
Leben und Zeit des Michael K. (Coetzee), 152–153
Levitan, Isaak, 216–217
Lincoln Highway: Roman, 242–243
Livingstone, David, 238–239
Lolita (Nabokov), 134–137
London, 24, 46, 53–54, 60, 68, 74–75, 233–235
London, Jack, 94–95
Luiselli, Valeria, 240–241

Mansfield, Katherine, 99–101
Maraini, Dacia, 200–201
Marec, Victor, 107
Marseilles, 122–124
Martel, Yann, 188–189
Maryland, 144–147
McCarthy, Cormac, 196–197
McMurtry, Larry, 154–156
Melville, Herman, 63–65
Mexiko, 208–209
Mexiko-Stadt, 138–140, 176–177
Migrations- und Fluchtreisen
durch Amerika, 116–121, 240–241
durch Europa, 200–201
durch die Steppe, 214–217
aus Afrika, 233–235
nach Amerika, 127–129, 190–193, 208–209, 224–225, 233–235
aus dem 2. Weltkrieg, 122–124
vietnamesische, 205–207
siehe auch Exil
Minnesota, 127–129
Mississippi (Fluss), 71–73, 128
Mississippi 111–113
Moberg, Vilhelm, 127–129
Moby-Dick (Melville), 63–65
Moskau, 146–147, 150–151, 157–159
Moskau – Petuški. Ein Poem (Erofeev), 150–151
Motels
in Amerika, 135–137, 214, 240–241
in Südkorea, 202–204
Mumbai 212–13
Mykonos, 233–235

Nabokov, Vladimir, 134–135
Nashe, Thomas, 28–29
Neuseeland, 99–101
New York, 125–126, 190–193, 236–237, 240–241
Nigeria, 224–225
No One Writes Back (Eun-Jin), 202–204
Nolan, Sidney, 143
Nordau, Max, 92

O'Connor, Joseph, 190–193
Oklahoma, 116–121
Ólafsdóttir, Auður Ava, 194–195
Onkel Toms Hütte (Stowe), 66–67
Oxford, 74–75

Paris, 107
Pasternak, Boris, 144–145
Pazifischer Ozean, 64, 188–189
Pennsylvania 147–147
Pferde, 13, 30, 31, 40, 53–54, 113, 172, 183
Pferdewagen, 130
Picton, 99–101
Pilgerreise, 24–27, 35–38, 40–42, 108, 164–167
Polen, 198–199
Polo, Marco, 11, 18–23
Pondicherry, 188–189

Porláksson, Þórarinn B., 109
Prag, 210–211
Präludium (Wordsworth), 60–62
Prince Albert, 152–153
Pyramiden, Ägypten, 160–161

Quebec, 205–207

Ravenna, 114–115
Reise im Mondlicht (Szerb), 114–115
Reise um die Erde in 80 Tagen (Verne), 12, 68–70
Reisen nach Hause, 16–17, 42, 106–107, 152–153, 202–204, 236–237
Rio Grande, 208–209
Road-Trips siehe Autoreisen
Robinson Crusoe (Defoe), 43–45
Rom, 114–116
Roth, Joseph, 106–107
Route 66, 116–121
Ru (Thúy), 205–207
Ruf der Wildnis (London), 94–95
Rugendas, Johann Moritz, 182–185
Russland, 58–59, 157–159
  Sibirien, 106–107, 150–151
  Zugreise durch, 150–151
Rustichello da Pisa, 11, 18–23

Sadahide, Utagawa, 174–175
Sahara, 124–125, 161
Satoru und das Geheimnis des Glücks (Arikawa), 221–223
Schiffbruch mit Tiger (Martel), 188–189
Schiffsreisen, 44, 46, 60, 99–101, 172
  Flüchtlinge, 205–7, 206, 234
  Flusschiffe, 86, 86, 113, 128
  Ruderboote, 74–75
Schweden, 125–127
Schweiz, 48–52
Scott, Sir Walter, 53–54
Scouller, Glen, 153
Sebald, W. G. 170–171
Seghers, Anna, 122–124
Seide (Baricco), 172–175
Seidenstraße, 18–19
Seth, Vikram, 164–167
Shelley, Mary, 48–52
Sibirien, 106–107, 144–145
Sonora, 176–177
Sōseki, Natsume, 221, 223
Spanien, 28, 30–34, 91–93, 160–161
Spirituelle Reisen, 43, 60, 91–93, 108–110, 150–151, 162–169, 188, 197, 218–220
Steinbeck, John, 116–121
Stendhal, 55–57
Steppe, 214–217
Sterne, Laurence, 12, 46–47, 151
Stoker, Bram, 78–81
Stowe, Harriet Beecher, 66–67
Südafrika, 152–153
Südamerika, 96–98, 126–127, 182–183, 212–213
Südkorea, 202–204
Südstaaten der USA, 66–67, 111–113
Suffolk, 170–171
Surrey, 76–77
Sussex, 76–77
Szerb, Antal, 114–115

Taiwan, 226–228
Teheran, 236–237
The Sly Company of People Who Care (Bhattacharya), 212–213
The Underground Railroad (Whitehead), 229–232
The Wheels of Chance: A Bicycling Idyll (Wells), 76–77
Themse, 74–75, 86, 96
Thúy, Kim, 205–207
Tissot, James, 173
Tokarczuk, Olga, 198–199
Tolstoi, Leo, 70
Towles, Amor, 242–243
Transit (Seghers), 122–124
Transsilvanien, 78–83
Tschick (Herrndorf), 210–211
Twain, Mark, 12, 71–72

Ulysses (Joyce), 16, 102–105
Ungarn, 78, 115, 200–201
Unrast (Tokarczuk), 198–199
Unterwegs (Kerouac), 138–141, 147
Updike, John, 146–147

Van der Vliet Oloomi, Azareen, 236–237
Venedig, 114–115, 157–159
Venezuela, 130–131
Vereinigte Staaten von Amerika
  Autoreisen durch, 116–121, 134–140, 146–147, 240–243
  Flucht aus den Südstaaten, 66–67, 229–232, 240–241
  Reisen durch, 71–73, 154–156, 196–197, 242–243
  Reisen aus den, 178–169, 236–237
  Flucht in die, 127–129, 192–195, 208–209, 224–225, 233–235
Verlangen (Winterson), 157–159
Verne, Jules, 12, 68–70
Viehtriebe, 154–156
Vietnam, 205–207
Voss (White), 142–143

Wandern, 40–42, 53–54, 60–62, 102–103, 170–171, 218–220
Waterloo, Schlacht von, 55–57
Weg in die Wildnis (McMurtry), 154–156
Wellington, 99–101
Wells, H. G., 76–77
West Virginia, 148–149
West, William, 61
Westaustralien, 186–187
Whitby, England, 79–81
White, Patrick, 142–143
Whitehead, Colson, 229–232
Wiedergeburt am Ganges (Endo), 168–169
Wien, 106
Wieringa, Tommy, 214–215
Williams, Garth, 115
Winterson, Jeanette, 157–159
Winton, Tim, 186–187
Woolf, Virginia, 96–98, 101
Wordsworth, William, 60–62
Wu Ming-Yi, 226–228

Yangtse, 162–163
Yoshitsune, 40–41
Yukon Valley, 94–95
Zeichen, die vom Weltende künden (Herrera), 208–209
Zugreisen, 68, 70
  durch Europa, 106–107, 200–201
  durch Russland, 150–151
  durch Indien, 164–167
Zweiter Weltkrieg, 124–126, 131, 132, 140, 142, 168, 200

BILDNACHWEIS

© Aidan Hickey, aus der Reihe Painting Ulysses, 2022,104-105.
Alamy Stock Photo: © Albert Knapp, 93; © Album, 126, 189; © Arctic Images, 195; © ART Collection, 11; © Artepics, 61, 147; © blickwinkel/Hartl, 177; © CPA Media Pte Ltd, 206; © David George, 244-245; © De Luan, 129; © Dimension Films - 2929 Productions - Road Rebel, 197; © dpa picture alliance, 201; © Everett Collection Historical, 82-83, 84-85, 123; © Gbimages, 74; © Granger Historical Picture Archive, 50-51; © Heritage Image Partnership Ltd, 14-15, 49, 96, 118-119, 216-217; © Hi-Story, 36-37; © Historic Images, 114; © Homer Sykes, 133-134; © James Gifford-Mead, 218; © jean Schweitzer, 203; © Jim West, 180-181; © Joerg Boethling, 167; © Julio Etchart, 169; © Kathy deWitt, 186; © Keith Corrigan, 79; © KGPA Ltd, 79; © Konrad Zelazowski, 17; © Lebrecht Music & Arts, 54, 145; © Niday Picture Library, 65; © North Wind Picture Archives, 88-89, 156; © NPC Collection, 73; © Painters, 81; ©Paramount/Mit freundlicher Genehmigung der Everett Collection, 149. © Peter Barritt, 113; © Peter Horree, 32-33; © Photo12, 26-27, 69; © Pictorial Press Ltd, 67, 111, 230-231; © PWB Images, 107; © Retro AdArchives, 97, 141, 243; © Robertharding, 213; © TCD/Prod.DB, 197, 211; © The Granger Collection, 191; © The Picture Art Collection, 47, 77, 142; © The Protected Art Archive, 71; © Tuul and Bruno Morandi, 103; © United Archives GmbH, 145; © World History Archive, 158-159.
© Albert and Shirley Small Collections, University of Virginia, 112. © Artist Unknown, Picton Harbour, 1912, mit freundlicher Genehmigung der Alexander Turnbull Library, Wellington, New Zealand, 100-101.© Alfred A. Knopf, 1960, 146. © Alfred A. Knopf, 2006, 196. © Anagrama, 1998, 176. © Art Renewal Centre, 56-57. © Avon Books, 1979, 131. © Bezige Bij, 2012, 214. © Bjartur, 2004, 194. © Bloomsbury, 1987, 157. © Bonniers Forlag, 1949, 127. © Boston Public Library Tichnor Brothers collection #88594, 136-137.
Bridgeman Images: © Christie's Images, 4-5; © Ben Uri Collection, 123. © British Library, 25, 48, 78. © Brooklyn Museum, 222. © Bruguera Libro Amigo, 1979 131. © Division of Rare & Manuscript Collections via Wikimedia Commons, 60. © Doubleday, 2012 218. © Doubleday, 2016, 229. © EDIAPSA, 1953, 130. © Editorial Periférica, 2009, 208. © Eichborn, 1995, 170. © Eyre & Spottiswoode, 1957, 144. © Farrar, Straus & Giroux, 2011, 212. © FOLIO, 1976, 131. © Fourth Estate, 2014, 224. © Gao Xingjian via Asia Art Centre, 163.
Getty Images: © Historical/CORBIS, 239; © Imagno, 20-21; © DEA / A. DAGLI ORTI, 23; © Marka/Touring Club Italiano/Universal Images Group, 227; © Mondadori Portfolio, 98; © Picturenow, 184-185; © Sovfoto, 70; © The Sydney Morning Herald, 187.
© Giangiacomo Feltrinelli, 1957, 146. © Google Art Project via Wikimedia Commons, 31. © Gyula Batthyány, mit freundlicher Genehmigung der Kieselbach Gallery Archive, 115. © Hamish Hamilton, 2017, 233. © Harper, 1998, 178. © HarperCollins US, 1993, 164. © HarperPerennial Classics, 2014, 99. © Hogarth Press, 1957, 96. © Houghton Library - Harvard University - Modern Books and Manuscripts, 63. © Houghton Mifflin Harcourt, 2018, 236. © John Lehmann Limited, 1949, 127. © John Taylor for the 2012 Doubleday edition, 219. © Jonathan Cape and Harrison Smith, 1930, 111. © Knopf Canada, 2001, 188. © Knopf Publishing Group, 2019, 240. © Kodansha, 1996, 168. © Lianjing Chubanshe, 1990, 162. © Libre Expression, 2009, 205. © Literackie, 2018, 198. © Literatura Random House, 2005, 182. © Llyfrgell Genedlaethol Cymru – The National Library of Wales, 24. © macalaster.edu, 58. © Mariusz Kubik, 152. © Mary Evans Picture Library, 165. © Max Häring, "Steamboat", 2013, 87. © Munhakdongnae, 2009, 202. © Murphy Chang für die erste Auflage 2018 bei Houghton Mifflin Harcourt, 237. © National Archives and Records Administration, 66. © National Library NZ on The Commons, 46. © National Portrait Gallery, 35, 46, 48. © New Millennium Books, 2021, 242. © Olympia Press, 1955, 134. © Paralela, 2017, 160. © Penguin, 1984, 86. © Penguin, 2009, 62. © Penguin, 2013, 116. © Penguin, 1986, 74. © Penguin, 1985, 135. © Penguin, 1985, 135. © Picador, 2001, 186. © Ravan Press, 1983, 152. © Rizzoli Libri,

FSC
www.fsc.org
MIX
Paper | Supporting responsible forestry
FSC® C004800

Die englische Originalausgabe erschien unter dem Titel *Literary Journeys. Mapping Fictional Travels Across the World of Literature.*

Conceived and produced by Elwin Street Productions Limited, 10 Elwin Street, London, E2 7BU.
Diese Ausgabe erscheint gemäß der Vereinbarung mit Elwin Street Productions Limited beim Verlag Herder GmbH, Freiburg im Breisgau.

wbg Theiss ist ein Imprint der Verlag Herder GmbH

2. überarbeitete Auflage 2024
Für die deutschsprachige Ausgabe:

www.herder.de

Redaktion und Satz: Dr. Rainer Schöttle VerlagsService, Lam
Einbandgestaltung: Vogelsang Design, Aachen, unter Verwendung des Einbandlayouts der Originalausgabe von Abigail Daker

Printed in Dubai

ISBN Print: 978-3-534-61016-7